innenwelt verlag

1. Auflage 2008

Umschlaggestaltung: Silke Watermeier

Copyright © 2008 Innenwelt Verlag GmbH, Köln
www.innenwelt-verlag.de

Druck: Westermann Druck Zwickau GmbH, Zwickau
Printed in Germany
ISBN 978-3-936360-26-4

RAINER GRUNERT

Leiden oder Leidenschaft?

Warum in Partnerschaften das Begehren verschwindet und wie Sie es wiedergewinnen

Für meinen Vater,
der viel zu früh starb
und nicht mehr erleben durfte,
wie ich Mann wurde.

INHALT

Einleitung

Als sie einander acht Jahre kannten
(und man darf sagen: sie kannten sich gut),
kam ihre Liebe plötzlich abhanden.
Wie andern Leuten ein Stock oder Hut.

Sie waren traurig, betrugen sich heiter,
versuchten Küsse, als ob nichts sei,
und sahen sich an und wussten nicht weiter.
Da weinte sie schließlich. Und er stand dabei.

Vom Fenster aus konnte man Schiffen winken.
Er sagte, es wäre schon Viertel nach vier
und Zeit, irgendwo Kaffee zu trinken.
Nebenan übte ein Mensch Klavier.

Sie gingen ins kleinste Café am Ort
und rührten in ihren Tassen.
Am Abend saßen sie immer noch dort.
Sie saßen allein, und sie sprachen kein Wort
und konnten es einfach nicht fassen.

Erich Kästner, Sachliche Romanze

DIESES GEDICHT VON ERICH KÄSTNER las ich vor 25 Jahren zum ersten Mal. Mir ging es wie dem Mann in dem Text, nur hatte ich die Trennung nicht mehr vor, sondern hinter mir. Mit zweiundzwanzig, direkt nach meiner Lehre, heiratete ich, drei Jahre später waren wir geschieden.

Und so sollte es weitergehen – nahezu jede Beziehung, die ich begann, endete nach ein bis drei Jahren. Das Muster war immer gleich: Der Anfang heftig und voller Begehren, nach einiger Zeit stellte sich eine Ernüchterung ein, die Leidenschaft und der Sex nahmen ab und dann begannen wir uns zu streiten. Ich verlor wortwörtlich die Lust und ging. Ich hatte viele Beziehungen und Affären dieser Art und bin mittlerweile zum zweiten Mal verheiratet.

Womit ich mich nie abfinden konnte, war, dass in Partnerschaften aus dem Feuer der Leidenschaft die Glut der Liebe werden soll – dass der Sturm des Begehrens quasi automatisch aus jeder längeren Beziehung verschwindet. Ich machte zwar diese Erfahrung, dennoch sperrte sich in mir alles, an eine Gesetzmäßigkeit zu glauben. Es musste eine Möglichkeit geben leidenschaftliche Sexualität und tiefe Liebe miteinander zu vereinbaren – es musste sie geben, denn sonst war die Suche in allen Beziehungen und Affären umsonst.

Vielleicht war es auch nur eine Weigerung „erwachsen" zu werden, die mich antrieb mich tiefer mit den Themen Mann und Frau, Partnerschaft und Sexualität zu beschäftigen, ihre Essenz ergründen zu wollen.

Heute kann ich sagen: Es gibt einen Ausweg aus der „Nie wieder guter Sex"-Falle. Es gibt Leidenschaft in langen Partnerschaften und es liegt nur an mir, wann ich dem Leiden ein Ende setze. Das ist kein einfacher Weg, denn er erfordert von den Partnern Mut und Einsatz – er fordert ein tiefes Verständnis der Beziehungsdynamik und er erfordert Mut um mit den

Schwierigkeiten und Stolpersteinen von Nähe und Intimität umzugehen.

Wie sie wahrscheinlich bemerkt haben: Hier geht es um die männliche Perspektive zum Thema Partnerschaft. Das heißt nicht, dass Frauen nur am Rande vorkommen, dafür liebe ich das Weibliche zu sehr. Gedanken und Betrachtungen über das Weibliche füllen ungefähr die Hälfte des Buches, und dennoch bleibt es der Blick eines Mannes. Das ist gewollt, denn so wenig wie Männer den Weg in die Abteilung Partnerschaft/Sexualität einer Buchhandlung finden, so wenig Bücher gibt es dort von Männern für Männer. Was sie finden, sind einige Lehr- und Fachbücher, viele Bücher von Frauen für Frauen und über die weibliche Sicht der Dinge. Und dann natürlich noch all die Bücher von spirituellen und tantrischen Lehrern.

Aber was sollen sie damitanfangen, wenn sie nicht vorhaben ein Freigeist zu werden, der von Blüte zu Blüte fliegt, an jeder ein wenig nascht und gebrochene Herzen zurück lässt. Selbst wenn sie manchmal davon träumen, wissen sie: Das ist nicht ihr Leben. Sie leben in einer Partnerschaft, sie haben Verantwortung übernommen. Das haben sie gern getan, und selbst wenn sie sich ab und zu beschweren, ist freie Liebe und freier Sex nicht ihr Ding.

Wenn sie an Sex denken, dann denken sie an realen, ehrlichen, handfesten Sex. Die Sache, die ihnen dabei allerdings zu schaffen macht, ist, dass sie sich diesen Sex eher mit einer Nachbarin oder Kollegin vorstellen können als mit ihrer Frau – und sie ahnen auch, dass es ihrer Frau ähnlich geht. Deshalb denken sie aber noch lange nicht an Tantra oder erleuchteten Sex.

Und wenn ihnen ihre Frau ab und zu ein Buch, das eine andere Frau geschrieben hat hinlegt, lesen sie sogar hinein. Dann aber legen sie es wieder aus der Hand, weil sie mit Begriffen wie „Fühlen", „Fließen", „Herz-zu-Herz-Verbindung" wenig, bis gar nichts anfangen können. Sie sind eben ein Mann und keine Frau. Der Zugang zu ihrer Partnerschaft funktioniert mehr über Verstehen als über Erfühlen. Was sie brauchen ist eine Kartografie, ein Flussdiagramm oder eine Explosionszeichnung, wie Beziehungen funktionieren. Sie wollen erkennen, was schiefgelaufen ist und unabhängig von einer Schuldfrage mit der Reparatur beginnen.

Mir ging es genauso. Und da ich nichts Verständliches, Praktisches und Handhabbares fand, wählte ich den männlichen Weg: Ich hab mich auf meinen Hintern gesetzt, meinen Job gemacht und dieses Buch geschrieben.

Im ersten Kapitel erläutere ich, wie sexuelle Anziehung funktioniert. Es ist die theoretische Grundlage des Buches, hier werden die Begriffe sexuelle Polarität, Essenz, Prägung und Identität erklärt. Sie erhalten einen kleinen Einblick in die Evolutionsbiologie und lernen, warum Männer und Frauen in ihrer 160.000jährigen Geschichte unterschiedliche Fähigkeiten und Qualitäten entwickelt haben.

Im zweiten Kapitel beschreibe ich die Urqualitäten, die sprichwörtlich in unseren Knochen stecken. Sie werden danach erkennen, dass sich diese Qualitäten in Männern und Frauen jeweils unterschiedlich entwickelt haben und dennoch gleichwertig nebeneinanderstehen. Auch die negative Seite und die Verzerrungen durch Erziehung werde ich darstellen.

Im dritten Kapitel behandele ich die Aspekte des Zusammentreffens von Männlichem und Weiblichem auf der Basis dieser Unterschiede. Sie werden erkennen, warum sie in ihrer Beziehung immer wieder an den gleichen Punkten aneinandergeraten und sich streiten, obwohl sie eigentlich einer Meinung sind. Ich werde dabei den gesellschaftlichen Rahmen, wie die großen Umbrüche in den 70er und 80er Jahren skizzieren, sowie die Entwicklungs- und Begegnungsstufen in Paarbeziehungen darstellen. Am Ende wissen sie, warum sich Sexualität im größten Teil aller Beziehungen vom Feuer zur Glut entwickelt und warum wir diese Verlagerung mit allerlei Ersatzmaßnahmen zu verhindern suchen.

Im vierten Kapitel zeige ich, wie wir es immer wieder schaffen, die anfängliche Leidenschaft zu löschen: Wie unausgesprochene Verträge zwischen Partnern helfen, Kindheitswunden zu heilen, dabei aber stürmische Sexualität verloren geht. Ich stelle auch dar, warum wir ungern aus den selbst gewählten Beschränkungen ausbrechen: warum wir einen Schrecken ohne Ende, dem Ende mit Schrecken vorziehen.

Das fünfte Kapitel ist der praktische Teil. Hier bekommen Sie konkrete Anregungen für ihre Entwicklung und zur Förderung ihrer sexuellen Essenz. Sie lernen, dass sie sich aus der Verschmelzung lösen und von ihrem Partner differenzieren müssen, um ihm wieder zu begegnen.

Im sechsten und letzten Kapitel führe ich ihre Wege zusammen und gehe auf Sexualität ein. Ich gehe auf den ihnen bevorstehenden Sprung ein, der sie sexuell in Leidenschaft verbinden kann.

Richard Bach, der Autor von „Die Möwe Jonathan" schrieb einmal: „Man unterrichtet immer das, was man selbst zu lernen hat." Für mich stimmt dieser Satz, ich sitze mit jedem von ihnen in einem Boot. Ich habe das Thema Mann und Frau zwar theoretisch durchdrungen, endültig gelöst habe ich es aber nicht.

POLARITÄT UND SEXUELLE ESSENZ
DER KLEINE UNTERSCHIED MIT GROßEN FOLGEN

Das enorme menschliche Talent zur Täuschung und
Selbsttäuschung sollte uns eine Warnung sein:
Alles, was wir so leichthin über unsere eigene Art
meinen aussagen zu können, könnte letztlich
evolutionären Zwecken dienen, die wir nicht erkennen.

Patricia Adair Gowaty, Feminism and Evolutionary Biology

DER STAND DER DINGE

ZUMEIST FÜHLEN SIE SICH WOHL. Sie leben in einer festen Beziehung, haben eine liebevolle Partnerin, manchmal streiten sie, bis die Fetzen fliegen, aber sie haben auch gelernt, sich zu versöhnen. Vielleicht gehören sie gar zu den Glücklichen, die noch regelmäßig Sex haben, und schlafen gern mit ihrer Partnerin.

Eigentlich ist alles in Ordnung. Und doch ... Die Betonung liegt auf dem Wort „eigentlich". Eigentlich ist alles gut, dennoch fehlt etwas. Etwas, das am Anfang da war und was ausmachte, dass gerade sie sich zueinander hingezogen fühlten. Etwas, das die Leidenschaft der ersten Nächte und Monate trug, bis das Begehren nachließ und langsam versiegte. So wenig, wie sie beschreiben können, was sie damals in der Tiefe erregte und das Kribbeln im Bauch verursachte, so wenig können sie erklären, wie es verschwand.

Und falls sie noch Sex haben, wurde dieser in gewisser Weise routiniert. Das heißt nicht, dass es „schlechter Sex" ist oder sie und ihre Partnerin sich in der Beziehung benutzt fühlen. Aber, es ist auch nicht mehr das grenzenlose Fließen oder die hitzige Leidenschaft vom Anfang. Sie sind nicht mehr aufgewühlt und verwirrt, sondern nur noch spielerisch heftig. Und es ist nicht das erste Mal: Sie kennen das aus anderen längeren Beziehungen, aus Beziehungen, die sich irgendwann von der Daueraffäre zu freundschaftlicher Vertrautheit entwickelten.

Vertrautheit ist gut und man sollte denken, dass Vertrauen dazu führt, sich weiter zu öffnen, leidenschaftlicher zu werden. Leider passiert das nicht, sondern je länger sie zusammen sind, je vertrauter sie werden, umso mehr verschwindet ein Teil ihrer

Lust. Je näher sie sich in der Beziehung kommen, umso mehr Begehren verlieren sie.

Was passiert da? Verschwindet ihr Begehren oder nur ihr Begehren auf ihre Partnerin? Seien sie ehrlich. Zu Beginn der Beziehung war ihr Blick durch das Feuer der Begierde rosa gefärbt und auch ihre Partnerin zeigte sich von ihrer besten Seite. Sie haben umeinander geworben, sie haben sich verschenkt und sie haben gebangt, abgewiesen zu werden. Sie waren bereit viel, sehr viel, für diesen Menschen, ihren zukünftigen Partner zu geben. Und sie haben es geschafft: Aus den ersten Blicken ist eine Gemeinschaft geworden, der sie beide eine Chance auf Zukunft gaben. Mit dem Wachsen der Vertrautheit und dem Entstehen von Nähe, falls sie dies zuließen, verschwand die rosa Brille. Sie und ihre Partnerin zeigten immer mehr ihr wahres Gesicht und landeten im Alltag. Das ist ein guter Prozess und er sollte die Entwicklung einer Beziehung fördern – leider geschieht jedoch das Gegenteil.

Anstatt sich zu fördern und zu fordern, im gegenseitigen Wachstum zu unterstützen, beginnt eine Phase der Rücksichtnahme. Sie nennen es Toleranz, Nachsicht gegenüber den Schwächen und Verletzungen ihres Partners. Daran ist nichts Schlechtes, die Schwierigkeit beginnt aber, wenn sie sich an die Verletzungen und Schwächen ihres Partners anpassen.

Erinnern sie sich an diesen Moment? Den ersten Moment, an dem ihnen der Partner wichtiger war als sie selbst? Den ersten Moment, an dem sie sich zurückgenommen haben? Gemeint sind hier nicht die notwendigen und üblichen Alltagskompromisse, sondern ein Kompromiss, den sie sich wahrscheinlich bis heute nicht verzeihen. Ein Kompromiss, bei dem sie einen Teil von sich verleugneten und verrieten.

Das können ihre Schallplatten sein, die sie auf den Dachboden räumten, das können Teile ihres Freundeskreises sein, die sie aufgaben. Das können ihre Vorstellungen über Sexualität, aber auch ihre Ansichten über die Altersvorsorge sein, die sie angepasst haben. Es ist aber auch möglich, dass sie gegen ihren Willen und nur aus Liebe zu ihrem Partner mit in einen Swingerklub und über ihre Grenzen gegangen sind.

Was haben sie aufgegeben? Wo haben sie sich zurückgenommen? Glauben sie mir, wenn es bei ihnen nichts Derartiges gibt, dann hätten sie jetzt entweder keine Beziehung oder hervorragenden Sex.
Versuchen sie sich zu erinnern, wie es bei ihnen war.
Spüren sie den Groll, den sie immer noch in sich tragen, wenn sie an diese Momente denken?

Ihrer Partnerin ging es nicht anders, auch sie unterdrückte Teile ihres Wesens und passte sich ihnen an, um sie nicht zu verletzen, schließlich lieben sie sich. Ist das wirklich Liebe? Ist ein gegenseitiges „sich-schonen" hilfreich für ihr Wachstum und die Entwicklung der Beziehung? Manchmal sicherlich – aber dauerhaft? Und es ist ja nicht beim einen Mal geblieben, bei einem Kompromiss. Weil es so gut klappte, haben sie es wiederholt und irgendwann einen unausgesprochenen Vertrag geschlossen: „Tu ich dir nichts, tust du mir nichts." Sie begannen sich gegenseitig zu schonen, anstatt sich herauszufordern. Das ist widersinnig, denn sie lieben sich, und Wachstum, ihr eigenes und das ihrer Partnerin liegt ihnen am Herzen.

Warum wählten sie dennoch diesen Weg – einen Weg falscher Rücksichtnahme? Ganz einfach: Sie bekommen für dieses Entgegenkommen sehr viel von ihrer Partnerin. Jedenfalls hoffen sie darauf. Erstens hoffen sie, dass ihre Partnerin ihre Schwächen genauso „rücksichtsvoll" ignoriert, wie sie die ihren. Zweitens hoffen sie, dass ihre Partnerin die unter ihren Schwächen liegenden Verletzungen, ihre negativen Erfahrungen, mit ihrer Liebe heilt. Und drittens haben sie Angst davor, dass ihre Partnerin sie verlässt, wenn sie ihre eigenen Bedürfnisse einfordern und über ihre stellen.

All dies sind gute Argumente. Der Preis jedoch, den sie zahlen, ist hoch. Zu hoch. In dem Moment, im dem sie anfangen ihre Wahrheit gegen den Partnerschaftskompromiss zu tauschen, verraten sie nicht nur sich selbst, sie verraten auch ihre Partnerin. Sie beide verhindern mit diesem Kompromiss nämlich nicht nur ihr eigenes Wachstum, sie verbauen auch der Beziehung Entwicklungsmöglichkeiten, denn in der kuschelig verschmolzenen Atmosphäre einer Zweckgemeinschaft hat urtümliche Erregung keinen Platz – schlimmer noch, sie wäre gefährlich.

Und doch brauchen sie beide diese Rücksichtnahme, um sich zu zeigen. Sie schafft einen Raum zum Hinauswachsen über ihre Schwächen und für die Heilung ihrer mitgebrachten, teilweise sehr alten Verletzungen. Es ist eine nützliche Entwicklungsstufe und in jeder auf gemeinsames Wachstum angelegten Beziehung unvermeidbar. Seien sie froh, dass sie sie erreicht haben. Viele Paare dringen nie bis zu dieser Stufe vor, weil immer ein Partner die notwendige Nähe verhindert. Sie erreichen so nie den Punkt, an dem nachhaltige Entwicklung beginnt. Einen Punkt, an dem Heilung und Vertrauen entstehen. Sie sind über diese Stufe hinausgewachsen und stecken jetzt in einer toleranten Zweckbeziehung. Sie haben unausgesprochene Verträge geschlossen und sind ganz zufrieden, wenn es da nicht noch etwas gäbe. Etwas, das sich immer wieder bemerkbar macht und mehr will.

Ich jedenfalls konnte mich nicht damit abfinden, mit einer schönen Frau, die ich liebe, in einer verlässlichen Beziehung festzustecken, in der beide von gutem Sex träumen, ihn aber mit dem Partner nicht leben. Vielleicht haben sie auch an Selbsterfahrungsgruppen und Tantraworkshops teilgenommen, um ihre

Sexualität zu beleben, haben in Krisen einen Paartherapeuten aufgesucht und ein vertieftes Verständnis über ihre Beziehung erlangt. Sie wissen, dass sie sich lieben, und trotzdem bleibt eine schwer definierbare Unzufriedenheit, eine Leere und oftmals auch ein tiefer, dumpfer Groll auf die Partnerin oder sich selbst. Bestimmt haben sie sich auch schon überlegt, ob Trennung die Lösung sei, aber tief in ihrem Inneren ahnen sie, dass es bei der nächsten Partnerin nicht besser wird: Sie hatten genügend Beziehungen in ihrem Leben und wissen, dass alles nur eine Wiederholung ist.

Meine Frau und ich haben versucht, die Partnerschaft mit häufigen Ortswechseln zu beleben. Jeder dieser Umzüge war eine Herausforderung und unterbrach die Langeweile – außerdem lenkte er von der Möglichkeit einer Affäre ab.

Wie machen sie das? Wie lenken sie sich ab?

Ihre Verzweiflung steigt, aber es ist keine brennende Verzweiflung. Es ist ein langsam zunehmender Druck, ein Druck, den sie ohne Umstände bis zum Ende ihres Lebens aushalten könnten. Was sie allerdings zermürbt, ist der Gedanke, sich mit etwas abzufinden, was sie zwar als nährend empfinden, dem aber jegliche Höhepunkte fehlen. Sie bekommen Bedenken, dass es eine Zeit geben könnte, in der sie diese Höhepunkte nicht einmal mehr vermissen. Und sie haben Angst undankbar zu sein, undankbar allem Schönen gegenüber, was ihnen in ihrer Beziehung widerfahren ist. Seien sie beruhigt, so geht es vielen Paaren und zwar unabhängig davon, ob sie verheiratet sind oder nicht, ob sie Kinder haben oder keine.

Die Entwicklungsstufe auf der sie sich zurzeit befinden, ist notwendig für ihre Heilung und die Heilung ihres Partners. Sie haben das Fundament gelegt, das sie brauchen, um weiterzugehen, um über diese Stufe hinauszuwachsen. Es liegt nur an ihnen, wann sie beginnen.

Die nächste Stufe, die Stufe, die vor ihnen liegt, heißt Trennung. Sie werden jetzt einen Moment erschrecken und sich fragen, ob das bedeutet, dass sie sich von ihrem Partner trennen sollen? Die Antwort ist Ja und Nein. Nein, sie sollen sich keine andere Partnerin suchen, denn dann würden sie ja von vorne beginnen.

Ja, sie müssen sich trennen und sich herauslösen aus der kuschelig freundschaftlichen Verschmelzung mit ihrer Partnerin. Sie müssen zu sich selbst zurückkehren und all das wieder in Besitz nehmen, was sie in der Schonzeit aufgaben. Dieser Prozess von Trennung wird schmerzhafter als eine Trennung, in der sie die Beziehung verlassen oder verlassen werden. Er wird schmerzhafter, weil sie während der Trennung bei ihrer Partnerin bleiben. Weil sie gegenseitig ihren Schmerz fühlen, ihn nicht verstecken können und weil sie beide wissen, dass es kein Zurück gibt.

Jeder muss diesen Weg alleine gehen, denn es ist kein Weg in die Beziehung, es ist ein Weg zurück zu sich selbst. Ihre Liebe wird sich während dieser Phase kühl anfühlen, denn sie werden ihre kleinen und großen Verträge hinter sich lassen. Sie werden sich fordern und fördern, um über die Grenzen ihrer bisherigen Beziehung hinauszuwachsen. Sie werden ihre Partnerschaft ausdehnen. Sie werden nicht mehr mit Toleranz aufeinander schauen, sondern mit Respekt und Achtung; dies ist die Voraussetzung für den Beginn neuer Leidenschaft.

Glauben sie nicht, dass das schnell geht oder ein Weg ohne Konflikte ist: Meine Frau und ich haben uns vor drei Jahren auf den Weg gemacht und üben noch immer. Unsere Streits sind zum Teil sogar heftiger, aber auch klarer geworden. Auch erwogen wir zwischendurch immer wieder eine wirkliche Trennung.

Dennoch, wir haben Ja zueinander gesagt, nicht nur vor dem Standesamt, sondern unsere Herzen haben Ja zueinander gesagt. Und dieses Ja, dieses tief im Boden verwurzelte Ja hat uns bisher durch alle Konflikte getragen.

Hat ihre Partnerin ein wirkliches Ja zu ihnen und haben sie ein Ja zu ihrer Partnerin?

Wenn das so ist, können sie sich auf den Weg machen und die abenteuerliche Reise der Trennung riskieren. Dieses Buch soll ihnen helfen, den Prozess zu meistern. Es soll ihnen helfen, die nächste Stufe in ihrer Beziehung zu betreten. Es soll zeigen, wie sie nach der „Trennung" als eigenständiges Wesen, als Mann und Frau – nicht mehr als Paar – der Welt entgegentreten, es soll sie unterstützen auf einem spannenden Weg.

DIE ZEITEN HABEN SICH GEÄNDERT

Unseren Großeltern und vielen unserer Eltern ist die Art, wie wir uns mit Beziehungen beschäftigen, und die Ansprüche, die wir an sie stellen, fremd. Früher lernte man sich kennen, heiratete und blieb zusammen, meist, bis einer der Partner starb. Die Rollenverteilung in diesen Beziehungen war größtenteils starr, aber eindeutig.

Mein Vater ging arbeiten und verdiente das Geld, meine Mutter führte den Haushalt. Als mein Vater Mitte der 60er Jahre einen Herzinfarkt bekam, in Frührente ging und meine Mutter mitverdienen musste, gab es furchtbaren Streit zwischen den beiden, ob Frauen überhaupt arbeiten gehen dürfen. Natürlich setzte sich meine Mutter durch, denn es ging ums Geld –

meinen Vater aber plagte schreckliche Eifersucht, denn außerhalb des Hauses könnte meine Mutter andere Männer treffen. Entsprechend hart und streng führte er das Regiment zu Hause, denn wenn schon nicht seiner Frau, so musste er wenigstens uns Kindern beweisen, dass er ein ganzer Mann ist. Ich jedenfalls war immer froh, wenn meine Mutter von der Arbeit kam und mein Vater sich langsam entspannte, um dann beim Abendessen das übliche Thema aufzunehmen: Eine Frau sollte nicht arbeiten gehen. Und Sex? Sex hatte man, und für Selbstverwirklichung und Liebe in unserem Sinne ließ der oftmals härtere Alltag selten Zeit oder Raum.

Die Zeiten haben sich geändert und mit diesem Wandel sind die Ansprüche an Partnerschaften gestiegen. Beziehungen sind heute weit mehr als zweckgebundene Bedarfsgemeinschaften, und die hohen Forderungen, die wir an sie stellen, führen zu Missverständnissen, aber auch spannenden Herausforderungen.

Über mehr als 160000 Jahre waren die Rollen von Mann und Frau durch simple biologische Vorgaben bedingt: Männer verfügten und verfügen auch heute noch mehrheitlich über eine größere Körperkraft und Mobilität, Frauen gebären und stillen. Aus diesen Unterschieden ergab sich die Arbeits- und Rollenteilung. Die geschichtliche Periode, in der sich Arbeitsteilung aus körperlichen Merkmalen ergab, nenne ich das „biologische Zeitalter". Sie begann mit dem Verschwinden des Nomadentums und dem Übergang zum Landbau. Feministische Forscherinnen wie Janet Chafetz haben herausgefunden, dass Frauen, die sich in dieser Zeit an der Feldarbeit mit dem Pflug beteiligten, häufig Fehlgeburten erlitten. Genetisch ist schwere körperliche Arbeit offenbar für Frauen nicht vorgesehen.

Mit Beginn der industriellen Revolution und dem Rückgang körperlich anstrengender Tätigkeiten sind wir in das „geistige Zeitalter" eingetreten. Die jahrtausendealten, starren Rollen von

Mann und Frau lösen sich auf – zumindest in den entwickelten Ländern. Aber auch in streng traditionalistischen Gesellschaften lässt sich das alte Rollenbild nur noch mit der Keule einer frauenfeindlichen Religion durchsetzen. Der Sprung vom biologischen Zeitalter zum geistigen Zeitalter hat stattgefunden, auch wenn antiquierte Dogmatiker das Rad der Geschichte zurückdrehen möchten. Es ist unerheblich, ob dies konservative Politiker in entwickelten Ländern oder bärtige Taliban sind.

Dies bedeutet nicht, dass es bereits eine gesellschaftliche Gleichberechtigung zwischen Mann und Frau gibt, es heißt nur, der Weg geht unaufhaltsam dort hin, auch wenn er noch lang und in vielen Fällen steinig ist.

Die Herausforderung dieser Umwälzung ist: Frauen und Männer müssen sich neu definieren, ihren Platz finden in einer sich immer schneller ändernden Welt. Auch mein Vater musste über die Jahre seine starren Vorstellungen über die Ehe aufgeben. Meine Mutter hörte zwar auf zu arbeiten und mein Vater ging zurück in den Beruf, aber es wurde nie wieder wie früher: meine Mutter behielt einen Teil ihrer Freiheit – gegen den Willen meines Vaters. Verkraftet hat er das nie.

In uns tragen wir nämlich eine über 160000 Jahre andauernde Optimierung unserer Gene auf biologische Rollen. Das führt zu Unsicherheiten und absurden Auseinandersetzungen, obwohl beide, Männer wie Frauen, in dieser langen Zeit einzigartige, sich ergänzende, aber auch gegensätzliche Qualitäten entwickelt haben. Diese Unterschiedlichkeit wird gerne übersehen. So mischen sich in den legitimen Ruf nach Gleichberechtigung Töne von Gleichheit, einer Gleichheit, um die sich die biologische und genetische Optimierung nie scherte. Und weil Gene äußerst egoistisch sind, kämpfen in uns archaische Programme gegen den Druck von Veränderung – mit teilweise skurrilen Auswirkungen.

Zum Beispiel die Forderung vieler Frauen, dass Männer im Sitzen pinkeln, ist insofern berechtigt, als es für die Umgebung einer Toilettenschüssel hygienischer ist. Kein Mann wird dies bestreiten. Dennoch wehren sich nahezu alle Männer, zumindest innerlich, gegen das „Im-Sitzen-Pinkeln". Im Kern geht es ja auch nicht um ein hygienisches Problem, sondern um Macht. Um die Macht über die eigene Ausscheidung, um das, was ihn mit anderen Männern verbindet, wenn er der Obhut und Kontrolle der Mutter entkommen ist. Im Wald und auf der Jagd setzt man sich nicht zum Pinkeln: Man sucht einen Baum, schaut nach oben in das Blätterdach und fühlt sich mit der Natur verbunden.

Sie sind eine Frau und finden das absurd? Dann bitten sie Männer um eine ehrliche Antwort. Nicht um eine Antwort, die sie als Vorbild für ihre Kinder geben, sondern um die tief aus dem männlichen Kern. Mir jedenfalls geht es so, dass ich den Sinn der Toilettenaufkleber „Im-Sitzen-Pinkeln" zwar verstehe, mich aber dennoch jedes Mal unangenehm gemaßregelt fühle und mein innerer Rebell mich sofort zum „Im-Stehen-Pinkeln" veranlasst.

Wir glauben, dass wir in einer vernünftigen und zivilisierten Gesellschaft leben, doch dabei unterschätzen wir, wie subtil unser genetisches Erbe in uns wirkt. Männer wehren sich gegen Veränderung, häufig ohne zu wissen, warum. Frauen dagegen passen sich einem über Jahrtausende von Männern geprägten gesellschaftlichen Standard an und verleugnen dabei ihre eigene ursprüngliche Qualität: Wo kommt es sonst her, dass man den weiblichen vom männlichen Vorstandsvorsitzenden nur noch an der Höhe der Stimme unterscheiden kann und nicht an den „femininen Qualitäten", die in ihre Arbeit einfließen? Oder anders gefragt: Warum werden viele Frauen in Führungspositionen Alphamännchen und keine Alphaweibchen?

Was ist eigentlich Mann, was ist eigentlich Frau? Das sind Fragen, denen wir uns stellen müssen, und auch wenn wir uns dabei neu erfinden, kommen wir an unserem genetischen Erbe nicht vorbei.

Das Leiden des modernen Mannes

In einer Frauenzeitschrift las ich vor einiger Zeit den Artikel einer Frau, die auf einer Reise in die USA einen attraktiven Mann kennenlernte. Sie beschrieb ihn als intellektuellen, weißen Ostküstenamerikaner, der versuchte sich ihr gegenüber *political correct* zu verhalten – auch im Bett. Die Beschreibung seiner hilflosen Art körperlichen Kontakt aufzunehmen, immer in der Anspannung, ihre Grenzen zu akzeptieren und sich versichernd, ob diese oder jene Berührung denn nun korrekt sei, klang humorvoll. Das Fazit war, dass sich die Frau am Ende eher einen aggressiv penetrierenden Mann wünschte, als einen rezeptiv zurückgenommenen und verunsicherten, der seine ganze Aufmerksamkeit auf die Wahrung ihrer Grenzen richtet, anstatt auf seine Lust und seine Lenden.

Diese Geschichte beschreibt das Kernproblem des modernen Mannes: Einerseits hat er den Macho abgelegt, ist rezeptiv geworden, kann Rücksicht nehmen und hat ein feines Einfühlungsvermögen entwickelt; andererseits ist dies keine wirkliche Entwicklung, es ist eine oberflächliche Anpassung an sich ändernde gesellschaftliche Rahmenbedingungen. Im Innern dieses Mannes wirkt nämlich nach wie vor das genetische Programm des aggressiv penetrierenden Männchens, das seine Gene möglichst weit streuen möchte. Und dieses Programm, den wilden Trieb, versucht der korrekte Mann unter Kontrolle zu halten. Ich kann mir gut vorstellen, unter welchem Druck zwischen *political correctness* und genetischer Getriebenheit der Arme stand, und ich kann mir vorstellen, wie sich seine Unsicherheit auf die Frau übertrug. Beiden ist wahrscheinlich in dem Moment, als seine Angst, zu verletzen, über seinen Testosteronspiegel und die zügellose Leidenschaft triumphierte, die Lust auf Sex vergangen. Es war ein Koitus interruptus, bevor das Kopulieren begann.

Kennen sie das? Ich kenne das gut. Es passiert immer dann, wenn ich zwischen dem Mann, der einfach nur Sex will, und dem Frauenversteher schwanke, ohne mich für eine Rolle zu entscheiden. Ich bin dann nicht mehr bei mir – in gewisser Weise nicht mit meinem Körper verbunden, sondern mit den Gedanken beschäftigt, alles gut und richtig zu machen. Ich denke dann mehr an die Frau als an mich. Und natürlich zieht sich in diesem Moment in mir alles zusammen. Ich werde eng, ich atme nicht mehr tief, ich verliere meine Präsenz.

Angst lähmt, und zwar beide. Dass heißt nicht, dass Männer rücksichtslos ihren Trieben folgen sollen; dieser Zug ist abgefahren und das ist gut so. Es heißt, dass Männer, bevor sie sich selbst kasteien und ihre wilden Teile von sich weisen, hinschauen sollen, ihre Angst anschauen: ihre Angst vor Ablehnung, Kastration, Ärger und Tod. Statt Frauenversteher zu werden, sollten Männer ihre genetische Herkunft verstehen; sie sollten versuchen sich mit ihren ursprünglichen Qualitäten zu verbinden und diese im Sinne einer besseren Welt, einer Welt in der Männer und Frauen nicht gleich, aber gleichberechtigt sind, einsetzen. Je mehr freilich der moderne Mann seinen archaischen Kern verneint, umso mehr wird er zerfressen von Furcht vor dem Weiblichen und einer subtilen Wut auf alles Weibliche. Nicht der Mann, sondern das Männliche wird verdrängt und impotent. Und je heftiger Dinge unterdrückt werden, je tiefer sie in den Schatten geschoben werden, umso rasender und verzerrter drängen sie nach außen. Die größten Frauenversteher sind in ihrem Innersten die fiesesten Sadisten. Intuitiv wissen das alle Frauen

und deshalb pflegen sie zwar Freundschaften mit Frauenver-
stehern, lassen sie aber ungern in ihr Bett.

Das Leiden der modernen Frau

„Ich bin emanzipiert und komme gut allein zurecht. Männer
sind nicht uninteressant, es prickelt ab und zu, aber brauchen tue
ich keinen. Sonst wäre ich ja abhängig – wie meine Mutter.
‚Hingabe und Vertrauen‘, klingt gut, aber der muss erst mal
kommen und dann sehen wir weiter. Bis dahin gibt es für alles,
was ich nicht kann, Spezialisten. Eigentlich geht's mir gut."

Das klingt überspitzt, aber es ist das Schwingen des Grundtons.
Dennoch ist es keiner Frau zu verdenken, die nicht die Über-
windung des „biologischen Zeitalters" nutzt, um ihre Kapazität
auszudehnen und so unabhängig wie möglich zu werden. Unabhängig von einer Männerwelt, die häufig als verletzend, unter-
drückend und nicht vertrauenswürdig erlebt wurde. Männerland
wird dadurch nicht Feindesland, aber es gehört zur Achse des
Unberechenbaren.

Da ist es unbestreitbar von großem Vorteil, Fähigkeiten zu
besitzen und zu trainieren, die zum Überleben in einer frag-
würdigen Umgebung notwendig sind. Dazu gehört auch, sich
bis zur Unkenntlichkeit zu verstellen, um verdeckt hinter den
Linien zu operieren. Sollte dann aus dem Objekt der Beobachtung ein Gegner werden, beginnt die Aktion Einzelkampf: „Ich
brauche niemanden, niemals und nie mehr."

Niemanden zu brauchen ist gut – es ist vollkommene Freiheit.
Zu kämpfen, um niemanden zu brauchen, ist das Ergebnis von
Verletzungen. Und da ein Kampf niemals in Gänze gewonnen
wird, bleibt ein Rest Feindseligkeit. Es ist die Verbitterung, die
sich um die Mundwinkel eingräbt, genau dort, wo eigentlich das
Lachen sitzt. Unter dieser Bitterkeit liegen Wut und Hass, ein
unterdrückter Hass auf alles Männliche. Nicht auf das, was das

Männliche getan hat, sondern auf das, was das Männliche all die Jahre nicht getan hat – nämlich das Erkennen der Frau in ihrer Weiblichkeit, ihrem Glanz und in ihrer Liebe.

Und tiefer unter dieser Bitterkeit liegt Selbsthass. Selbsthass dafür, dass sich das Weibliche einen großen Teil der Selbstliebe vorenthalten hat, um auf dem Schlachtfeld der Männer zu bestehen, sich ihren Maßstäben und Vorgaben anzupassen.

Auf einem Tangoworkshop in München lernte ich Marlies, eine Tierärztin, kennen. Sie war Single und auf der Suche nach einem Mann – nach dem perfekten Mann. Allerdings ließ sie keinen Zweifel daran, dass es diesen Mann nicht gibt. Ihrer Meinung nach haben Männer zwei linke Hände, werden nie erwachsen, denken in einfachen Kategorien und meistens nur an Sex. In jedem Satz von Marlies konnte ich ihre Verletzungen spüren, aber auch die Sehnsucht, endlich den Mann zu treffen, der sie vom Gegenteil überzeugt. Ich kenne keinen Mann, der diese Mühe auf sich nehmen würde, und auch ich verabschiedete mich, ohne Telefonnummern auszutauschen. Marlies Angriffe auf das Männliche waren zu verletzend und heftig.

Es ist ein Dilemma: Je größer die Enttäuschung durch das Männliche, umso größer sind Wut und Hass. Je größer jedoch Wut und Hass, umso tiefer die Sehnsucht, dass es aufhört – endlich aufhört, dass es sich auflöst in Hingabe und Liebe, wie in einem kitschigen Roman oder Film: wie in dem wunderbaren Film *Marokko*, in dessen Schlussszene Marlene Dietrich ihre Pumps auszieht und dem Geliebten in die Wüste folgt.

DIE MYTHEN

Ein Mythos schafft, im Gegensatz zu einer wissenschaftlichen Erklärung, Wissen durch Erzählung. Er muss dabei kein Fundament haben, er muss nicht erklärbar und überprüfbar sein. Ein Mythos gewinnt seine Kraft, weil Menschen an ihn glauben. Je mehr an ihn glauben, umso kraftvoller wird er. Außerdem entspringen Mythen dem Zeitgeist und drücken eine aktuelle Stimmung und Moral aus. Und weil sie oftmals ungeprüft übernommen werden, wirken sie stark in unseren Alltag und auf unsere Wertmaßstäbe.

In der friedensbewegten Zeit der 80er Jahre waren für mich die Mythen vom friedlichen Krieger und der starken Frau Leitbilder. Ich schaute in verschiedene Männergruppen und versuchte ein friedvoller rezeptiver Mann zu werden. Tatsache war, dass ich in dieser Zeit wenig Sex hatte, jedenfalls weniger als die Machos, die nicht auf den Softiemythos hereinfielen und stattdessen eine bewegte Frau nach der anderen flachlegten. Ich begann einen fast krankhaften Ehrgeiz zu entwickeln, Frauen, die sich mit Machos einließen, davon überzeugen zu wollen, welche kindlichen Verletzungen sie damit kompensieren. Das half aber auch nichts, denn je mehr ich mich bemühte ein Frauenversteher zu werden, umso mehr verleugnete ich mich und umso weniger verstand ich mich selbst. Es war eine schreckliche Zeit, aber eine notwendige Erfahrung: Ich lernte, dass die Anpassung an ein äußeres Bild – das ungeprüfte Übernehmen eines Mythos – der schlechteste Weg für Wachstum ist.

Der Mythos vom friedlichen Krieger.
Eigentlich müsste uns schon die Verbindung der Worte „friedlich" und „Krieger" zu denken geben. Statt aber auf diesen Widerspruch zu schauen, schwelgen wir in Illusionen: Wäre es

nicht schön, wenn sich die kriegerische, wilde Energie in Frieden auflöst? Der friedliche Krieger ist eine Erfindung. Er ist die Entmannung des wirklichen Kriegers. Ein kastrierter Krieger, ein Krieger, der Krieg spielt, aber dann, wenn es ernst wird, die Beine in die Hand nimmt und wegläuft. Wie stellt sich das dieser friedliche Krieger eigentlich vor, wenn er jetzt hinauszieht, in eine gedachte Savanne, und dort hinter einem Busch ein hungriger Tiger hervorschaut? Will der friedliche Krieger diesen Tiger davon überzeugen, dass für alle genug da ist und er ein friedlicher Krieger ist, der auf der Seite des hungrigen Tigers steht, sozusagen mit ihm hungert?

Nehmen wir einmal an, es gelingt dem friedlichen Krieger, tatsächlich mit dem wilden Tiger eine Freundschaft zu schließen. Er wird also nicht gefressen, sondern fortan unterstützen Krieger und Tiger sich auf ihrem Marsch durch die Savanne. Aber wie es so kommt in einer feindseligen Welt, werden sie von blutrünstigen Wilderern entdeckt, die von Helikoptern und Jeeps Jagd auf wilde Tiger und friedliche Krieger machen. „Lass uns verstecken oder kämpfen", sagt der wilde Tiger zum friedlichen Krieger. Der friedliche Krieger aber tritt zum Entsetzen des Tigers heraus aus dem Versteck, geht auf die Wilderer zu und sagt: „Freunde, lasst uns zusammensetzen und gemeinsam für eine bessere Welt kämpfen." Es macht peng, peng und beide, wilder Tiger und friedlicher Krieger, sind tot. In seinen letzten Zuckungen denkt der wilde Tiger: „Wenn ich ihn gleich gefressen hätte, dann wäre mir diese Peinlichkeit erspart geblieben."

Der friedliche Krieger hat sowohl die Verbindung zur ihn umgebenden Realität, wie zu seinem inneren Kern verloren. So wenig er in der Lage ist, sich selbst zu schützen, so wenig kann er andere schützen. Damit stiehlt sich der friedliche Krieger aus seiner Verantwortung, und das macht ihn nicht unbedingt berechenbar und vertrauenswürdig. Der friedliche Krieger hat sich abgespalten von seiner Aggressivität, damit aber auch den Zugang zu seinen schöpferischen Impulsen verloren. Glauben friedliche Krieger wirklich, dass sie mit echten Kriegern verhandeln können, glauben sie daran, dass die Natur ihnen etwas schenkt?

Es ist das aggressive, schöpferische Element, dass Menschen angetrieben hat Erz und Kohle aus der Erde zu holen, dieses Erz zu verhütten, daraus Stahl zu kochen, aus dem gleichermaßen Kochtöpfe, chirurgische Instrumente und Waffen geschmiedet werden. So sehr friedliche Krieger auch daran glauben, dass sie die Zukunft, die Basis einer neuen Gesellschaft sind, so wenig gibt es sie in irgendeiner spirituellen oder schamanistischen Tradition.

Die großen Meister, Lehrer und Zauberer waren nicht friedlich, sie waren präsent und klar. Sie taten das, was getan werden muss, unabhängig von den Folgen. Der friedliche Krieger aber hat Angst, Angst zu penetrieren, er hat Angst, dass sich bei einer aggressiven Penetration sein Herz verschließt, und penetriert deshalb lieber überhaupt nicht. Damit aber vertieft der friedliche Krieger die Verletzungen des Weiblichen, anstatt sie zu heilen.

Es hat Jahre gedauert, bis ich das verstanden hatte, und auch heute noch spüre ich eine tief sitzende Angst, für mich zu gehen – jedenfalls mit offenem Herzen. Entweder ich bin der verbissene, aber friedliche Krieger und Frauenversteher, ein Mann, der mit seinen Gefühlen und seinem Herz verbunden scheint oder ich bin mit meiner männlich schöpferischen, aber auch aggressiven Kraft verbunden und mach mein Ding in der Welt, allerdings oft um den Preis, wenig zu fühlen. Die Friedfertigkeit des Frauenverstehers ist natürlich eine Illusion, es ist ein Friede mit zusammengekniffenem Hintern, denn meine männliche Grundenergie verschwindet nicht, sie ist nur einen Moment domestiziert. Tief in mir spüre ich in solchen Momenten dann auch eine große Wut auf das Weibliche, speziell auf die erste Frau in meinem Leben: meine Mutter.

Schaffen sie es in ihren aggressiven Momenten, mit ihrem Herz verbunden zu bleiben, oder kippen sie auch noch?

Der Mythos von der (falschen) starken Frau
Um es gleich vorauszuschicken: Eine wirklich starke, in ihrer Weiblichkeit verankerte Frau ist etwas Wunderbares. Von dieser starken Frau können wir alle lernen und von ihr ist hier auch nicht die Rede. Es geht vielmehr um die „falsche starke Frau", die denkt, dass sie stark ist, weil sie gelernt hat mit männlichen Mitteln in der Männerwelt zu überleben.

Es ist eine Frau, die ihre männlichen Anteile entwickelt hat, weil sie überzeugt ist, sich auf diese eher verlassen zu können als auf ihre eigenen weiblichen Qualitäten. Sie kann nahezu alles selbst und ist stolz darauf. Diese starke Frau wird nie einen Mann brauchen – nie einen anderen Menschen brauchen, denn sie hat ihre eigenen Kapazitäten entwickelt. Auf den ersten Blick scheint dies positiv, zumindest aber sehr bereichernd, die eigenen Fähigkeiten so zu erweitern und auszudehnen.

Der Haken ist auch hier nicht die Erweiterung der Kapazität, sondern die Motivation. Vermeintlich starke Frauen sind oftmals nicht wirklich stark, sie kultivieren eher die Fähigkeiten des Männlichen. Es ist schon merkwürdig, wenn Frauen ihre kraftvollen Anteile, die jedem Mann überlegen sind, als zu weiblich ablehnen und dafür das Männliche, dass sie eigentlich auch ablehnen, kultivieren, weil es gesellschaftlich höher angesehen wird. Das muss zu großen inneren Spannungen führen. Einerseits hasst Frau es, als Weibchen gesehen zu werden und verbaut sich damit den Zugang zu ihren Ressourcen, andererseits steht Frau auf Kriegsfuß mit dem Männlichen, das sie hindert ihre

Weiblichkeit zu leben. So lehnt sie ihre weiblichen Anteile ab, kultiviert ihre männlichen und bezeichnet sich als starke Frau.

Wenn sich ein Mann, ein äußerst präsenter, wahrhaftiger Mann, einer solchen Frau nähert, muss er verdammt vorsichtig sein, denn Schneewittchen liegt, bewaffnet mit einem entsicherten Maschinengewehr, in ihrem Glassarg. Und Schneewittchen lässt keinen Zweifel aufkommen, dass sie jedem Prinzen haushoch überlegen ist. In ihrem tiefsten Inneren aber wünscht sie sich nichts mehr, als einfach loszulassen, überzufließen vor Liebe und Hingabe.

Eine Freundin meiner Frau erzählte folgende Geschichte: Sie war mit einer neuen Bekanntschaft, einem interessanten Mann aus. Als dieser, um zu telefonieren, kurz aus der Bar ging, wurde sie von einem anderen Mann angesprochen und in ein Gespräch verwickelt. Nach seiner Rückkehr beobachtete ihr Begleiter dies eine Weile, dann trat er dazu und sagte zu dem Mann: „Sie können jetzt gehen." Als der Mann fort war, wandte sie sich ihrem Begleiter zu: „Das hätte ich auch selbst gekonnt." „Ich weiß", gab dieser zurück und gewann damit ihr Herz.

Der Mythos von der fairen Beziehung

Wir sind nicht gleich, und auch die besten Verträge, ausgesprochen oder unausgesprochen, lassen uns keine neuen Geschlechtsteile wachsen. Wir bleiben Mann und Frau. Und auch als Menschen, sogar als Geistwesen sind wir nicht gleich.

Eine Beziehung lebt aus dieser sich befruchtenden Dynamik von weiblichen und männlichen Anteilen und nicht aus Fairness. Das heißt nicht, dass wir uns nicht fair behandeln sollen, sondern nur, dass es keine Gleichheit zwischen uns gibt. Was es zwischen Mann und Frau geben muss, ist Gleichberechtigung. In dem Moment aber, in dem wir uns bemühen gleich zu werden, verlieren wir unsere Sexualität, verschwindet das Begehren.

Was beschreibt Fairness denn anderes als eine *Win-Win*-Situation, eine geschäftliche Vereinbarung, die dafür sorgt, dass keine Seite zu kurz kommt, dass Nehmen und Geben ausgeglichen sind. Darum aber kann es in einer Beziehung nicht gehen.

Wofür habe ich diesen speziellen Partner, wenn ich mit ihm einen Handel eingehen möchte, den ich mit jedem andern auch eingehen kann? Gab es nicht eine Zeit, in der ich diesen Partner wählte, um mich ihm zu verschenken, mich ihm zu geben, hinzugeben? Die wenigsten werden in diesen Momenten an Fairness gedacht haben, an einen imaginären Schiedsrichter, der das Spiel im Bett regelt, bei Fouls die gelbe Karte zeigt und bei Unentschieden eine Verlängerung anordnet. Je nach emotionalem Zustand und der Hitze des Begehrens war einem nach Liebemachen oder kräftigem Sex, aber doch nicht nach einer Diskussion über die Theorie von Fairness und Gerechtigkeit in Paarbeziehungen. Und es hat geklappt, aus den heftigen Anfängen ist eine Partnerschaft geworden. Mit der Entwicklung der Beziehung kam allerdings ziemlich schnell der Begriff der Fairness ins Spiel und irgendwann auch ins Bett.

In meinen Beziehungen begann dies meist damit, dass wir den Alltag, die gegenseitige Unterstützung im Alltag wichtiger nahmen als unsere Liebe. Aus Mann und Frau wurde eine faire Freundschaft zwischen Menschen, in der gegenseitige Verantwortung mehr zählt als Sexualität. Dazu kommt, dass ich gerne die Rolle des Retters einnehme – eine väterliche Rolle. Meine Frau dagegen neigt zum Bemuttern. Es war also nicht nur der Alltag, es waren auch die Rollen, die den Sex blockierten. Wer schläft schon gerne mit seinem Vater oder seiner Mutter? Der Umgang miteinander wird geschlechtslos, freundlich, fair.

Ich vermisste sie schon, die heftigen Küsse, wenn wir beide nach einem Arbeitstag nach Hause kamen und uns wiedersahen.

Trotzdem, statt meine Frau einfach zu schnappen und zu umarmen, stellte ich die immer gleiche Frage: „Wie war dein Tag?"

Der Mythos von gutem und schlechtem Sex
Was guter oder schlechter Sex ist, ist eine individuelle Wertung, eine Geschmacksache, und Geschmäcker sind unterschiedlich. Natürlich versuchen uns alle möglichen Verkäufer, ihre Art von Sex schmackhaft zu machen: Ein Tantralehrer wird ihnen Tantra als guten, vielleicht als die einzige Art des wahren Sex verkaufen. Ein Sadist wird ihnen die reinigende Wirkung des Schmerzes erklären, und ein Kuschler die Vorteile der Löffelchenstellung preisen. Dann gibt es die, die jede feurige Erregung vermeiden und die Erfüllung in einem sanften Gleiten finden, und es gibt die, die zum Nachtisch einfach gerne heftig rammeln. Und alle haben hervorragende Argumente, warum sie von allen anderem besser die Finger lassen. Was sagt das aber über guten oder schlechten Sex? Was sagt es darüber aus, was sie mehr und was sie weniger erregt? Vielleicht hatten sie ja nur deshalb nie „guten" Sex, weil sie sich dafür schämen, was sie wirklich erregt?

Die ersten Vorstellungen von dem, was mich erregt, hatte ich in den 60ern aus dem Playboy und der Praline. Dann kam eine lange Phase, in der ich unbedingt auf Frauen eingehen wollte und fast meine eigene Sexualität vergaß. Später folgte noch ein Ausflug in die Welt des Sadomasochismus. Heute bin ich wieder bei meiner ersten Prägung angelangt, ich stehe auf einfachen, ehrlichen aber leidenschaftlichen Sex – nicht nur im Bett. Die zwanzig neuesten Sextricks aus *Brigitte* oder *Men's Health* interessieren mich dabei nicht mehr. Guter oder schlechter Sex hat ziemlich wenig mit der Technik die sie wählen zu tun, sondern damit, wie sie sich bei der Wahl fühlen: wie offen oder verschlossen sie sind, wie experimentierfreudig sie sind. Am meisten aber hängt guter Sex davon ab, wie sehr sie sich und ihrer

Partnerin vertrauen. Wenn sie viel Vertrauen haben, kann jeder Sex gut sein, wenn sie nicht vertrauen, wird es grauenhaft.

Wie ist ihr Sex denn so?

SEXUELLE POLARITÄT

Jenseits aller Mythen, ganz praktisch, entsteht die Anziehung zwischen Mann und Frau, die Lust auf Sex aus Polarität. Polarität bedeutet Gegensatz und Gegensätze können sich anziehen oder abstoßen, wie Magnete. Je stärker die Polarität, umso größer die Spannung zwischen den Polen, umso größer die Anziehung, aber auch die Abstoßung. Das bedeutet, je weiblicher eine Frau schwingt, je mehr Weiblichkeit sie ausstrahlt, umso männlichere Männer zieht sie an, und umkehrt: Je mehr Männlichkeit ein Mann ausstrahlt, umso weiblichere Frauen zieht er an.

Jeder kennt so einen Mann: Er ist nicht besonders schön, jedenfalls entspricht er nicht einem klassischen Ideal, er hat keinen besonderen Beruf oder viel Geld – eigentlich ist er ganz normal, wenn nicht – ja, wenn nicht aus irgendeinem geheimnisvollen Grund alle Frauen auf ihn fliegen würden. Wir Normalo-Männer können uns nicht erklären, was er hat, was wir nicht haben. Es ist tatsächlich so, dass Frauen ihm in einer Bar ihre Telefonnummer zustecken und er nahezu jede bekommen könnte. Es ist keine Übertreibung dabei und er ist kein Angeber.

Ich hatte in meinem Leben zwei solche Männer als Freunde, und auf die neidische Frage, wie machst du das, antworteten beide: „Ich weiß nicht, wovon du redest, ich mache gar nichts." Mittlerweile habe ich solche Situationen selbst erlebt – zwar nicht täglich, wie meine Freunde, aber ich verstehe jetzt ihre

Antwort: Sie machen tatsächlich nichts – so wie Bill Murray in *Lost in Translation*. Ich erlebe solche Momente, wenn ich mit einem oder mehreren Männern um die Häuser ziehe und wir in ein Thema vertieft – mit unserem männlichen Kern verbunden sind – und wir uns wichtiger werden als alle weiblichen Verlockungen. Das Thema kann Beruf und Erfolg, Konkurrenz- und Führungsprobleme, Autos, Risiko, sogar Erleuchtung sein. Nur bei einem Thema zerplatzt die Blase unserer männlichen Präsenz sofort: nämlich Frauen, und wie man sie ins Bett bekommt. In diesem Moment werden wir mittelmäßig und bedürftig. Wir sind dann nicht mehr mit unserer Männlichkeit verbunden, sind nicht mehr bei uns, sondern im Außen: beschäftigt mit den Verführungen dieser Welt. In diesem Moment geben wir unsere Polarität und Anziehungskraft auf, um etwas zu bekommen.

Sagen sie jetzt nicht, dass sie nicht ähnliche Situationen erlebt haben. Und bestimmt kennen sie auch das Umkippen von der Präsenz zur Bedürftigkeit. Auf Frauen trifft dies gleichermaßen zu. Meine Frau und ihre Freundin gehören zu dieser Kategorie, egal wo sie auftauchen, sie bringen mit ihrer Ausstrahlung die Luft um sich herum zum Flimmern; das ist keine Frage von Aussehen oder Alter – beide liegen fünfzehn Jahre auseinander und sind vollkommen unterschiedliche Charaktere.

Haben sie ein Gefühl bekommen, was sexuelle Polarität ist? Haben sie diese Polarität oder sind sie noch neutral und nett?

In Polarität zu leben, ein Gegenstück von etwas zu sein, bedeutet aber auch, dass es ein Mysterium gibt am anderen Ausschlag des Pendels, etwas Gegensätzliches, dass ich nie erreichen und erfühlen, geschweige denn verstehen werde. So bitte ich den anderen, seine Mitte zu finden, die Extreme zu unterlassen und mir auf halbem Weg zu begegnen. Und natürlich soll seine Mitte meiner Vorstellung entsprechen. Es soll eine Mitte ohne Mittelmäßigkeit, eine coole vorzeigbare Mitte sein.

Was entsteht, wenn wir uns in dieser Mitte treffen, ist aber alles andere als spannend: Aus der ehemals aufregend und erregenden Begegnung mit dem anderen wird Erstarrung. Das Innere des anderen, das ehemals große Geheimnis, rätselhaft und unergründlich, wird berechenbar. Wir haben Kontrolle erlangt. Kontrolle über die Beziehung, den Ratenkredit, die nächste Reise und die Planbarkeit der Hypothekenzahlungen. Oberflächlich haben wir Ruhe und Stabilität in die Beziehung gebracht. In der Tiefe aber haben wir das Mysteriöse, das erschreckend Faszinierende im anderen entzaubert. Doch trotz allen Bemühens bleibt in uns eine Angst. Es ist die Angst vor dem Tod, dem eigenen oder dem des Partners, es ist die Angst vor dem Alleinsein. Die Beziehung und die Gegensätze zwischen uns können wir kontrollieren, das Schicksal jedoch entzieht sich hartnäckig solchen Bemühungen – das wissen wir.

Entstehen von sexueller Polarität

Die Trennung in Männliches und Weibliches ist keine Laune der Natur, sondern die Voraussetzung, dass wir zu dem geworden sind, was wir sind: eines der komplexesten Lebewesen auf diesem Planeten. Erst die Aufspaltung des EINEN in zwei unterschiedliche Genträger: machte die Evolutionssprünge möglich, die zum Überleben in einer Welt notwendig sind, welche für Bakterien optimal ist, aber von größeren Lebewesen immer neue Anpassungen fordert. Es ist ein Programm, das in uns wirkt und dessen einziges Ziel eine weitere Optimierung der Spezies Mensch ist. Die Aufspaltung in zwei unterschiedliche Genträger erlaubt dabei das Entstehen immer neuer Kombinationen und

Testmodelle, die letzten Endes wiederum nur die Aufgabe haben ihren Reproduktionserfolg zu erhöhen. Damit dieses Programm funktioniert und der Genpool gut durchmischt ist, gibt es die Anziehung zwischen Mann und Frau – sexuelle Polarität.

Die Natur greift dabei zu allerlei Tricks, damit sich die Richtigen finden: So senden zum Beispiel dominante Mäusemännchen Duftstoffe aus, die bei Mäuseweibchen das Wachstum neuer Gehirnzellen anregen. Diese frischen Neuronen, welche im Riechkolben und im Hippocampus entstehen, dienen nur dem Zweck, dominante Männchen zu erkennen. Bei der Paarung werden diese dann bevorzugt und sichern zumeist gesunde Nachkommen. Eine Überprüfung dieser Forschungsergebnisse am Menschen steht noch aus, es wird allerdings erwartet, ähnliche selbstregelnde Programme zu finden.[1]

Für die unter ihnen, die jetzt einwenden, der Mensch habe einen freien Willen und sei damit weit über das Biologische hinausgewachsen, sei hinzugefügt, dass der Hippocampus eine der ältesten Hirnregionen ist, Bestandteil des limbischen Systems, gleichermaßen zuständig für die emotionale Wahrnehmung wie für die Triebe. Diese archaischen Regionen in uns können wir auch mit größtem Bemühen nicht beeinflussen. Bei der Paarung, beim Werben, Zurschaustellen, beim Anbiedern und Kämpfen bleiben wir Sklaven unseres biologischen Erbes. Hier verlangt die Natur ihren Tribut. Und sind es nicht die spannendsten Momente in unserem Leben, in denen wir das Bumbum der Urwaldtrommel spüren, die Momente, in denen wir nicht anders können, als dem Ruf unserer genetischen Bestimmung zu folgen?

Natürlich können wir anders, und die letzten vier Jahre in fester Beziehung bin ich nicht mehr dem Bumbum gefolgt. Mit dem Älterwerden ist die Beziehung wichtiger geworden als kurze Affären. Frauen ins Bett zu bekommen, abgesehen von

meiner Softiephase, war nie mein Problem – meine Schwierigkeiten begannen, sobald sich Nähe entwickelte – das Einlassen
verursachte mir Angst. Und wenn das Bumbum wirklich heftig
wird, wenn es richtig zieht im Bauch, kann ich heute nicht sagen,
wie ich mich morgen verhalte. Der Unterschied zu meiner
Sturm- und Drangzeit ist allerdings, dass ich nicht mehr auf jede
Fata Morgana der Urwaldtrommel hereinfalle, sondern weiß:
Echtes Bumbum kommt äußerst selten vor.

Neutralisation von Polarität

Da Gegensätze und Unbekanntes für die meisten von uns dauerhaft schwer zu ertragen sind, beginnen wir schnell nach den
Flitterwochen mit der Neutralisation von Polarität.

Jeder der einige Beziehungen hatte, kennt diesen Punkt, wenn
sich nach mehreren Wochen oder Monaten eine klar spürbare
Ernüchterung einstellt. Die ganz Abgebrühten beenden in
diesem Moment die gerade wachsende Beziehung sofort und
schauen nach etwas Neuem.

Ich habe in meinem Leben viel Zeit damit verbracht, immer
genau diesen Punkt abzuwarten, um dann spurlos aus der Beziehung zu verschwinden. Das führte natürlich bei den Frauen
zu heftigstem Begehren. Dennoch, war ich einmal draußen, ist
es mir nie gelungen, die Tür zur Beziehung wieder aufzuma-
chen. Ich war, obwohl bemüht ein Frauenversteher zu werden,
immer auch ein Schuft. In dieser Zerrissenheit wuchs die Ein-
samkeit und eine innere Leere. Mittlerweile laufe ich nicht mehr
weg, sondern mache es wie die meisten: Ich versuche nach dem
stürmischen Beginn durch allerlei Optimierung am Partner und
mir selbst die Beziehung in eine harmonische und beständige
Bahn zu lenken.

Was passiert da? Nach der Hoch-Zeit des Anfangs, der vor
allem hormongesteuert war, pendelt sich der Körper auf ein

normales Niveau ein. Die rosarote Brille, durch die wir den Partner sahen, verdunkelt sich, und selbst wenn wir uns einreden, dass diese Person die einzig seelenverwandte unter einigen Milliarden Menschen ist, können wir nicht umhin, hässliche kleine Flecken auf der Verpackung unseres Geschenkes zu entdecken.

Diese Trübungen sind kein wirkliches Problem und eigentlich könnte es uns mit Freude erfüllen, dass wir jeden Tag an unserem sehnsüchtig gesuchten Gegenstück etwas Neues entdecken. Die Beziehung könnte eine spannende Angelegenheit werden. Ab und zu gäbe es gar Möglichkeiten die Hormonausschüttungen des Beginns zu wiederholen, je nachdem welche schaurig interessanten oder liebevoll spielerischen Ideen jeder einbringt und wie der andere damit umgeht. Alles könnte wunderbar sein, wenn wir doch nur ein klein wenig in den anderen hineinschauen könnten, die Überraschungsmomente einschätzen könnten, sodass sie uns nicht überrollen. Das würde ja auch Nähe erzeugen, denken wir, eine liebevolle, verlässliche Nähe, eine Intimität, der wir vertrauen und uns öffnen können.

Und genau hier beginnt das Problem: Wir tauschen den erfrischenden, aber auch Angst machenden Überraschungsmoment gegen Vorhersehbarkeit. Verlässliche Nähe und liebevolle Intimität sind Geschenke des Partners an uns, es ist etwas, was uns freiwillig gegeben wird, etwas, auf das wir keinen Anspruch haben, etwas, das wir erhalten, weil der Partner in uns den würdigen Empfänger seiner Geschenke sieht. Verlässliche Nähe und liebevolle Intimität sind Geschenke aus Großzügigkeit – Vorhersehbarkeit aber braucht Kontrolle, und die wiederum entsteht aus Kleinlichkeit und Angst.

Schuldig oder schlecht fühlen müssen wir uns deshalb nicht, denn der Partner macht ja das Gleiche – er hat ähnliche Ängste und Vermeidungsstrategien. Auch unterscheiden sich Männer und Frauen nur dadurch, was sie kontrollieren wollen, und in der Wahl der Kontrollmethoden: Frauen sind bemüht das Nähe-Distanz-Verhältnis in der Beziehung zu kontrollieren und bewerkstelligen dies zumeist mit Manipulation. Männer hingegen wollen die sexuelle Verfügbarkeit ihrer Partnerin kontrollieren und setzen eher Macht und Geld zur Durchsetzung ihrer Interessen ein. Vieles davon ist evolutionsgesteuert und lässt sich auch bei anderen Primaten beobachten, der entscheidende Unterschied ist jedoch, dass Affen weiterhin Sex haben, denn das archaisch Triebhafte setzt sich dort nahezu immer gegenüber der Konditionierung durch.

Anders bei uns Menschen, je vorhersehbarer und kontrollierter unser Leben wird, je mehr wir die Spontaneität und den Gänsehaut erzeugenden Überraschungsmoment aus dem Alltag verbannen, umso spannungsloser und lustloser wird unser Leben. Eine spannungsreiche und energiegeladene Sexualität bewegt sich immer im Bereich von Faszination und Furcht, sie kitzelt unsere Nerven und lässt die Härchen stehen, sie jagt uns Schauer über den Rücken und sorgt für ein wollüstig warmes Gefühl im Becken, sie zieht uns magisch an und ängstigt zugleich. Angst aber, auch wenn sie etwas sehr Erfrischendes hat, wollen wir um jeden Preis vermeiden.

In der Beziehung versuchen wir, eine Vertrauensbasis zu schaffen: Wir öffnen uns, zeigen uns und erwarten das Gleiche von unserem Partner. An sich ist dieser Schritt positiv, würden wir nicht zeitgleich den ersten unausgesprochenen Vertrag schließen. Dieser lautet, uns nicht mehr gegenseitig Furcht einzujagen und in einem gewissen Maße vorhersehbar und berechenbar zu werden. Ekstatisch wilde Überfälle sind damit weitgehend ausgeschlossen und das Pendel der Polarität beginnt heftige Ausschläge zu vermeiden. Je mehr wir uns annähern, je mehr wir die Extreme zwischen männlich und weiblich vermeiden, umso mehr Dynamik verliert die Polarität. Das geht so weit, bis aus der gesamten weiblichen und männlichen Energie ein Eintopf geworden ist und das Pendel unbeweglich in neutraler Position verharrt. Doch so sehr wir auch das Gespenst „sexuelle Polarität und Leidenschaft" aussperren, so wenig werden wir es los: Innerhalb der Beziehung holt es uns ein, als dumpfe Wut im Bauch, die sich zumeist gegen den Partner richtet; außerhalb der Beziehung, als Affäre, bei der wir weiche Knie bekommen.

SEXUELLE IDENTITÄT

Sexuelle Identität ist die Bezeichnung dafür, in welchem Umfang wir grundlegende männliche oder weibliche Eigenschaften leben und ausstrahlen, und geht damit weit über das rein Genetische und Biologische hinaus. Der Kern sexueller Identität ist sexuelle Essenz. Sie ist bestimmt durch die Gene und Biologie, aber auch durch das sogenannte kollektive Gedächtnis und kollektive Unbewusste. Sexuelle Essenz ist der geschlechtsspezifische Teil unseres magischen Kerns. Über dieser Schicht liegt sexuelle Prägung, sie enthält all das, was wir über Sexualität und Geschlechterrollen aufgenommen haben. Dazu gehört Erziehung, Selbsterlebtes, die Welt der Magazine sowie die anderen.

In meinem Leben ist die Entwicklung sexueller Identität ambivalent verlaufen. Sie ist einerseits geprägt durch die harten und dominanten Seiten meines Vaters, andererseits ist dieser viel zu früh, während meiner Pubertät, gestorben und andere Vorbilder waren nicht da. Wenn ich zurückschaue, muss ich sagen, dass ich nie wirklich gelernt habe, was Mannsein bedeutet – trotz aller späteren Selbsterfahrungsgruppen und Männerworkshops bleibt da ein kleiner dunkler Fleck – bis heute. Ich denke, es ist die Initiierung, die fehlt. Eine Initiierung für die Jungs ihre Väter und Mädchen ihre Mütter brauchen. Leider gibt es in unserer Gesellschaft dafür keinen kulturellen Rahmen, kein Ritual.

Beides zusammen, sexuelle Essenz und sexuelle Prägung, ergeben unsere sexuelle Identität. Je klarer und eindeutiger diese Identität ist, je sicherer wir uns als Mann oder Frau fühlen, umso größer ist unsere Anziehung für das andere Geschlecht. Je mehr wir aber mit unserer sexuellen Essenz hadern, je weiter Essenz und Prägung auseinandergehen, umso undurchsichtiger und verwirrender wird unsere Identität, werden wir, für andere.

Sexuelle Essenz

Der Begriff Essenz (lat. *essentia*, Wesen, Sein) bezeichnet das Wesen einer Sache. „Sexuelle Essenz" versucht das Wesentliche zu beschreiben, das uns zu sexuell polaren Wesen, zu Frau und Mann macht. In der traditionellen chinesischen Medizin und im Taoismus wird mit „sexueller Essenz" auch die geschlechts-bezogene Lebenskraft bezeichnet. Sich auf das Konzept von „sexueller Essenz" einzulassen bedeutet, die Vorstellung der Gleichheit von Frau und Mann und auch den Wunsch, beides in sich zu verwirklichen, aufzugeben. Es bedeutet, anzuerkennen, dass es Unterschiede zwischen uns gibt, unüberbrückbare Gräben, Dinge am anderen, die wir nie wirklich verstehen werden, die aber die Welt erst farbig machen.

Widerstand gegen das Konzept von „sexueller Essenz" kann ich dennoch verstehen. Als ich sechzehn war, begann die Eman-zipationsbewegung. Es war die Zeit des Kampfes gegen den §218, für Frauenhäuser und vor allem für Gleichberechtigung. Mit einer ziemlich unklaren sexuellen Identität stellte ich mich auf die Seite der vermeintlich Unterdrückten, der Frauen –

obwohl es dabei eigentlich nur um meine Mutter und um eine späte Rache an meinem Vater ging. Es war die Zeit in der wir glaubten, dass wir weitgehend gleich seien. Dass Männer Frauen und Frauen Männer ersetzen könnten. Und es war die Zeit in der wir glaubten, wenn wir diese Gleichheit fördern, würden wir damit zu einer friedlicheren Welt beitragen. Die Forschung, auch die feministische, hat uns eines anderen belehrt.

Allan und Barbara Pease haben in ihren Büchern auf humorvolle Art den aktuellen Stand der Forschung zu den Unterschieden von Mann und Frau dargestellt. Diese Unterschiede sind nicht nur biologisch offensichtliche und äußerer Art, sie haben Einfluss auf unser gesamtes Denken und Fühlen, darauf, wie wir die Welt wahrnehmen. Ein großer Teil davon ist genetisch bestimmt, das ist sicher. Trotzdem wissen wir sehr wenig darüber, wie in einem komplexen Organismus Gene und Hormone zusammenwirken, welchen Einfluss Erziehung hat, ob sie überhaupt Einfluss hat, und was uns wirklich von anderen Primaten unterscheidet.

Offenkundig ist, dass sich sexuelle Essenz und die damit verbundene Geschlechtsidentität nicht auf den Menschen beschränkt, sondern auch bei unseren tierischen Vorfahren zu finden ist – auch Affen wählen „geschlechtstypisches" Spielzeug.

In einem Experiment an der Universität Texas wurde das Spielverhalten junger Grüner Meerkatzen beobachtet. Die Wahl der Spielzeuge deckte sich mit denen menschlicher Kinder: Männliche Affen spielten ausgiebiger mit typischem Jungenspielzeug wie Autos oder Bällen, weibliche Tiere beschäftigten sich dagegen länger mit Puppen und Töpfen. Bei geschlechtsneutralem Spielzeug wie Bilderbüchern oder Stofftieren fanden die Forscherinnen keinen Unterschied. Sie vermuten, dass bestimmte Eigenschaften eines Spielzeugs seit Urzeiten wichtige weibliche und männliche Funktionen ansprechen. So hat etwa

Jungenspielzeug bestimmte Eigenschaften gemeinsam: Ball und Auto/Rad sind geschaffen, um aktiv durch den Raum bewegt zu werden, und dies könnte Navigationsfähigkeiten fördern, die im späteren Leben für die Jagd, die Futter- oder die Partnersuche wichtig sind.[2]

Diese Beobachtungen sollten uns keineswegs dazu verleiten die Gleichberechtigung von Mann und Frau infrage zu stellen. Denn so unterschiedlich wie wir sind, so gleichberechtigt sind wir. Und so verschiedene Qualitäten wir in uns tragen, so gleichwertig sind diese. Gleichberechtigung dient dazu, unterschiedliche Qualitäten zu entfalten, Gleichmacherei unterdrückt sie. Diesen Unterschied dürfen wir nie vergessen.

Essenz und Kapazität

Kapazität ist „Was ich kann" und Essenz ist „Was ich bin". Kapazität bestimmt, in welchem Umfang ich die mir zur Verfügung stehenden Möglichkeiten wahrnehme, und Essenz bestimmt, wie tief mich das, was ich tue, berührt. Die Trennung von „Was ich kann" und „Was ich bin" entstand mit Auflösung der biologischen Geschlechterrollen.

Über Jahrtausende war die Rollenverteilung klar: Frauen waren mehr auf Beziehung, das Hegende und auf den Zusammenhalt der Sippe festgelegt, während Männer schwerere körperliche Arbeit verrichteten und individualistisch waren. Es war die Zeit, in der „Was ich kann" und „Was ich bin" – Kapazität und Essenz – gleich waren. Es war die Zeit, in der es keine Wahlfreiheit zwischen sexueller Identität und sexueller Essenz gab. Die starre biologische Rollenverteilung ist jedoch in Auflösung. Zwar können Männer noch nicht gebären, aber Frauen sind in den entwickelten Ländern trotz Kindern weitgehend unabhängig. Durch diese Entwicklung haben Frauen die gleichen Möglichkeiten wie Männer und können sie im Rahmen ihrer Kapazitäten ausfüllen. Das gilt natürlich umgekehrt auch für Männer, sie sind nicht mehr auf ihre biologische Rolle als Versorger und Beschützer festgelegt, sondern können dank der industriellen Unterstützung mit Fläschchen und Babykost Kinder ohne Frauen aufziehen.

„Was ich kann" ist nicht mehr an „Was ich bin" gebunden. Trotzdem bestimmt „Was ich bin", nämlich Essenz, wie ich mich mit dem, was ich tue, fühle. Nicht an der Oberfläche, aber sobald ich in mich hineinlausche, gibt es Dinge, die mich tiefer berühren und mehr erregen als andere. Eventuell spüre ich sogar eine tiefe Diskrepanz zwischen meinen Kapazitäten und meiner Essenz. Eine Diskrepanz, die zu einer Krise meiner sexuellen Identität führen kann: Was bin ich eigentlich? Mann oder Frau? Was will ich eigentlich sein?

Diese Diskrepanz fühlen tief in ihrem Inneren oftmals Frauen, die im Außen sehr erfolgreich Beruf und Kinder miteinander vereinbaren – es ist ein Gefühl von: Was ich auch tue, es reicht nie aus. Ein Teil dieses Gefühls mag aus dem traditionellen Rollenverständnis oder Zeitmangel herrühren. Diesen Teil meine ich nicht, sondern folgendes: Haben sie schon einmal beobachtet, wie schwer Müttern die Trennung von ihrem Klein-kind fällt, wenn sie es zur Tagesmutter bringen, im Gegensatz zu den Vätern? Selbst bei einer ausgeglichenen Rollenverteilung? Hier schwingt etwas viel Subtileres als ein oberflächliches Rollenverständnis.

Ich konnte dies wunderbar an einem befreundeten Paar beob-achten. Beide sind selbstständig, beide können über ihre Zeit re-lativ frei verfügen. Und vielleicht das Wichtigste: Beide sind über Rollenklischees weitgehend hinausgewachsen. Sie war jedesmal nach der Trennung von ihrem Kind und bereits lange vor dem Wiedersehen vollkommen durch den Wind, während der Vater fast gleichgültig wirkte, auch wenn er es natürlich nicht war.

Auch Männer die ihre Autonomie und Zielgerichtetheit nicht leben, spüren eine Inkongruenz mit ihrer Essenz – sie haben ein Gefühl, wie hinter den Gittern eines Käfigs hin und her zu schleichen. Sie sind Tiger im Schafspelz.

Diesen Zustand kenne ich von mir recht gut: Immer nach einer gewissen Zeit des ziellosen Fließens, zum Beispiel des Leerlaufs zwischen zwei Aufträgen, kommt der Moment, an dem ich die Wände hochgehe. Ich habe mich entspannt, war in Urlaub und jetzt fehlt mir ein neues Ziel.

Da wir Kapazität und Essenz im Alltag nicht trennen, sind die Gefühle, die uns bei einer Diskrepanz zwischen „Was ich kann" und „Was ich bin" überkommen, oft verzweifelte, mit Wut verbundene Schuldgefühle – es sind Gefühle von „Wie ich es mache, ist es falsch", begleitet von tiefer Verzweiflung und dem Empfinden, zu platzen. Es scheint keine Lösung zu geben, denn mit jeder Entscheidung, die ich treffe, verrate ich entweder meine Kapazität oder meine Essenz, gebe ich „Was ich kann" für „Was ich bin" auf oder umgekehrt. Wie wir später sehen werden, ist dies nur scheinbar ein Dilemma, denn eine Entscheidung für meine Essenz, für „Was ich bin", ist immer heilend. Es ist eine Heilung tiefer Wunden, die uns in der Kindheit, während unserer sexuellen Prägung zugefügt wurden. Es sind die Verletzungen am Sein, am „Was ich bin", die ich später mit der Entwicklung von Kapazität, mit „Was ich kann", zu überdecken hoffe.

Emanzipation und sexuelle Essenz

Emanzipation ist die Entkoppelung von Kapazität und sexueller Essenz. Es ist die notwendige Befreiung des „Ich kann" von gesellschaftlich überkommenen Regeln. Das Schaffen von Möglichkeiten, die jeder Frau und jedem Mann unabhängig vom Geschlecht erlauben, ihre Kapazität in vollem Umfang zu leben. Emanzipation ist also nicht das Leugnen der Unterschiede zwischen Mann und Frau, sondern der Kampf gegen auf diesen Unterschieden aufbauenden Diskriminierungen. Emanzipation darf sich daher nie auf sexuelle Essenz beziehen, denn das Genetische und Archaische kann nicht emanzipiert werden – auf der Ebene von sexueller Essenz wird es immer Unterschiede zwischen Mann und Frau geben, so lange wir nicht androgyn im biologischen Sinne sind.

Emanzipation ist damit ein gesellschaftlicher Prozess, der auf einer praktischen Ebene einfordert, was durch den Sprung vom biologischen zum geistigen Zeitalter ohnehin selbstverständlich sein sollte. In diesem Licht betrachtet machen Schuldvorwürfe von Frauen an Männer, wie sie im Rahmen der Frauenbewegung vorgetragen wurden, keinen Sinn.

Und spätestens wenn wir uns mit den ureigenen männlichen und weiblichen Qualitäten auseinandersetzen, müssen wir Schuldzuweisungen, aber auch Schuldgefühle zur Seite legen. Auch auf einen Rückzug ins Androgyne, ins Mann-Weibliche, in unsere inneren jeweils andersgeschlechtlichen Anteile, sollten wir für eine Weile verzichten.

Sexuelle Prägung

Sexuelle Prägung ist das Werkzeug, die Stanze, mit dem unsere sexuelle Essenz geformt wird. Sexuelle Essenz ist von der persönlichen Wahrnehmung aus zeitlos, was nicht bedeutet, dass sie unveränderbar ist, nur sind die Zeiträume, in denen Veränderung geschieht, für den Einzelnen bedeutungslos. Einen der letzten großen Sprünge, den unsere Spezies machte und den wir bis heute nicht ganz verdaut haben, liegt etwa 400000 Jahre zurück. Es ist die Abkoppelung der Brunstzeit von einer Jahreszeit, der Schritt, der es uns ermöglicht, das ganze Jahr über sexuelles Verlangen zu empfinden – mit all seinen Schwierigkeiten.

Sexuelle Prägung dagegen ist bestimmt vom Zeitgeist, vom politischen und sozialen Umfeld. Die tiefste und früheste Prägung erfahren wir im Elternhaus. Prägung ist dabei nicht nur ein psychologischer und sozialer Prozess, von dem man sich mit gutem Willen und viel Therapie befreien kann, sondern hinterlässt neurobiologische Spuren. Starke Erinnerungen, positiv oder negativ, brennen sich ein – sie lassen Verbindungen zwischen einzelnen Neuronen wachsen oder sterben. Diese Spuren entziehen sich der hartnäckigsten Therapie oder Optimierung, sie bleiben für den Rest des Lebens – es sind Wunden, die nie heilen.[3]

Wieweit solche Veränderungen die Genetik beeinflussen und damit nachfolgenden Generationen weitergegeben werden, ist wenig erforscht, sicher ist jedoch, dass sie Stress erzeugen und damit auf das gesamte biologische System, vor allem das Immunsystem, wirken und dass Prägung durch Erziehung über viele Generationen weitergereicht wird.

Die drei Kanäle, über die uns sexuelle Prägung erreicht, sind: Beobachtung, eigenes Erleben und Lernen. Beobachtung ist immer teilnehmende Beobachtung, denn alles, was wir wahrnehmen, löst in uns etwas aus, was wiederum bestimmt, worauf wir unsere Aufmerksamkeit richten. Unsere Erinnerungen an Ereignisse sind daher immer individuell gefärbt. Während wir bei der teilnehmenden Beobachtung meist noch eine minimale Distanz wahren können, verschwindet diese beim Erleben vollständig. Die Erinnerung an eine sexuelle Prägung durch Erleben sagt also weit weniger darüber aus, was uns widerfahren ist, als darüber, wie wir es verarbeitet haben und damit umgehen – unabhängig von bleibenden Wunden.[4]

Hier kommt Lernen ins Spiel. Lernen meint nicht die Aufnahme von Wissen, sondern wie Beobachtungen und Erlebtes miteinander in einem größeren Rahmen auf der Basis von gelernten Kategorien in Verbindung gebracht und integriert werden. Es ist beeinflusst von unseren Eltern, Lehrern, Freunden, der Welt der Magazine und des Fernsehens und bestimmt am Ende, wie wir uns als sexuelle Wesen in die Gesellschaft integrieren, ob wir protestieren oder Sexualität ganz ablehnen. All dies zusammen sagt immer noch wenig über unsere sexuelle Identität, denn diese zeigt sich nicht in unseren Meinungen oder Einstellungen, sondern darin, wieweit wir in der Lage sind unsere sexuelle Essenz und sexuelle Prägung im Alltag zu leben, unabhängig von Moral, Vorurteilen und Urteilen. Damit keine Missverständnisse aufkommen, ich rede über Erwachsene; körperlich und psychisch ausgereifte Menschen, die sich entscheiden, mit einem anderen Erwachsenen sexuelle Erfahrungen zu machen, die mit ihrer Essenz und Prägung übereinstimmen.

Drei Beispiele: Wenn Sex etwas ist, dass ich mit jedem und immer haben kann, dann kann es nur richtig sein, dem nachzugehen. Sobald ich aber fühle, dass etwas fehlt, dass es tief in mir eine Sehnsucht nach Bindung gibt, dann sollte ich überprüfen, ob ich wirklich im Gleichklang mit meiner Essenz und Prägung bin. Genauso verhält es sich mit einer Sexualität, die ihren Kick aus Schmerz und Macht zieht. Solange sie mir tiefste Befriedigung verschafft, und zwar unabhängig von prägenden Kindheitserlebnissen oder Traumata, kann ich sie beruhigt genießen.

Wenn ich mich aber nur den Wünschen eines Partners füge, meine eigentliche sexuelle Identität verbiege, begebe ich mich in einen krankmachenden Bereich. Und falls ich gar keine Sexualität habe, als Asket oder im Zölibat lebe, ist dies auch in Ordnung, Solange ich nicht jede Nacht feuchte Träume bekomme und mich für die aufkeimende Erregung verachte.

Die meisten von uns aber werden Sexualität haben, weil man sie hat. Es wird eine Sexualität sein mit wenigen wirklichen

Höhepunkten, eine Sexualität, die nicht als Qual, aber auch nicht als Ekstase empfunden wird: normaler Sex eben. Solange dabei nichts fehlt, ist dies vollkommen in Ordnung, auch wenn Sex dabei einen Stellenwert wie Zähneputzen bekommt. Die Schwierigkeiten beginnen allerdings, sobald einer der Partner sich überhaupt nicht mehr die Zähne putzen möchte oder aber plötzlich auf einer Hightech-Zahnputzausrüstung besteht – beides im übertragen Sinne natürlich.

Die Welt der Eltern

Prägung wird oft über Generationen weitergereicht, ohne dass sich an den Inhalten etwas ändert. Zwar hat jede Generation das Gefühl Altes überwunden zu haben, schaut man jedoch genauer hin, stellt man fest, dass sich nur die äußerste Schicht, eben die Prägung verändert hat. Die darunter liegenden Schichten und die Verletzungen der Generationen vor uns wurden unverändert weitergegeben. In uns wirkt dann nicht nur die Biografie unserer Eltern, sondern auch die unserer Großeltern und Urgroßeltern. Die Welt der Eltern, der jetzt Zwanzig- bis Siebzigjährigen lässt sich grob in drei Generationen einteilen.

Die Weltkriegsgeneration, die Generation die den Zweiten Weltkrieg und sei es als Pubertierende, noch erlebt hat, die Eltern der heute 45- bis 65-Jährigen. Eine Generation, die viel Leid in sich trägt. Wenn man einen Blick auf Fotos der Trümmerlandschaften am Ende des Zweiten Weltkrieges wirft, kann man sich gut das seelische Schlachtfeld in den Überlebenden vorstellen. Kriege gehen immer mit sexueller Demütigung einher, es wird vergewaltigt und es wird sich verkauft. Heute wird darüber berichtet, in der Nachkriegszeit aber war dies ein Tabu und viele Betroffene schwiegen bis an ihr Lebensende. Unsere Eltern beziehungsweise Großeltern waren Täter und Opfer, sie waren Missbrauchte und sie haben missbraucht. Sie waren gebrochene Heimkehrer, die nur vergessen wollten. Sie waren benutzte Frauen, die nicht verzeihen, aber auch nicht reden konnten. Das sexuelle Erleben dieser Generation erschöpfte sich dann auch weitgehend in ritualisiertem Sex, den man hatte und den man ertrug. Eine schwere Last, die subtil an die nächste Generation weitergegeben wurde.

Meine Eltern waren beide im Krieg. Mein Vater als Soldat an der Ostfront, meine Mutter als Krankenschwester an einem Bahnhof in Polen, in dem Züge mit Verwundeten versorgt wurden. Beide sind 1945 vor der Roten Armee geflüchtet. Meiner Mutter gelang es, sie konnte sich bis in die französische Zone nach Freiburg durchschlagen, mein Vater verbrachte drei Jahre in russischer Gefangenschaft. Gekannt haben sie sich zu dieser Zeit noch nicht, das geschah 1956, durch eine Kontaktanzeige. Über ihre Erlebnisse im Krieg haben beide wenig gesprochen. Ich hatte das Gefühl, dass er ihnen die Sprache nahm, einen Teil ihrer Würde hat er ihnen in jedem Fall genommen. Ohne anmaßend zu werden, kann ich nur sagen, dass ich schon als Kind das Gebrochene und Zerbrochene in ihnen spürte und den Wunsch, zu einer Normalität zurückzukommen – einer inneren Normalität. Meiner Mutter gelingt dies langsam, seit sie über 80 ist und öfter über den Tod als über die Vergangenheit redet. Meinem Vater gelang es nie, er starb 1974 an seinem dritten Herzinfarkt. Ich trage einen Teil ihres Kampfes und der Schuldgefühle in mir, auch wenn ich nie im Krieg war.

Dass die Nachkriegsgeneration, die nach dem Krieg geborenen Eltern, die das Wirtschaftswunder und die Veränderungen um das Jahr 1968 erlebten und deren Kinder heute im Alter zwischen 30 und 45 sind, aufbegehrte, ist bei dieser Vorgeschichte nur allzu verständlich. Und auch wenn auf den Plakaten stand „Unter den Talaren der Muff von 1000 Jahren", ging es doch weniger um den universitären Muff, als um den Muff unter den elterlichen Bettdecken. Dem entsprach auch der gewaltige Drang nach sexueller Freiheit. Neues entstand dennoch wenig, denn Sexualität wurde wieder funktionalisiert. Diesmal wurde sie zur Waffe gegen Spießigkeit und Bürgertum. Man machte zwar nicht mehr das Licht beim Sex aus, dafür wurden neue, auf andere Art verletzende Regeln aufgestellt. „Wer zweimal mit der Gleichen pennt, gehört schon zum Establishment", war eine davon, denn feste Bindungen standen dem Versuch, sich sexuell zu befreien, im Weg. Sie gehörten zum abgelehnten und verachteten Lebensmodell der Eltern. Die zwanghafte Sexualität der Weltkriegsgeneration entwickelte sich zu einer erzwungenen sexuellen Freiheit der Nachkriegsgeneration. Wirkliche Entwicklung oder Festigung der sexuellen Identität von Mann und Frau fand nicht statt. Die sexuelle Revolution scheiterte am Ende an ihrer eigenen Intoleranz. Was bleibt, sind Verwechslungen, die uns bis heute verfolgen, zum Beispiel die zwischen freier Liebe und freiem Sex. Was auch bleibt, ist ein trügerischer Friede zwischen Mann und Frau.

Die Friedensgeneration, die nur noch die Nachwehen der sexuellen Rebellion erlebte und deren Kinder heute zwischen 20 und 35 sind, hatte das Kämpfen mit den Eltern endgültig satt. Sie ist zugleich aber stark vom Feminismus der Jahre 1975 bis 1985, also dem Kampf zwischen den Geschlechtern geprägt. Es ist die Zeit der Frauenbuchläden und eine Zeit, in der alles Längliche phallisch gedeutet wird. Eine Zeit, in der Männer anfangen nach dem weichen Kern in sich zu suchen: Die Zeit der Softies – wobei bis heute unklar ist, ob Softie Schande oder Lob bedeutet. Es ist auch die Zeit, in der begonnen wird mit geschlechtsneutraler Erziehung zu experimentieren, und selbst wenn alle dokumentierten Experimente scheitern, denn irgendwann setzt sich die sexuelle Essenz durch, wird an der Identität von Mann und Frau gerüttelt wie nie zuvor. Doch was haben diese Angriffe auf die sexuelle Identität gebracht? Schauen wir auf die heute 20- bis 35-Jährigen, sind die Ergebnisse ernüchternd: Zumindest sexuell trägt diese Generation ähnliche Lasten wie jene zuvor. Das Drama der Polarität zwischen Mann und Frau hat auch sie nicht gelöst, die Versöhnung von Liebe und Sexualität nicht vollzogen.

Was bleibt, ist Verunsicherung, eine Rollenunsicherheit, die der Unsicherheit der Weltkriegsgeneration in nichts nachsteht. Es ist die Rollenunsicherheit inklusive aller Schuldgefühle, die weitergegeben wurde, trotz sexueller Revolution und Emanzipationsbewegung. Beide Bewegungen haben in ihren Auswüchsen und Schuldzuweisungen diese Unsicherheit eher noch gefördert und wenig zu einer stabilen sexuellen Identität von Mann und Frau beigetragen. Wie auch, wenn bis heute kein Verzeihen stattgefunden hat – kein Verzeihen, das die Wunden der Kriegsgeneration heilen ließ. Was sich im Laufe der Zeit verändert hat, ist der Umgang mit dieser Rollenunsicherheit. Sie ist öffentlich geworden und hat sich zu einem profitablen Markt entwickelt.

Sexuelle Identität und Tabus

Gibt es noch ein Magazin, das nicht in jeder Ausgabe über Sexualität berichtet? Wenn wir früher in der Bravo heimlich die Antworten Dr. Sommers auf Fragen zum Thema Sex lasen, werden uns diese heute ungefragt entgegengeschrien. Sex ist allgegenwärtig: Wir erhalten Tipps aus der Tageszeitung, die eigentlich für ihre blutigen Überschriften bekannt ist, genauso wie aus dem auf Hochglanzpapier gedruckten Lifestyle-Magazin. Oder wir schalten den Fernseher ein und mit Sicherheit finden wir beim Zappen eine Talkshow, in der es um Sex geht oder einen Softporno. Sex gibt es immer und überall, in allen

Spielarten. Was ist passiert? Vor 50 Jahren noch war Nacktheit ein Skandal, heute scheint Sex das Normalste der Welt zu sein. Ich habe noch erlebt, wie sich eine Kioskbesitzerin weigerte mir Sechzehnjährigem den Playboy zu verkaufen. Damals lag er übrigens unterm Ladentisch und nicht in der Auslage.

Von Entwicklung können wir nicht reden, denn im Bett selbst hat sich nicht viel verändert. Alles, was geschah, ist die Verschiebung eines Tabus. Heute ist nicht mehr Nacktheit und Sex das Tabu, sondern das Gegenteil, ein Mangel an Sex. Probleme hat, wer Angst vor Sex hat, wer keinen oder wenig Sex hat, und ganz schlimm, wer erst spät oder nie Sex hat. Sex gehört zu einer Partnerschaft, er hat stattzufinden und zu funktionieren. Kaum ein Paar, das zugibt, über Monate oder Jahre keinen Sex gehabt zu haben. Die Berichte über dieses Thema nehmen zwar zu, aber die Dimension, dass es sehr viele Beziehungen betrifft, anscheinend also zu einer Entwicklung gehört, dieser Dimension wagen wir uns nicht zu stellen. Wie auch, wenn uns an jeder Straßenecke Sexualität anspringt. Wie kann ich dann sagen, ich habe einen Teil meiner Lust verloren – Sexualität ist aus unserer Partnerschaft verschwunden. Wie soll ich zu mir stehen, ohne mich als Verlierer zu fühlen?

Tabus schaffen eine Zone des Schweigens, einen Boden, auf dem Scham- und Schuldgefühle wachsen. Hier schließt sich dann der Kreis: Die Kriegsgeneration hatte ihr Tabu und wir haben unseres. Im Gegensatz zur Weltkriegsgeneration aber haben wir die Chance das Tabu zu überwinden und uns zu heilen. Damals hätte ein *Outing* soziale Isolation bedeutet, heute ist es eine Möglichkeit Schuldgefühle zu vermeiden und damit einen ersten Schritt in Richtung zu uns selbst zu machen. Bei diesem *Outing* und in Folge bei der Suche nach unserer sexuellen Identität, nach dem Frausein und Mannsein, hilft uns Geschlechtsneutralität und politische Korrektheit wenig. Damit bewegen wir uns nur in den

Fußstapfen der Generationen vor uns. Hilfreich indes ist ein Blick auf das, was wir fühlen, auf das, was uns berührt, was unsere sexuelle Essenz zum Schwingen bringt. Das kann Kitsch sein und es muss auch nicht zum Zeitgeist passen, es muss für uns stimmen, jenseits aller Gleichmacherei. Ich hoffe, dass ihnen dieses Buch Mut macht, dennoch kann ich jedes Paar verstehen, das sich vor einem *Outing* scheut.

Ich selbst habe lange damit gehadert, mich und meine Biografie in das Buch einzubringen – persönlich zu werden. Aber wahrscheinlich berühren sie die Sätze am tiefsten, die bei mir die meiste Scham erzeugten und mit denen ich am heftigsten kämpfte.

Warum eine stabile sexuelle Identität wichtig ist

Weiß ich, was Mannsein oder Frausein bedeutet? Fühle ich mich wohl in meiner Rolle und kann ich die Rollen anderer klar zuordnen? Die Forschung sagt, je strengere Kategorien ich in meiner Kindheit entwickle, umso leichter wird es mir später fallen, umso flexibler werde ich sein. Es ist klar, je sicherer ich mich in mir fühle, umso spielerischer kann ich sein, umso mehr kann ich riskieren und experimentieren. Ich kann mich auf geschlechtsübergreifende Erfahrungen einlassen und kippe auch bei einem Angriff auf meine Geschlechtsidentität nicht um. Kinder haben von Geburt an eine ziemlich klare Geschlechterwahrnehmung und Präferenzen, dies wurde in vielen Experimenten nachgewiesen. Die Probleme sexueller Identität entstehen dann, wenn Erziehung versucht diese angeborene Wahrnehmung zu verändern.

Aber Prägung kann sexuelle Essenz nicht vernichten. Prägung kann sie verbiegen und mir das Leben schwer machen. Tief in mir aber bleibt die Essenz und sobald ich mich an sie erinnere, geht es nicht mehr darum, eine Identität im Außen zu finden, eine Maske aufzusetzen, sondern in mich hineinzulauschen und darauf zu hören, was für mich und nur für mich Frausein bzw. Mannsein bedeutet. Wenn ich dann auf dieser Basis heraustrete, verschwinden zwar nicht meine sexuellen Schwierigkeiten, aber ich beginne ein stabiles Fundament jenseits allen Zeitgeistes zu spüren. Ein Fundament, auf dem ich mich entwickeln kann: den Beginn einer stabilen sexuellen Identität.

Eine Ahnung vom Mannsein bekam ich in einer Wachstumsgruppe in den 90er Jahren. Die Übung war, einem anderen Mann gegenüberzusitzen und über den Vater zu reden. Ich sprach also über meinen Vater, über seine Härte, wie er meinen Bruder und mich schlug, über seine rechthaberische Dominanz und seinen Hang zur Selbstgerechtigkeit. Und ich erzählte, wie ich ihn dafür verachte, dass er sein Leben lang ein kleiner Beamter blieb, ein verkappter Sozialdemokrat mit Hang zum Querulanten. Danach wechselten wir die Rollen und ich wurde zum Zuhörer. Mein Gegenüber begann: „Du hattest wenigstens einen Vater. Ich habe meinen nie kennengelernt."

Dieser Satz traf mich mit aller Wucht. Er trieb mir damals Tränen in die Augen und er tut es noch heute. In diesem Moment habe ich verstanden, dass all meine Kraft – das schöpferisch Kreative, was auch dieses Buch entstehen ließ – ein Teil der Kraft ist, die mir mein Vater gab. Freilich in einer anderen Form, als er diese Kraft lebte. Ich habe verstanden, dass nicht ein Mangel das Problem meines Mannseins ist, sondern die Bewertung von und der Umgang mit dem, was da ist. Es war einer der schönsten Momente meines Lebens: Es war der Moment, an dem ich mich mit meinem Vater versöhnte. Die folgenden Fragen richten sich daher explizit an die männlichen Leser.

Haben sie sich schon mit ihrem Vater versöhnt?

Wie alt ist ihr Vater? Wie viel Zeit haben sie noch?
Und wenn sie eine Frau sind, schauen sie einmal auf ihre
weiblichen Ahnen: ihre Mutter und ihre Großmutter.
Können sie die Kraft der weiblichen Linie hinter sich
spüren?

JENSEITS VON SEXUALITÄT

Jenseits von Sexualität und Trieben versuchen wir uns einen
Bereich zu bewahren, in dem Liebe, Nähe und große romantische Gefühle eine wichtigere Rolle spielen als archaische, auf
evolutionären Erfolg ausgerichtete Gene. Unter keinen Umständen wollen wir die Hoffnung aufgeben, etwas zu finden, das uns
von anderen Primaten unterscheidet. Und tatsächlich, es gibt
einen Unterschied, während nämlich unsere Vorfahren reale
Ereignisse brauchten, um ihr limbisches System anzuregen,
Botenstoffe und Hormone auszuschütteten, reichen bei uns
Menschen dazu Gedankenspiele in der Hirnrinde. Das bedeutet,
dass wir in der Lage sind neben unserem biologischen Antrieb
Gefühle von Lust, Begehren, Liebe und Nähe gedanklich, zum
Beispiel durch Erinnerungen und Fantasien zu erzeugen. Der
größte Teil davon geschieht allerdings unbewusst und entzieht
sich damit auch wieder unserer Kontrolle. Dennoch können wir
uns einreden, dass es neben dem Triebhaften etwas Größeres
gibt, das gerade uns zusammengeführt hat: Liebe.

Liebe, Eros und romantische Sehnsucht

Die abendländische Auffassung von Liebe, die bis jetzt unser
Denken bestimmt, wird von der Dreiteilung Platons geprägt, die
in der antiken Philosophie verankert ist:

Agape – bezeichnet die selbstlose und fördernde Liebe, auch die Nächsten- und Feindesliebe, die das Wohl des anderen im Blick hat. Es ist Liebe, die erst entstehen kann, wenn eine langjährige stabile Beziehung über sich hinauswächst; wenn der Fokus der Liebe nicht mehr auf dem Partner liegt, sondern alle lebenden Wesen einschließt. Es ist Liebe, in der Geben seliger ist als Nehmen.

Philia – bezeichnet die Freundesliebe, Liebe auf Gegenseitigkeit, die gegenseitige Anerkennung und das gegenseitige Verstehen. Es ist die Liebe, in der wir feststecken, irgendetwas zwischen Freundschaft und Partnerschaft, auf jeden Fall etwas, was auf Gegenseitigkeit basiert. Eine Liebe, die uns wunderbar trägt, aber vermeidet, dass wir in rasende Leidenschaft geraten und das Bett in Flammen steht. Es ist die Liebe, in der wir den anderen oft mehr lieben als uns selbst.

Eros bezeichnet die sinnlich-erotische Liebe, das Begehren des geliebten Objekts, den Wunsch nach Geliebtwerden und die Leidenschaft. Eros hat also zwei Seiten, nämlich im Begehren ein „Habenwollen" und in der Leidenschaft ein „Verschenken". Eros ist der Beginn aller Beziehungen: entweder aus romantischer Sehnsucht, nämlich dem „Habenwollen", oder aus sexueller Polarität, nämlich dem „Gebenwollen".

Romantische Sehnsucht – ein Anfang aus fehlender Liebe
Was sich wie Seelenverwandtschaft oder brennendes Feuer anfühlt, ist nie Liebe – es ist immer Sehnsucht und Erinnerung an etwas Altes, etwas Altes, das nach Wiederholung strebt. Das Fatale dabei ist, dass es sich nicht um ein besonders schönes Erlebnis handelt, dessen Wiederholung wir suchen, sondern um einen Mangel, um eine Leere, die ähnliche Erlebnisse zurückgelassen haben. Der neue Partner, so glauben wir, wird dieses Unvollendete vollenden, damit wir endlich alles Zurückliegende

abschließen können. Dies ist natürlich kein bewusster Vorgang, denn würden wir erkennen, um welchen Mangel es da geht, kämen uns unsere Erwartungen, wenn nicht absurd, so doch höchst suspekt vor. Letztendlich erwarten wir nämlich von der neuen Partnerschaft nichts Geringeres, als dass sie unseren Mangel an Liebe, sämtliche Liebe, die uns nicht gegeben wurde, sowie alle fehlende Selbstliebe ausgleicht, und damit alle Verletzungen, auch die aus frühester Kindheit, heilt.

Hier fällt mir ein Bekannter ein, der drei Mal heiratete. Drei Mal hatte die Frau den gleichen Vornamen: Claudia. Jetzt stellen sie sich einmal vor, dass sie Claudia heißen und diesen Mann kennenlernen. Stellen sie sich vor, was er in dem Moment, in dem er ihren Namen hört, alles auf sie projiziert. Stellen sie sich die Mühe und die Anstrengung vor, mit der dieser Mann nach Claudia sucht. Und stellen sie sich den tiefen Schmerz vor, der darunter liegt und die Energie für die Suche liefert. Stellen sie sich seine Verzweiflung vor, dass auch sie nur ein Claudia-Ersatz sind. Claudia hieß nämlich seine Mutter, die starb, als er noch Kind war. Sie glauben das nicht? Dann schauen sie in die *Gala* und verfolgen sie, was ich das „Boris-Becker-Syndrom" nenne.

Dennoch besteht romantische Sehnsucht immer gegenseitig: Es sind die zwei Einbeinigen, die sich gegenseitig stützen und glauben, gemeinsam einen Marathon zu gewinnen. Was sich dabei wie Seelenverwandtschaft anfühlt, ist der Trost, dass es noch andere verletzte Seelen gibt und man sich gegenseitig die Wunden salben und verbinden kann. Was romantisch Sehnsüchtige dabei vergessen ist, dass sie voneinander abhängen und sich ihr Leid jeden Tag gegenseitig bestätigen. Über die Hoffnung, den Schmerz mangelnder Selbstliebe zu heilen, wird der Partner zu einem Verbündeten. Aber zu einem Verbündeten mit erdrückenden Pflichten, denn schließlich erhofft man von ihm, dass er die Wunde schließen kann, an der man alleine scheiterte.

Nun mögen manche einwenden, dass sie keine Wunde haben, keine Öse, an der sich romantische Retter einklinken könnten. Diese vermeintlich Glücklichen verweisen auf ihre erfüllte Kindheit und darauf, dass ihr Leben bisher gut verlaufen sei, dass sie alles haben und in ihrer Bescheidenheit glücklich seien. Glauben sie ihnen kein Wort. Es gehört zur Natur des Menschlichen, jedenfalls Solange sie kein Heiliger sind, einen schwachen Punkt zu haben, an dem sie glauben zu kurz gekommen zu sein. Romantisch Sehnsüchtige riechen diese Punkte und sie werden dem Zukurzgekommenen hoch und heilig versichern, dass sie diejenigen sind, die diese Verletzung heilen, wenn der Zukurzgekommene nur ihre Wunde leckt.

Falls sie zu denen gehören die behaupten keine Wunde zu haben, sollten sie sich fragen, ob sie immer um ihrer selbst willen geliebt wurden oder vielleicht doch nur dafür, dass sie ein braves, intelligentes, lernwilliges und anpassungsfähiges Kind waren. Seien sie ehrlich und prüfen sie genau, was sie tun mussten, um die Liebe ihrer Eltern zu bekommen. Sie könnten jetzt noch einwenden, dass ihre Eltern es mit ihrer Erziehung nur gut gemeint haben. Wenn sie das behaupten, dann verteidigen sie sie schon. Wogegen eigentlich? Und wenn sie ihren blinden Fleck jetzt immer noch nicht sehen, fragen sie ihre Freunde.

Sexuelle Polarität – der Beginn einer Affäre

Ein Beginn aus sexueller Polarität ist genau das Gegenteil von romantischer Sehnsucht, deshalb finden wir ihn auch so selten: Es kann ein Fremder sein, ein Blick, eine Geste im Vorübergehen, die auslöst, dass wir uns augenblicklich öffnen und unser Innerstes zutage tritt. Wir spüren dies körperlich und wissen ohne jeden Zweifel, dass diese Situation etwas Besonderes hat, auch wenn wir es nicht erklären können. Es ist ein harmonisches Schwingen, ein Gleichklang, aber ohne die Verklärung von

Seelenverwandtschaft. Es geschieht, wenn das Männliche und Weibliche ohne Idealisierung in vollkommener Klarheit aufeinandertreffen. Sie wissen nichts und wollen auch nichts voneinander wissen, jedenfalls nichts Persönliches, denn dies würde die Schwingung empfindlich stören.

Warum dieses Aufeinandertreffen so selten stattfindet, beschreibt der Schweizer Psychoanalytiker Peter Schellenbaum eindrücklich: „Nehmen wir also an, ein Mann sieht auf der Straße eine Frau, die ihm sofort sympathisch ist. Er schaut sie kurz an, die Frau schaut ihn ebenfalls an, sofort schaut er wieder weg, vielleicht schon, bevor ihre Blicke sich treffen. Er fühlt sich von so viel plötzlicher Nähe überwältigt. Gleich fasst er sich wieder, schaut in der Hoffnung hin, die Frau habe ihren Blick noch nicht abgewandt. Selbst wenn sie dies nicht getan hat, sitzt in seinem Blick noch der Schreck von vorhin: Er ist starr und gläsern geworden. Der Mann möchte mit seinem Blick Kontakt aufnehmen, doch ist sein Auge zur Scheibe geworden, an der der Blick der Frau wie ein Vogel abprallt und tot zu Boden stürzt. Eine Zeit lang noch flackert sein Auge tapfer, dann erlischt es, und eine Begegnung ist vertan."[5]

Der Grund, warum wir diesen Begegnungen ängstlich ausweichen, ist, dass sie unser Innerstes berühren. Wir haben keine Erklärung was passiert. Oftmals passt die Person nicht in unser Beuteschema und doch löst sie einen Schwall von Hormonen aus, der uns über die drückende Langeweile mehrerer Tage tragen kann. Gerne werten wir diese Empfindungen mit einem Hinweis auf unsere sentimentale oder die kitschige Stimmung des Moments ab und versuchen, das Ereignis zu vergessen, bevor es uns gefährlich wird. In Wahrheit nämlich hat die Situation die Urwaldtrommel in unserem Bauch zum Schwingen gebracht, aber ihr fortwährendes Bumbum ist für die Bewältigung des Alltags hinderlich.

Das Gefühl das Frauen überkommt, ist das von vollkommener Hingabe und endgültigem Loslassen. Es ist das Gefühl, sich in diesem Moment mit Haut und Haaren verschenken zu wollen. Männer fühlen sich plötzlich in makelloser und klarer Präsenz und sind bereit weit über ihre Grenzen zu gehen. Kein Wunder, dass wir erschrecken, spüren wir doch die archaische Klarheit unseres Kerns, der nichts anderes möchte, als genau in diesem Moment seine Geschenke ohne Gegenleistung der Welt zu geben. Unabhängig aller Verpflichtungen und jenseits aller Angst. Das angepasste und domestizierte Ich will in einem solchen Augenblick seine Beschränkungen sprengen. Es will Leidenschaft, ohne zu leiden.

Tauchen wir ein in die Situation, so entsteht meist keine Beziehung, sondern eine Affäre. Und wenn eine Beziehung entsteht, so folgt nach dem leidenschaftlichen Feuer der Abstieg in die romantische Sehnsucht. Beide sind zumeist nicht in der Lage, die brennende Leidenschaft mit vertrauter Nähe zu verbinden, die es benötigt, um den inneren Mangel nachhaltig zu kurieren. Meist aber gehen wir weiter, ohne die Situation zu verfolgen, ausgefüllt vom Gefühl der zeitlosen Sekunden, mit einem Lächeln und der großen Dankbarkeit, dass so etwas uns noch geschieht: das Erleben sexueller Polarität und Leidenschaft.

Der Anfang im Alltag

Normalerweise spielen beim Beginn einer Beziehung immer beide Komponenten, die romantische Sehnsucht und die sexuelle Polarität, eine Rolle. Die romantische Sehnsucht ist der Teil, der unser Herz öffnet und unsere tiefsten Gefühle berührt, die sexuelle Polarität der andere Teil, der Begehren und Leidenschaft weckt. Und so trennen sich schon direkt am Beginn der Beziehung die Wege von Mann und Frau. Frauen sind eher berührt von der Möglichkeit einer tiefen und längeren Verbindung,

Männer eher von leidenschaftlichem augenblicklichem Sex. Entsprechend wahlloser sind Männer auch bei der Partnersuche und bestätigen damit eine Erkenntnis, die auf nahezu alle geschlechtlichen Lebewesen zutrifft: *male charme, female choose* – Männer werben, Frauen wählen.

Der Soziobiologe Edward O. Wilson beschreibt dies so: „Es lohnt sich für Männchen, aggressiv, stürmisch, unbeständig und wahllos zu sein. Für Weibchen ist es theoretisch günstiger, spröde zu sein und sich zurückzuhalten, bis sie das Männchen mit den besten Genen herausgefunden haben. Bei Spezies, die ihre Jungen aufziehen, bevorzugen die Weibchen obendrein Männchen, die auch nach der Zeugung eher bei ihnen bleiben. Die Menschen halten sich an dieses Prinzip."[6]

Könnte es also sein, dass das Konzept romantischer Sehnsucht ebenso wie sexuelle Polarität nur evolutionären Zwecken dient? Könnte es sein, dass die romantische Sehnsucht, das Gefühl von Seelenverwandtschaft, nur dazu dient die erste intime Begegnung hinauszuschieben, zu verzögern, Solange bis sich eine Sicherheit eingestellt hat, dass dieser Partner auch verlässlich ist? Ich kann hier nur für die männliche Sicht sprechen und sagen: Stimmt. Bei einem One-Night-Stand sind wir eher wahllos und gehen mit Frauen ins Bett, die wir niemals in die engere Wahl für eine Beziehung ziehen würden.

Das Fremdgeh-Gen

Das sogenannte Fremdgeh-Gen gibt es tatsächlich. Genetisch ist es allerdings bei Frauen stärker als bei Männern, denn in der Geschichte der Hominiden trugen größtenteils Frauen die Verantwortung für die Durchmischung des Genpools und die Gesundheit der Sippe. Dennoch haben beide, Frauen wie Männer, Strategien entwickelt, die es ihnen erlauben eine Aufzuchtpartnerschaft einzugehen, ohne auf das Sammeln beziehungsweise Verteilen ihres genetischen Codes an andere als ihren Partner zu verzichten.

Die optimale maskuline Strategie, die eigenen Gene in der nächsten Generation zu wissen, ist eine Doppelstrategie. Der erste Teil ist die Bindung an eine feste Partnerin durch Zuverlässigkeit und die Übernahme von Verantwortung. Der zweite Teil ist die Streuung möglichst vieler Spermien an verschiedene Partnerinnen, wobei ein großer Wettbewerb mit anderen vagabundierenden Ehe-Männchen besteht.

Das Weibliche verfügt über eine ähnliche Doppelstrategie, sie unterscheidet sich nur durch die eingesetzten Mittel. Zur Bindung eines Partners werden hier sexuelle Offenheit und ein liebevolles Sorgen um den Nachwuchs eingesetzt. Speziell um die Zeit kurz vor dem Eisprung schaltet die Strategie jedoch um, jetzt gilt es vor allem, mittels Ausstrahlung von Attraktivität und Gesundheit möglichst gute Gene von tollkühnen und verwegenen Männchen einzusammeln. Beobachtet wurden diese Strategien bei Gabelstreifenmakis, einer Lemurenart, die ansonsten lebenslange Zweierbeziehungen eingeht.[7]

Neu ist das nicht, denn schon lange vor diesen Feldforschungen lautete ein römisches Rechtssprichwort: *Mater semper certa, pater semper incertus est* – wer die Mutter ist, weiß man immer, wer der Vater ist, weiß man nie.

Damit sollte sich auch das Schimpfen von Frauen auf Männer, die Affären haben, erübrigen: Zu einer Affäre gehören zwei. In freier Wildbahn muss es also mindestens so viele Frauen wie Männer geben, die Sex außerhalb der Beziehung suchen.

Vom Nehmen und Geben

Die genetischen Grundlagen unseres Zusammenkommens sind also egoistisch. Der andere, das Gegenüber wird benötigt, um den eigenen Reproduktionserfolg zu erhöhen, ansonsten ist er ein störender Konkurrent, ein Mitbewerber um Nahrung, Nist-platz und Paarungspartner.

Wie geht es ihnen damit? Haben sie Zweifel an dieser
Basis einer jeden Beziehung?

Ihre Zweifel sind berechtigt. Allerdings nur solange sie nicht romantischer Natur sind. Der Punkt nämlich, an dem wir uns über das Triebhafte und Biologische erheben, ist nicht die romantische Sehnsucht, sondern die Entwicklung vom Nehmen zum Geben. Weg vom egoistischen Habenwollen, hin zum bedingungslosen Verschenken. Denn trotz aller genetischen Getriebenheit steht es uns offen, selbstlose und altruistische Anteile in uns zu fördern.

Geben sie schon in ihrer Partnerschaft? Geben sie sich hin
oder erwarten sie noch etwas?

Nehmen entspringt einem Mangel. Geben können wir nur aus Fülle und Überfluss. Das ist auch, was es so schwer und so sel-ten macht. Zumeist wollen wir nämlich, wenn wir geben, dass unsere Geschenke angenommen und wertgeschätzt werden, damit sind wir aber weit vom wirklichen Verschenken entfernt. Geben, was jemand will, ist immer noch verstecktes Nehmen, ist Habenwollen. In diesem Falle wünschen wir, für unsere Groß-zügigkeit geschätzt und geliebt zu werden. Das aber hat mit Perlenwerfen, unabhängig davon wo sie hinfallen und wer sie findet, nichts zu tun.

Nehmen
Immer wenn wir in diesem Modus sind, und das sind wir den größten Teil unserer Zeit, sind wir verschlossen. Wir haben uns

verlassen, spüren eine Leere, spüren, dass etwas fehlt. Wir sind getrennt von unserem vitalen Kern und abgeschnitten von unserer Essenz. Während uns in solchen Momenten, wir können es ruhig wörtlich nehmen, die Luft zum Atmen ausgeht, suchen wir verzweifelt nach Öffnung, nach etwas, das uns berührt und wieder mit uns in Verbindung bringt. Das Fatale ist jedoch, dass wir diesen Schlüssel im Außen suchen, bei anderen, von denen wir glauben, sie hätten den Schlüssel zu unserem Herzen und unserer Seele. Damit machen wir zweierlei: Erstens, wir geben die Verantwortung für unsere Leere ab. Zweitens, wir geben anderen die Macht über unser Glück, die Macht uns aus unserem Gefängnis zu befreien. Wir bleiben also passiv, geben uns auf und legen unser Schicksal in die Hände anderer. So verlassen wir uns endgültig selbst, und die Spirale des Nehmens, des Habenwollens steigert sich ins Unermessliche.

Alle Güter und alle Liebe der Welt, *die* Traumbeziehung vermögen dieses Loch nicht zu füllen, denn nicht die anderen haben uns, wir haben uns verlassen. Verlassene aber haben nichts zu geben – sich nicht und keinem anderen. Daher ist es unerheblich, was Verlassene von anderen, von außen bekommen, alles verschwindet in einem unersättlichen schwarzen Loch. Romantisch sehnsüchtige Partnerschaften stecken genau hier fest: Jeder glaubt, dass der andere etwas hat, was er ihm vorenthält, und entsprechend steigt mit der Zeit des Zusammenseins auch der Groll und die Wut der Partner aufeinander.

Haben sie manchmal eine tiefe und unerklärliche
Wut auf ihren Partner?

Geben

Geben kann nur, wer etwas zu geben hat. Oftmals wissen wir nicht, was wir zu geben haben, und allein die Frage: „Was habe ich zu geben?", dürfte bei den meisten zu einer längeren Pause führen. Geben bedeutet, dass ich überfließe, im Überfluss lebe. Und es bedeutet wiederum, dass ich aus meinem Schatten heraustrete, mich zeige, dass ich zeige, wie sehr ich mich liebe, wie viel ich zu geben habe. Hier ist jede Bescheidenheit falsch. Dabei bleibt Geben ein freiwilliger Akt, etwas „geben müssen" gibt es nicht, das wäre ein Tauschgeschäft. Auch gibt es keine guten oder schlechten Gaben – Schönheit liegt nämlich im Auge des Betrachters. Geben ist also immer ein Geben unabhängig von irgendeiner Reaktion.

Peinlich ist es, zu versuchen etwas zu geben, wenn nichts da ist. Hier bleiben dann nur Scham und Schuldgefühle. Aber warum sollte es überhaupt dazu kommen, dass nichts da ist? Ist nicht immer etwas da? Habe ich nicht immer mich selbst, meine Seele und meinen Körper mit Haut und Haaren? Sich zu geben ist das Schwierigste, sich hingeben, das Verschenken von sich selbst. Es ist unser größtes Geschenk, aber auch das Geschenk, welches wir in Beziehungen kleinlich zurückhalten oder für das wir einen hohen Preis verlangen. Ohne Geben aber, ohne Hingabe, bleibt uns das Tor zur Leidenschaft verschlossen.

In meiner Beziehung habe ich begriffen, dass die Tür zum Geben immer erst dann aufgeht, wenn ich auch Nehmen kann, das aber fällt mir schwer. Zu tief in mir ist der Glaubenssatz „Ich würde nie einem Klub beitreten, der mich als Mitglied akzeptiert", verankert. Das heißt nicht, dass ich wenig gebe, es ist nur noch kein selbstloses Geben – noch keine Hingabe.

DIE ARCHAISCHEN PROGRAMME
UND WIE SIE IN UNS WIRKEN

Wehe es kommt die Zeit,
wo der Mensch keinen Stern mehr gebären wird,
es kommt die Zeit des verächtlichsten Menschen,
der sich selber nicht mehr verachten kann.
Seht!
Ich zeige euch den letzten Menschen.
„Was ist Liebe?
Was ist Schöpfung?
Was ist Sehnsucht?
Was ist Stern?",
so fragt der letzte Mensch und blinzelt.

Friedrich Nietzsche, Also sprach Zarathustra

MASKULINE UND FEMININE ESSENZ

MASKULINE UND FEMININE ESSENZ sind Qualitäten, die sich aus der unterschiedlichen Entwicklung von Mann und Frau ergaben und im Laufe von weit über 100000 Jahren angepasst und optimiert wurden. Ein guter Teil dieser Qualitäten liegt in unseren Genen, die sich seit etwa 10000 Jahren nicht mehr veränderten: Das heißt, wir unterscheiden uns biologisch kaum vom Steinzeitmenschen, auch wenn wir elegante Anzüge tragen und schnelle Autos fahren. Wenn man ein Baby aus der Steinzeit in unser Jahrhundert versetzte, so würde es sich in der heutigen Gesellschaft genauso entwickeln wie jedes andere Kind. Und was wir auch nicht vergessen sollten: 98,4 Prozent aller Erbinformationen sind bei Menschen und Schimpansen gleich.

Das gibt uns in zweierlei Hinsicht zu denken: Erstens, der Unterschied zwischen uns und einem Höhlenmenschen bzw. anderen Primaten ist biologisch äußerst gering; zweitens, es muss andere als genetische, uns unbekannte Mechanismen geben, die in der Evolution wirken, denn es ist ja unbestritten, dass Steinzeitmenschen nur über äußerst primitive Werkzeuge und nicht über den heutigen Hightech verfügten. Augenscheinlich entwickelt sich etwas wesentlich schneller und unabhängig von unserer biologischen Ausstattung.

Ein gutes Beispiel dafür, wie diese beiden Teile in uns wirken, ist Lampenfieber. Lampenfieber ist biologisch ein Fluchtreflex, der durch eine angsterzeugende Situation ausgelöst wird. Das Gehirn schüttet Adrenalin, ein körpereigenes Aufputschmittel, aus und sauerstoffreiches Blut wird verstärkt in die Beine und weniger in das Hirn gelenkt. Der ganze Körper ist optimiert für ein augenblickliches Wegrennen mit hoher Geschwindigkeit.

Diese biologische Reaktion, die in unseren Zellen sitzt, hat Primaten über viele tausend Jahre das Überleben gesichert. In den meisten Stresssituationen heute ist sie nicht nur überflüssig, sondern kontraproduktiv. Was wir heute in Stresssituationen brauchen, ist ein klarer Kopf und keine flinken Beine. Diese Umprogrammierung aber wird sehr, sehr lange dauern.

Konkret bedeutet das, wir können zwar Kapazitäten entwickeln, die weit über das Biologische hinausreichen, dennoch wird unter Stress oder als Reflex, das Biologische immer wieder durchbrechen, besonders dann, wenn wir es nicht brauchen.

Mich trifft es jedes Mal am Beginn eines Workshop, den ich leite: Ein Teil in mir weiß genau, dass die ersten zwanzig bis dreißig Sekunden entscheidend für den ersten Eindruck und den Vorschuss an Sympathie und Vertrauen sind. Dennoch, ich kann mich bemühen, wie ich will, nach einem kurzen Blick in die Runde werde ich unsicher – so viele neue Gesichter und wieder sind einige mit einem Pokerface dabei. Es geschieht, was passieren muss: Meine Kehle wird trocken, die ersten Worte klingen eher unsicher, wenig souverän und ich suche verzweifelt nach einem Scherz oder einer Pointe, um die Situation aufzulockern. Die Teilnehmer empfinden mich wahrscheinlich vollkommen normal, aber ich versinke im Boden darüber, dass ich trotz aller Erfahrung mein Lampenfieber noch nicht unter Kontrolle habe. Auf der anderen Seite ist es gut, dass es da ist, denn es öffnet umgehend den Raum für das Menschliche. Voraussetzung ist natürlich, ich zeige es und stehe zu meiner Beklemmung.

Genauso verhält es sich mit maskuliner und femininer Essenz. Im Alltag sind wir über die alten Rollenklischees hinausgewachsen, und wenn wir sie nicht ganz ablehnen, finden wir sie zumindest kitschig. Im Innern aber, tief in uns, wirken sie weiter und wir können sie, genau wie das Lampenfieber, nicht abschalten.

Dazu kommt der gesellschaftliche Aspekt, dass bis heute nicht alle Qualitäten gleichwertig behandelt werden. Hier wird das Männliche über- und das Weibliche unterschätzt. Zum Beispiel war die männliche Qualität der „dominanten Führung" sinnvoll um eine Horde Halbwilder bei einer Jagd auf gefährliche Tiere im Urwald zu koordinieren – in der heutigen Politik ist sie überflüssig. Jetzt sind die Netzwerkfähigkeiten von Frauen gefragt, die auf Kompromisse und Ausgleich gerichtet sind und das Überleben in der Sippe erst ermöglichten.

Dies heißt nicht, dass Qualitäten für die es nicht mehr den ursprünglichen Einsatz gibt, überflüssig sind. Es heißt nur, dass sie einen angemessenen Rahmen finden müssen. Bei einer Tour im Hochgebirge ist ein dominanter Bergführer, der seine Gruppe rechtzeitig zur Hütte führt, lebensrettend; eine Gruppe bewegter Männer, die ausdiskutiert, ob es denn überhaupt zu einem Wettersturz kommen kann, ist hinderlich, sie werden aller Wahrscheinlichkeit nach von einem Haufen zupackender Männer der Bergwacht geborgen.

Jede der ursprünglichen Qualitäten wurde über viele Jahre optimiert und hat ihren Zweck, auch wenn wir ihn auf den ersten Blick nicht erkennen. Auch sollten wir nicht unterschätzen, dass die Trennlinie zwischen einer zivilisierten und einer kriegerisch feindlichen Welt dünn wie ein Seidenfaden ist und jeden Tag an vielen Stellen des Globus reißt.

Der amerikanische Paartherapeut David Deida, der den Begriff der sexuellen Essenz wesentlich spiritueller auslegt, als er hier verwendet wird, verweist auf Untersuchungen, die ergeben haben, dass sich etwa 80 Prozent aller Männer eher als Mann fühlen, 10 Prozent eher neutral und etwa 10 Prozent eher weiblich. Das gilt ähnlich für Frauen: Etwa 85 Prozent aller Frauen fühlen sich danach eher weiblich, 5 Prozent eher neutral und etwa 10 Prozent eher männlich.[1]

Das bedeutet nicht, dass Männer, die sich eher weiblich fühlen, und Frauen, die sich eher männlich fühlen, mit ihrem biologischem Geschlecht hadern. In Einzelfällen kann dies sein, für die Überzahl bedeutet es nur, mehr wie das andere Geschlecht zu empfinden und wahrzunehmen.

Trotz alledem werden einige von ihnen beim Lesen einen Widerstand spüren und sich schwertun, die eine oder andere Qualität auf sich zu beziehen. Eventuell spüren sie sogar eine heftige Ablehnung gegen die Einteilung der Qualitäten in männlich und weiblich oder sie wollen alle in sich vereinen.

Woher kommen die Impulse, die sie haben?
Gehen Erinnerungen mit den Widerständen einher?
Vielleicht sind es auch keine Widerstände, vielleicht berühren manche Aussagen sie positiv, sie bekommen eine Gänsehaut oder spüren ein tiefes Gefühl von Wahrheit. Schreiben sie es auf, fangen sie an sich ein Bild über ihre sexuelle Essenz, ihre Prägung und ihre Identität zu machen. Was am Ende auf sie zutrifft und wie sie leben wollen bzw. was sie davon in ihr Leben integrieren wollen, entscheiden nur sie selbst.

Versuchen sie aber, sich so weit wie möglich von gesellschaftlichen und politischen Rastern freizumachen. Vertrauen sie ihrem Gefühl. Und kommen sie niemals auf die Idee, aus den Qualitäten eine Rollenfestlegung für andere abzuleiten: Die Menschheit ist gerade dabei, diese zu überwinden. Außerdem pressen sie damit etwas wesentlich Größeres in ihr kleinliches Kästchendenken.

ARCHETYPEN – DIE URFIGUREN DES UNBEWUSSTEN

Das Konzept der Archetypen wurde vom Schweizer Psychiater und Psychologen Carl Gustav Jung im Rahmen der „Analytischen Psychologie" entwickelt. Ein Archetyp (griechisch: Urbild) ist unbewusst und nicht gegenständlich. Seine Wirkung aber kann in symbolischen Bildern erfahren werden. Er drückt sich in Träumen, Visionen, künstlerischen Arbeiten, Märchen und Mythen aus.

Jedem Archetyp steht dabei eine unbegrenzte Anzahl von archetypischen Bildern gegenüber, weil jeder Mensch die Archetypen individuell wahrnimmt und interpretiert. Ein Archetyp löst ein inneres Bild aus, und dieses wiederum verbinden wir mit einer Idee oder einer geistigen Vorstellung, zum Beispiel das Kind, der Krieger, der Wanderer, der Beschützer, die Heilerin, Jugend, Alter, Armut, Angst, Feuer, ein Fluss, etc., aber auch der Mann, das Männliche, die Frau, das Weibliche. Archetypen wirken ähnlich wie das Genetische in uns, allerdings auf einer subtileren, auf einer geistigen Ebene.

Die geistige Ebene, alles Spirituelle, nicht Greifbare und natürlich auch die Archetypen gehörten bis in die Mitte der 90er Jahre für mich ins Reich der Fantasie. Nicht dass ich davon ausging, alles zwischen Himmel und Erde zu verstehen, aber es musste zumindest wissenschaftlich erklärbar sein: Für ein kollektives Unbewusstes war da kein Platz. Mein Interesse an Psychologie ging zu jener Zeit noch nicht in die therapeutische Richtung, sondern war wissenschaftlich auf Neurobiologie gerichtet. Mich interessierten mehr die Zacken auf einem Elektro-Enzephalogramm oder die bunten Bilder über die Aktivitäten des Gehirns aus einem Magnetresonanztomografen als archetypische Bilder des Unbewussten. Nicht dass ich die Existenz des Unbewussten abgestritten hätte, aber belächelt habe ich sie schon.

Trotzdem war ich offen für Neues und nahm an Wachstumsgruppen teil. In einer dieser Gruppen, es ging um das Thema „Innerer Mann und Innere Frau", kam ich dann sehr bildhaft mit meinen eigenen männlichen und weiblichen Teilen in Berührung.

Mein innerer Mann erschien mir wie in einem Tagtraum: Es war ein kräftiger Mann, der gut auf dem Boden stand, sein Blick war klar, er hatte Schwielen an den Händen und eine Lederschürze an. Er war Schmied, und ich war fasziniert von der Hitze und dem Geruch in seiner Werkstatt und davon, mit welcher Kraft er auf einen glühenden Stahlblock schlug. Er war absolut vertrauensvoll und mit der Erde verbunden.

Meine innere Frau war ein Rubens-Weib, üppig, aber nicht dick, sie lag auf einer Chaiselongue, umgeben von Früchten. Die Frau war die Fülle in Person. Mein Rubens-Weib und der Schmied erschienen mr als das ideale Paar, um die Versprechungen himmlischer Genüsse auf der Erde zu manifestieren, sie Materie und Fleisch werden zu lassen.

Die vier männlichen Archetypen

DER VATER

Er findet seine Erfüllung darin, zu unterstützen, zu beschützen, zu umsorgen und zu behüten. Seine Werte sind Tradition, Familie und die Gemeinschaft.

Qualitäten: Stärke, Stabilität, er gibt Frauen ein Gefühl von Sicherheit in der Welt und er bringt Menschen zusammen.

Verzerrungen (negative Qualitäten): Er sperrt sich gegen Veränderung, unterdrückt Wachstum, erwartet Gehorsam, hat Schwierigkeiten, etwas anzunehmen und sich selbst zu nähren. Er kann bitter und vorwurfsvoll werden und definiert sich darüber, Schutz, Stärke und Stabilität anzubieten.

DER EWIGE JÜNGLING

Er findet seine Erfüllung in abwechslungsreichen Beziehungen zu Frauen in Erregung und Reizung, Kommunikation und im Austausch von Ideen. Zumeist ist er ästhetisch, geistig beflügelt, jugendlich, brillant, aber flatterhaft und unfähig in Beziehungen loyal und dauerhaft zu fühlen. Er liebt und er verlässt sie. Feige ewige Jünglinge provozieren, verlassen zu werden.

Qualitäten: Er symbolisiert das glitzernde, wechselnde, schmetterlingshafte Spiel des Intellekts und ist sehr energetisch.

Verzerrungen (negative Qualitäten): Er kann kalt, gefühllos und grausam sein, er neigt zu destruktiver Kritik und giftigen Worten und ist dabei äußerst manipulativ und trickreich. Sein Bezugspunkt sind Frauen, er bleibt aber oft oberflächlich und verspielt.

DER HELD

Er findet seine Erfüllung darin, Positionen, Macht, Einfluss und Ziele zu erreichen. Dabei ist er bestrebt, heroische Träume zu erfülle, als erfolgreicher Geschäftsmann, charismatischer Politiker, Soldat oder Staatsmann.

Qualitäten: Er hat Schwung und Tatkraft, Mut, Bestimmtheit, Gemeinschaftssinn, Ausdauer, Standhaftigkeit und einen kraftvollen Willen. Seine Werkzeuge sind Organisieren, Managen und Führen.

Verzerrungen (negative Qualitäten): Er ist materialistisch, unsensibel, brutal, dominierend, besitzergreifend, destruktiv mit allen kreativen Gaben des Geistes. Er missbraucht Macht, manipuliert und betrügt, um Ziele zu erreichen. Er bezieht sich auf die Ebene der materiellen Welt und sachliche Qualitäten, wobei das Fühlen oft zu kurz kommt.

DER WEISE MANN

Er findet seine Erfüllung darin, ein Symbol für Kreativität, Weisheit, Klarsicht, Klarheit und spirituelle Inhalte zu sein. Er ist ein Sprecher und Wortführer, Überbringer und Ausdruck der höheren Gesetze der Existenz.

Qualitäten: Der Magier; der Prophet, der die Mysterien und tieferen Inhalte des Lebens enthüllt, aber auch der Eremit, der Führung und Stabilität aus eigener Erfahrung gewonnen hat.

Verzerrungen (negative Qualitäten): Er hat oft ein fanatisches Bedürfnis, als Quelle von Weisheit anerkannt zu werden. Um dies zu erreichen, neigt er zu extremer Manipulation von anderen und kann diese in Abgrund und Chaos führen. Er ist der charismatische falsche Guru und bezieht sich in erster Linie auf den Kosmos.

Nehmen sie die Rollen nicht zu wörtlich, denn jeder Mann ist ein Mischtyp und sie werden sich wahrscheinlich in mehr als einer Rolle wiederfinden. Dennoch lassen sich aus diesen Archetypen die klassischen männlichen Qualitäten und ihre Verzerrungen ableiten.

REINE QUALITÄT	VERZERRUNG DER QUALITÄT
Ausdruck, Artikulation	Aufgeblasenheit, Pedanterie
Autorität	Autoritär rechthaberisch
Beschützer	Kontrollzwang
Charisma	Sexuelle Manipulation
Durchsetzungsvermögen	Aggression
Enthusiasmus, Spontaneität	So tun als ob, Vorspielen, Vorgeben
Führungsqualitäten	Kontrolle, Manipulation, Gesetz und Ordnung
Handlung, Aktion	Mit dem Kopf durch die Wand
Klarheit	Urteile
Kraft	Härte

REINE QUALITÄT	VERZERRUNG DER QUALITÄT
Kreativität	Ehrgeiz
Macht	Missbrauch, Dominierung, Beherrschen
Meditation	Einsiedlertum, Zurückgezogenheit
Mut	Macho
Unabhängigkeit	Isolation
Weisheit	Arroganz
Wildheit	Brutalität
Wille	Sturheit

Eine wichtige Qualität des Männlichen, die als Basis unter allen Qualitäten liegt, ist, dass Männer *mono-modal* sind. Darunter versteht man, dass ein Mann nur ein Ding zur gleichen Zeit tun kann – das aber mit voller Konzentration. Das *Mono-modale* ist gut, um im vollkommenen Chaos einen Schrank aufzubauen, oder für eine minimalinvasive Operation am offenen Herzen in einem Feldlazarett. Im *Mono-Modus* blendet der Mann alles ihn Umgebende aus: Er hört kein Telefon, er nimmt keine Frau wahr, alles, was zählt, ist die Herausforderung. Der *Mono-Modus* war unabdingbar für die Jagd, für das stundenlange Ausharren in höchster Konzentration. Alles andere bedeutete den Tod: für den Jäger, der ziemlich schnell Beute eines Raubtieres geworden wäre, und für die Sippe, denn viel Bewegung und Blabla verscheucht jedes Wild.

Ich hatte viele solcher Momente als ich an diesem Buch schrieb und zwischendurch immer wieder meinen Computer optimierte. Ich habe nicht wahrgenommen, wenn meine Frau nach Hause kam, jedes Klingeln des Telefons störte mich und länger vereinbarte Termine, die sich nicht verschieben ließen, waren lästig. Dadurch habe ich vieles verpasst und mich auf interessante Anregungen außerhalb meines Fokus nicht eingelassen. Ein Teil des

Lebens ging an mir vorbei – das ging mir im Leben schon öfter so. Was mir entgeht, spüre ich erst, wenn ich mich frage, wie viele Sommer mir noch bleiben und wo ich in dieser Zeit des exzessiven Arbeitens geblieben bin. Unabhängig vom Ergebnis stelle ich mir dann die Frage: War es das wert?

Die vier weiblichen Archetypen

DIE MUTTER

Die vorrangige Identität und Erfüllung besteht darin, das Leben zu nähren. Sie ist schützend, fürsorglich und hat gebende Qualitäten. Sie ist instinktiv davon angezogen, Kinder zu gebären und großzuziehen.

Qualitäten: Sie gibt aus innerer Fülle und überfließender Selbstliebe, hat Mitgefühl und intuitive Weisheit. In ihrer Umgebung schafft sie ein Gefühl von Geborgenheit und Sicherheit.

Verzerrungen (negative Qualitäten): Sie hat versteckte Erwartungen (zurück-)geliebt zu werden, dies kann zu Ärger und Vorwürfen führen. Sie kann überbeschützend sein und unbewusst das Wachstum der Kinder und/oder des Mannes behindern. Leicht verliert sie ihre Identität durch Bemuttern anderer, sie ist dann besitzergreifend, destruktiv und manipulierend. Sie bezieht sich auf ihre Umwelt, indem sie umsorgt und fördert.

HETÄRE

Sie findet ihre Erfüllung darin, Beziehungen zu Männern zu verwirklichen. Sie ist intellektuell, kultiviert, ästhetisch und schmetterlingsgleich. Sie neigt zu häufigem Partnerwechsel und ist unbeständig.

Qualitäten: Sie verfeinert und wertschätzt die Kultur und alles Schöne. Kommunikation mit ihr ist sehr stimulierend und sie kann sich auf vielen Ebenen mit Männern beziehen.

Verzerrungen (negative Qualitäten): Sie kann oberflächlich, kalt, gnadenlos, trügerisch, unberechenbar und in Beziehungen unzuverlässig zu sein. Sie hat meistens Schwierigkeiten in Beziehungen zu anderen Frauen und bezieht ihre Identität in erster Linie durch den Austausch mit Männern.

AMAZONE

Sie findet Erfüllung in der Arbeit und darin, ihre Vision vom Leben wirklich werden zu lassen. Sie verfügt über eine erdige Weisheit, ist stark, fähig, effizient, unabhängig, praktisch und gut organisiert.

Qualitäten: Sie hat eine natürliche Autorität und Selbstvertrauen. Sie bietet Stabilität und Sicherheit, ist der Realität gewachsen und kann gut in der materiellen Welt handeln.

Verzerrungen (negative Qualitäten): Sie kann dominierend, überstrukturiert, dogmatisch, rigide und kritisch sein. Sie kann den Kontakt zur Weiblichkeit verlieren und bindet sich dann an die Struktur eines Systems oder einer Organisation. Sie findet ihre Selbstverwirklichung durch ihre Arbeit.

MEDIUM

Sie findet ihre Erfüllung darin, sich in das kollektive Unterbewusstsein einzustimmen und als Brücke zwischen dem Unbewussten und der menschlichen Gemeinschaft zu fungieren. Sie ist eine Visionärin, Seherin, Heilerin, Poetin, die sich der Spontaneität, Freude und dem Fluss des Momentes hingibt.

Qualitäten: Sie ist intuitiv, inspirierend und ein Kanal für das Kreative. Sie hat einen instinktiven Sinn für Einheit.

Verzerrungen (negative Qualitäten): Sie kann einen gestörten Kontakt mit der körperlichen, wissenschaftlichen und materiellen Welt oder Realität haben. Sie wirkt dann missionarisch, hysterisch, verrückt, chaotisch und konfus, denn die Kräfte des Kollektiven können überwältigend sein. Ihr Leben bezieht sich hauptsächlich auf die Welt der Psyche.

Zusammenfassen lassen sich die femininen Qualitäten und ihre Verzerrungen in folgender Aufstellung:

REINE QUALITÄT	VERZERRUNG DER QUALITÄT
Akzeptanz	Resignation, Aufgeben, Sklaverei
Ein Heim schaffen	Zwanghaftigkeit, Sicherheitsobsessionen
Empfänglichkeit	Passivität, Resignation
Entspannung	Faulheit
Fähigkeit zu warten	Trägheit
Fühlen	Sentimentalität
Geschehenlassen	Unentschlossenheit
Grenzenlosigkeit	Nicht ganz da sein, vage sein
Hingabe	Unterwerfung, Sklaverei
Intuition, übersinnliche Veranlagungen	Paranoia, Hysterie
Liebe	Besitzanspruch, Eifersucht, Hass
Nährend, fürsorgend	Rettersyndrom, überbeschützend
Nichtstun	Festgefahrenheit, Beharrungsvermögen
Schönheit und deren Wertschätzung	Äußerem verhaftet sein
Sensitivität	Opfer
Stille, Stärke	Martyrium, Masochismus
Weichheit	Schwäche

Eine schwer greifbare und für Männer unverständliche feminine Qualität ist das weibliche Fließen zwischen Fühlen, Liebe, Hingabe, Leben und allen damit verbundenen Energien. Es geht dabei weniger um eine konkrete Energie an sich, als um den Prozess. Der Prozess des Fließens zwischen verschiedenen Zuständen; der ständige Wandel ist es, der das Weibliche ausmacht. Dass Frauen diesem Wandel und damit auch den wechselnden Gefühlen verbunden sind, gibt ihnen die große Fähigkeit des *Multi-Modalen.* Sie können viele Dinge gleichzeitig wahrnehmen, sie sammeln Eindrücke. Es geht ihnen dabei weniger um die konkrete Wahrnehmung als um die Schwingung, die dieser Eindruck verursacht. Mit dieser Fähigkeit sind Frauen Netzwerkerinnen per excellence. Diese Gabe stammt aus der Zeit der Sammlerin, als Menschen in Gruppen lebten: Für das Weibliche gab es nichts Wichtigeres, als jede Schwingung der Gruppe wahrzunehmen, auch wenn sie vom eigenen Standort weit entfernt war. Menschliches Leben in einer Gemeinschaft ist bestimmt durch das Miteinander: Kleinste Veränderungen in einem Netzwerk können sich schnell hochschaukeln und katastrophale Ausmaße annehmen.

MÄNNLICHE UND WEIBLICHE QUALITÄTEN

Die folgenden Beschreibungen der männlichen und weiblichen Qualitäten sind eine Mischung aus den biologisch-genetischen Grundlagen und den Archetypen.

Achten sie darauf, welche Qualitäten etwas in ihnen zum Schwingen bringen, positiv wie negativ. Machen sie sich Notizen, diese werden ihnen in späteren Kapiteln und bei der konkreten Arbeit an ihrer Essenz hilfreich sein.

Über männliche Qualitäten kann ich gut schreiben. Ich schließe die Augen, lausche in mich hinein oder schaue in den Spiegel. Die Beschreibung der weiblichen Qualitäten ist mir dagegen schwergefallen. Natürlich habe ich mich mit Frauen ausgetauscht und das Manuskript mehrfach gegenlesen lassen. Trotzdem bleibt es ein Blick von außen, es bleibt ein männlicher Blick – ein Blick, der viele Tiefen der weiblichen Seele weder erfassen noch verstehen kann. Wenn sich eine Frau im Rahmen dieses Buches nicht verstanden fühlt, greift sie am besten zur Unterstützung ihrer Entwicklung auf Bücher von Frauen für Frauen zurück. Die spätere Entwicklung machen wir nämlich allein: Männer mit Männern und Frauen mit Frauen.

Maskuline Qualitäten

„Im Tanz durch Höllen und gepeitscht durch Paradiese, trunken von Güssen unerhörten Lichts, träumt er von einer kleinen Wiese, mit blauem Himmel darüber und sonst nichts", reimt Berthold Brecht im Baal.

Es ist ein Traum des Maskulinen, dass es irgendwann aufhört; dass alle Arbeit getan ist, dass die Frau oder Freundin nicht mehr nörgelt, dass die Mutter zufrieden ist und der Vater den Sohn endlich sieht. Dann bin ich frei, denkt das Maskuline, dann fange ich an zu leben. Bis dahin verbringt es die meiste Zeit im aktiven Problemlösemodus und tankt am Licht und der Liebe der Frauen seine Batterien auf. Was das Maskuline dabei vergisst, ist seine Endlichkeit. Da Männer eindimensional und zielgerichtet denken, können sie sich nur mit einer Sache gleichzeitig befassen, in diesem Fall entweder einer aktuellen Herausforderung oder aber ihrer Vergänglichkeit. Einerseits suchen Männer in Herausforderungen ihre Leistungsgrenzen und damit die Kante zum Tod, andererseits, sind sie oft so in ihre aktuellen Tätigkeiten vertieft, dass sie sein Herannahen nicht spüren.

Dem Tod bewusst ins Auge zu sehen ist aber eine der größten maskulinen Qualitäten. Wahrscheinlich stammt sie aus der Zeit, als wir in Horden durch die Wälder zogen und uns überlegene, große Tiere jagten. Diese Qualität lässt Männer Grenzen suchen: Fallschirmspringen, Bergsteigen, Tieftauchen, je gefährlicher, umso besser. Hier fühlt sich das Maskuline lebendig, hier schlägt das Herz des Mannes höher. Die Aktivitäten müssen nicht lebensbedrohlich sein, wichtig ist nur die Gefahr. Das können riskante Geschäfte sein, mit dem Wagnis, alles zu verlieren, oder Meditation, verbunden mit dem Risiko, sich aufzulösen oder verrückt zu werden. Immer geht es ums Ganze.

Ein Mann wächst mit der Gefahr, und wenn er sich seiner Sterblichkeit und Begrenztheit stellt. Gefahr und Wettbewerb liegen schon Jungen im Blut. Mutproben sind die Bedingung, um in eine Clique aufgenommen zu werden, und das Kräftemessen ist Bestandteil des Alltags. Maskuline Essenz ist Präsenz – Präsenz im Angesicht des Todes.

Das Maskuline fühlt sich für einen Mann, aber auch für eine beobachtende Frau lebendig an wenn es sein Leben und seine Lebensumstände so geklärt hat, dass es ständig an der Grenze von Leben und Tod steht. Da gibt es keine unerledigten Dinge, keine losen Enden. Das Leben und die Lebensumstände haben eine klare und für alle sichtbare authentische Richtung. Ein solcher Mann spürt sich selbst und ist vertrauenswürdig. Er hat für sein Leben und Handeln die Verantwortung übernommen und ist bereit die Konsequenzen zu tragen. Er ist frei.

Vor der Entwicklung solcher Präsenz steht die männliche Forderung an das Leben und damit an jede Partnerschaft: „Ich will frei sein." Aus diesem Wunsch nach Freiheit resultiert dann aber oftmals eine Unzuverlässigkeit in Bindungen. Diese Unzuverlässigkeit hat in keinem Fall etwas mit der Beziehung zu tun, sondern ist die auf die Beziehung projizierte Unerfülltheit des

Lebens, resultierend aus der Weigerung Verantwortung für eine authentische Richtung zu übernehmen. Dieses Ziel, die Richtung und der Mut, es zu verfolgen, können durch keine Liebesbeziehung, egal welcher Art, ersetzt werden.

Eine tägliche Frage für Männer ist: „Kann ich morgen sterben oder habe ich etwas zurückgehalten, ist etwas unerledigt? Was muss ich machen, bevor ich sterben kann? Habe ich mein Leben oder das meiner Frau und Kinder gelebt?"

Präsenz und Stärke

Präsenz bedeutet, in diesem Augenblick da zu sein, ohne Anspannung, aber voller Konzentration. Ohne Angst, aber voller Liebe für diesen einmaligen Augenblick und für alles, was kommen kann. Die Griechen nannten diesen Zustand *arete*, was am besten mit „vortrefflich" übersetzt wird. Es ist die Qualität, die uns in jedem Moment aus innerem Vertrauen heraus und einer Verbundenheit mit allen Lebewesen das tun lässt, was genau in diesem Moment getan werden muss, und zwar ohne Wertung.

Wichtig ist zu verstehen, dass sich das Handeln aus Präsenz oder *arete* nicht auf gutes oder schlechtes Handeln im moralischen Sinne bezieht. Präsenz ist amoralisch und die Geschichte, auch die Geschichte der Moral, wird lange nachdem dieser Augenblick vergangen ist von Historikern geschrieben. Auch steckt keine Strategie, keine langfristige Planung hinter Präsenz – Präsenz ist vielmehr, mit welcher Offenheit und Klarheit ein Mann in Kontakt mit dem Augenblick tritt.

Präsenz kann der Blick in die Augen eines Tieres vorm Drücken des Abzugs am Jagdgewehr sein oder der Blick in die Augen des Feindes, den man töten wird. Präsenz kann auch sein, den eigenen Tod für die Rettung anderer in Kauf zu nehmen. Oder ganz einfach, sich beim morgendlichen Blick in den

Spiegel ernsthaft zu entschließen, dass heute ein guter Tag zum Sterben ist. Liebesfähigkeit ohne Kompromisse, ohne Ausreden und ohne die Bedürftigkeit nach Mamas Brust ist ebenfalls Präsenz. Es ist die Fähigkeit eines Mannes, im Orkan weiblicher Emotionen zu stehen, nicht wegzulaufen, aber auch nicht zu lamentieren. Präsenz möchte nichts ändern, sie ist klar, wach, wahr, mit sich und dem Tag im Reinen und tut das, was getan werden muss.

Stärke meint vor allem Selbstdisziplin und Wahrheit. Das bedeutet, sich nicht herauszureden, sondern zu seinen Fehlern zu stehen: geradezustehen. Geradezustehen für den aktuellen Moment, aber auch für die Vergangenheit, für alles, was dieses spezielle Leben ausmacht. Und zwar unabhängig davon, ob Entscheidungen alleine in meiner Verantwortung lagen oder ich nur beteiligt, vielleicht sogar nur Objekt war.

Stärke bedeutet auch, für etwas zu gehen, gegen Widerstände und nicht sofort klein beizugeben, sich auf den Boden zu werfen und zu rufen: „Ich gebe auf." Es ist der Kampf mit dem inneren Schweinehund: Ist es nicht oft einfacher sich zu verbiegen, als geradlinig mit offenem Blick und voller Präsenz auf eventuell unangenehme Wahrheiten oder Konsequenzen zu blicken?

Stärke ist dabei die Kraft zur differenzierten Selbstreflexion. Dies bedeutet, auf die eigenen Fehler zu schauen – die Wahrheit gegen sich selbst zu richten. So wie Sokrates nach seiner Verurteilung zum Tode die Flucht mit dem Argument ablehnte, dass ein weiser Mensch keine Angst vor dem Tod hat.

Präsenz und Stärke bedeuten, dass sie augenblicklich sterben können, ohne etwas zu vermissen, etwas nachholen zu müssen oder etwas ändern zu wollen. Ohne mit diesen Qualitäten verbunden zu sein, sollten sie sich nicht aus dem Haus trauen, denn die Welt ist weit gefährlicher, als sie glauben. Zwei der größten Selbstlügen von Männern sind: Es trifft immer die anderen.

Und: Ich werde noch gebraucht; von meinen Kindern, meiner Frau, meiner Firma und so weiter. Unersetzbarkeit ist davon abhängig, dass andere sie brauchen, von ihnen abhängig sind. Präsenz ist von nichts abhängig, deshalb schafft sie wirkliches Vertrauen.

Zielgerichtetheit, Führung und Verantwortung

Das Männliche braucht ein Ziel. Führung und Selbstdisziplin sind der Weg dahin. Eine verantwortungsvolle Führung muss alle Aspekte auf dem Weg zum Ziel berücksichtigen und darf sich nicht in das Ziel verbeißen – das machen nur Kampfhunde.

Das Ziel eines Mannes ist etwas, für das er lebt, für das sich zu leben lohnt, zu kämpfen lohnt und für das er sterben würde. Es ist etwas Größeres als die Episoden von Beziehungen, Frauen, die vorbeirauschenden Emotionen und Alltagstätigkeiten.

Männer die kein Ziel haben, neigen dazu, sich in ihren alltäglichen Ablenkungen, sei dies Karriere oder Gelüste auf das Weibliche, dazu gehört auch Onanie, zu verlieren. Alle Energien, die Männer in diese Pseudoziele stecken, verpuffen in einer oberflächlichen Befriedigung, die nicht sättigt, sondern nur mehr Hunger bereitet. Es ist, als löschten sie ihren Durst mit Salzwasser – innen trocknen sie aus.

Die Spirale nach mehr Erfolg, Geld und Karriere wird sich unaufhaltsam weiterdrehen, denn nur den wenigsten Männern widerfährt die Gnade eines Herzinfarkts. Die meisten leben lange, obwohl sie innerlich tot sind: Sie jagen geisterhaftes Wild in einer geisterhaften Welt, sind gefangen in ihrem persönlichen Hades. Ein Mann ohne Ziel fühlt sich an wie eine Patronenhülse ohne Zünder und Treibladung. Er verliert nicht nur die Achtung vor sich selbst, was schlimm genug ist, auch die anderen in seiner Umgebung verlieren die Achtung vor ihm: seine Frau, seine Kinder, die Freunde.

Schlimmer, als ein Ziel nicht zu erreichen, ist, keines zu haben. Ein Mann kann nicht jedes Ziel erreichen, obwohl er seine Ziele realistisch wählen sollte. Ein Ziel wird ja erst dadurch spannend, dass es Herausforderungen beinhaltet und ein klein wenig hinter der Komfortzone liegt. Dies aber birgt immer das Risiko zu versagen.

Führung bedeutet, Verantwortung zu übernehmen für die Erreichung der eigenen Ziele und die Ziele anderer. Führung beinhaltet aber auch die Fähigkeit, das eigene Ziel loszulassen, einen Schritt zurückzutreten und aus einer Metaperspektive zu schauen, wie sich das Ziel mit der aktuellen Lebenssituation und den übernommenen Verantwortlichkeiten, zum Beispiel als Vater, vereinbaren lässt. Dies heißt nicht, das Ziel aufzugeben, denn damit würden Sie sich selbst verraten, es heißt nur, die aktuellen Prioritäten neu zu ordnen. Verantwortungsvolle Führung verliert die Ziele nicht aus den Augen, macht aber manchmal einen Umweg, weil die Kopf-durch-die-Wand-Methode nur Scherben verursacht.

Eine solche Führung ist keine hyperautonome, machtorientierte Qualität, sondern ein Prozess, der die eigenen Interessen mit etwas Größerem verbindet. Führung aus dem Herzen fügt Verbundenheit mit allen lebenden Wesen hinzu. Dies heißt nicht, dass Führung populär sein sollte, sie wird auch unangenehme Entscheidungen treffen und dabei verletzen. Wahre Führung ist sich dessen bewusst und führt mit offenem Herzen, wir nennen dies dann „natürliche Autorität", und keiner hat etwas dagegen einzuwenden.

Diese „natürliche Autorität" finden sie bei den Weißrücken-Gorillas genauso wie bei den Anführern der ersten Nomaden, die in der Lage waren, mit der Sippe der Nahrung zu folgen: Fehler bedeuteten den sicheren Tod. Fehler von Pseudoführern in unserer Zeit sind Managementfehler mit der Folge millionenschwerer Abfindungen: Führung egomanischer Hampelmänner in Nadelstreifen, die zuerst an ihren eigenen Vorteil denken, sind aber nicht ernst zu nehmen, auch wenn Hampelmannnetzwerke einen großen Teil der Wirtschaft bestimmen.

Führung heißt immer, Verantwortung übernehmen, Verantwortung für sich selbst und für andere. Das Männliche muss verstehen, dass Alltagsverpflichtungen und Karriere keine Ausreden sein können, das eigene Ziel nicht zu verfolgen, und es muss verstehen, dass ein Ziel zu verfolgen nicht von Alltagsverpflichtungen entbindet. Hier liegt die Kunst der Vortrefflichkeit in der Durchdringung des Alltags und der Karriere, mit makelloser Präsenz, ohne sich aufzugeben.

Führung im Beruf ist die eine Sache. Das klappt recht gut, auch in brenzligen Momenten, auch in Situationen, die mir unangenehm sind. Führung in der Beziehung ist eine andere Sache, denn Frauen sind in Beziehungen nicht logisch. Jedenfalls ist meine Frau, wenn es um die Partnerschaft geht, nicht logisch. Sie ist gefühlsbestimmt. Und für eine Frau geht es immer um die Partnerschaft, selbst beim Autofahren – speziell, wenn ich fahre.

Ich habe noch keinen Mann erlebt, der so präsent ist, dass es ihm gelingt, diese Kleinigkeiten mit seiner Liebe zu durchdringen. Irgendwann platzt jedem Mann einmal der Kragen und er sagt: Jetzt ist Schluss. Und das ist gut, denn einen Schlusspunkt zu setzen ist ebenfalls eine Qualität von Führung.

Können sie einen Schlusspunkt setzen? Einen Schlusspunkt setzen, den ihre Frau anerkennt? Können sie diesen Schlusspunkt setzen, bevor sie richtig wütend werden? Bestimmen sie das Timing oder bestimmt es ihre Frau?

In der Welt stehen

Die Welt ist weiblich und unberechenbar – jedenfalls für Männer. Ein Mann, der der Welt nicht mit offenen Armen entgegentritt, wird dies auch bei Frauen nicht können. In der Welt stehen heißt, in die Welt gehen, hinausgehen auf weitgehend unbekanntes Terrain, in eine Welt, die manchmal feindselig erscheint. Eine Welt, deren Zyklus von Geborenwerden und Sterben, Frauen emotional wesentlich nähersteht als Männern. Eine Welt, die Männern Angst macht, die sie versuchen technisch zu beherrschen. In die Welt gehen heißt, sich seinem Schicksal stellen, die Heldenreise antreten. Wie die Drachentöter in unzähligen Märchen, die sich ihrer Aufgabe und ihrem Schicksal mit Hingabe stellten. Dies ist die männliche Form von Hingabe: In einem aufgepeitschten und brandenden Meer auf dem Bug eines Schiffes zu stehen, den Göttern die Stirn zu bieten und zu rufen: „Hol mich doch."

Es gibt eine schöne Karte im Tarot: Sie zeigt einen Mann auf einem Wagen, der von einem wilden Stier gezogen wird. Der Wagenlenker hat sein Ziel fest im Blick und sein Zugtier im Griff, die Umwege aber, die er machen muss, um sein Ziel zu erreichen, werden von der Welt vorgegeben. Er ist weise genug, mehr als einmal einen Umweg zu machen, denn jeder Umweg dient einer Erfahrung, ohne die die endgültige Aufgabe nicht gelöst werden kann. In der Mythologie nennt man solche Geschichten Monomythos, denn eine Herausforderung muss vor der anderen erledigt werden: Zuerst muss der Drachen getötet werden, der den Schlossgraben bewacht, dann gilt es eine Mauer zu erklimmen und im Schloss selbst gibt es noch eine Menge Gefahren zu überwinden, bevor die Prinzessin wachgeküsst wird. In der Sprache von Videospielen: Sie erreichen erst den nächsten Level und bekommen einige Leben gutgeschrieben, wenn sie die Aufgaben dieses Levels gelöst haben.

Gehen sie ein Risiko ein und können sie verlieren, oder sind sie abhängig vom Gewinn?

Spieler oder Hasardeure sind fixiert auf Gewinn. Ihnen fehlt die Leichtigkeit im Spiel mit der Welt, und in ihrer Verbissenheit gehen sie unnötige Risiken ein. Sie ruinieren dabei nicht nur sich selbst, sondern gefährden auch andere, ihre Freunde oder ihre Familie. Sie sind Süchtige, Junkies, denen es nur um die Erfüllung ihrer Bedürftigkeit geht. Mit In-der-Welt-stehen hat das nichts zu tun.

Anders verhält es sich mit Glücksrittern und Abenteurern: Diese riskieren auch alles, aber sie tun es mit einem offenen Herzen. Sie können gewinnen, aber auch alles verlieren – es macht für sie keinen Unterschied, denn es geht nicht um Gewinn oder Verlust, es geht um Erfahrung. Abenteurer laden das Schicksal ein, um sich mit ihm zu messen und es zu umarmen.

Der Unterschied zwischen beiden liegt in der Vertrauenswürdigkeit und in der Verantwortung: Ein Spieler muss etwas tun, ist getrieben und kann keine Verantwortung übernehmen. Ein Abenteurer nimmt auch Gefahren auf sich, aber er zieht andere nicht mit hinein. Ein in der Welt stehender Mann, ein Abenteurer und Bohemien kann sehr wohl Verantwortung für eine Familie übernehmen, denn es gibt im Leben eines Mannes Zeiten für Verantwortung und Zeiten für Abenteuer. Ein erwachsener Mann kennt den Unterschied.

Ich habe keine, möchte aber Kinder, und da meine Frau das auch möchte, kann es schneller gehen, als mir lieb ist. Und trotz des Wunsches nach Kindern habe ich Angst davor, mein jetziges Leben mit dem eines Vaters zu tauschen. Viele meiner Freunde sind Väter und schwärmen mir von den wundervollen Erlebnissen vor, die sie angeblich mit ihrem Nachwuchs haben. Meine Skepsis mildert das nicht, und obwohl ich sicher bin, die

Verantwortung für eine Familie übernehmen zu können, bleibt eine Furcht vor den dann anstehenden Veränderungen.

Dem Tod verbunden

Berthold Brecht beschreibt am Ende vom „Baal", wie es einem Mann ergeht, dessen Leben auf Ausreden und Flucht vor sich selbst gebaut ist. Plötzlich schaut er seinem Tod ins Auge und zurück auf eine Menge unerledigter Dinge: die offenen Enden, die alle Männer in ihrem Leben ansammeln. Die letzte Begegnung Baals vor seinem Tod ist die mit einem Holzfäller, einem maskulinen Naturburschen. Dieser hat nur Verachtung für die Selbstlügen und Unwahrheiten, mit denen Baal seinem Tod ausweichen will. Baal stirbt elendig, alleine und verlassen.

> Wie würden sie sterben? Ist heute ein guter Tag
> zum Sterben? Ist nicht jeder Tag ein guter Tag?
> Gibt es etwas in ihrem Leben, für das es sich
> lohnen würde zu sterben?

Den Tod zu riskieren heißt, zu wissen wofür, denn der Tod ist kein Spiel. Mit dem Tod spielt man nicht und der Tod spielt nicht mit einem. Er ist etwas Größeres, etwas, das sich unserer Kontrolle entzieht, etwas, das jederzeit stattfinden kann.

In der Natur bevorzugt das Weibliche keine todesmutigen Helden, aber auch keine Feiglinge. Beobachtungen an Trinidad-Guppys, einem Zierfisch, haben gezeigt, dass die Männchen am attraktivsten sind, die „bewusst" die Gefahr umgehen: Es waren nicht die Männchen, die sich am nächsten an Fressfeinde heranwagten, sondern die in der zweiten Reihe, denen die Weibchen bei der Paarung den Vorzug gaben. Sie sehen, selbst bei Fischen sind hirnlose Helden unattraktiv.[2]

Dem Tod verbunden sein heißt nicht, den Tod zu riskieren; es heißt nur, ihn nicht auszublenden, ihn vielmehr zu einem Begleiter zu machen. In vielen Kulturen ist der Tod der Verbündete der Medizinmänner und Krieger. Das Bewusstsein, dass er jederzeit in ihr Leben dringen und es nehmen kann, lässt sie aufrichtig und in Wahrheit leben. Es ist das präsente Gefühl, bis zum aktuellen Zeitpunkt immer sein Bestes gegeben zu haben und sich die Momente, in denen man unaufmerksam, abgelenkt und nicht präsent war, zu verzeihen. Tod bedeutet dabei nicht unbedingt den physischen Tod. Es kann ein Totalverlust sein, etwas, das das Leben in seiner bisherigen Form zerschmettert und alle Anstrengungen und Bemühungen zerstört. Tod kann auch der Sieg über das kleinliche Ich sein, der Tod des Ego. Im Zen zum Beispiel bezeichnet man den Egotod als den großen Tod, während der physische nur als kleiner Tod gilt.

Ich war noch vor einigen Jahren ein Kandidat für Bluthochdruck und Bandscheibenvorfälle. Als Retter auch derer, die keiner Rettung bedurften, lud ich mir vieles auf. Belastet fühlte ich mich dennoch nicht, denn ich hatte ja zu tun: Ich war mit Retten beschäftigt. Gefährlich waren Phasen von Leerlauf, Phasen, in denen ich mich fragte: Und wo bist du geblieben im letzten Jahr? Und dann musste ich feststellen, dass ich mich vergessen hatte – meine Vergänglichkeit vergessen hatte, und meinen ständigen Begleiter, den Tod.

Sind sie ein Vater und Retter-Typ oder ein Sohn und Träumer-Typ?

Freiheit und Ungebundenheit
Das Maskuline sucht Freiheit. Freiheit definiert sich aber nicht darüber, dass ich tun kann, was ich will, sondern dass ich tue, was ich will. Diesen Unterschied zu verstehen ist wichtig, denn Freiheit beginnt bei einem selbst. Der erste Schritt zur Freiheit

ist die Herauslösung aus der Abhängigkeit, aufzugeben von anderen etwas haben zu wollen: Lob, Anerkennung, Liebe, Geld, was auch immer. Sich frei zu fühlen ist der erste Schritt zur Ungebundenheit.

Ungebundenheit bedeutet, allein sein zu können, ohne Angst vor Nähe und ohne jedes Mal furchtsam wegzulaufen, wenn das Weibliche naht. Ungebundenheit ist die Fähigkeit, mit einem offenen Herzen Nähe und Abstand entsprechend der eigenen Gefühle zu regulieren. So betrachtet wird Freiheit zur Unabhängigkeit von den Ersatzbefriedigungen, mit denen alle Männer ihre Bedürftigkeit stillen. Beziehungsweise zu Unabhängigkeit von den Ängsten, die Männer vor ihren erdrückenden Müttern flüchten lassen.

Ein Mann, der keine Nähe zulassen kann ist nicht frei, denn er ist nicht frei, zu fühlen. Seine Verhältnisse mit Frauen sind auf Macht und Kontrolle gebaut, echte Nähe macht ihm Angst. Ein solcher Mann ist zwar nicht abhängig, aber er ist anti-abhängig, das ist genau die andere Seite der Medaille. Abhängigkeit, Anti-Abhängigkeit, und Freiheit aber sind unvereinbar. Männliches Denken ist so ausgerichtet, dass bei dem „Ich bin frei", lauter „dann… wenn" stehen: Ich bin frei, wenn ich dieses Buch geschrieben habe oder diesen Deal unter Dach und Fach habe. Ich bin frei, wenn das Haus gebaut und die Altersvorsorge in Ordnung ist. Wirkliche Freiheit kennt solche Konditionen jedoch nicht.

Sie werden aber auch nie frei sein, wenn sie sich in der Höhle bei den Frauen verkriechen, mal mit der einen oder der anderen spielen, während andere Männer auf die Jagd gehen und ihr Leben riskieren.

Früher dachte ich, dass ich frei sei, sobald der Lottogewinn auf meinem Konto eingeht. Heute weiß ich, dass das unbedeutend ist. Mein Freund Jürgen hatte alles, als er sich mit 43 bei einem

Motocrossrennen das Genick brach und starb. Motocross war seine einzige Freiheit, seine große Flucht, denn ansonsten wohnte er noch zuhause und schob alles auf. Jürgen war getrieben von Ehrgeiz. Bevor er sein eigenes Leben, jenseits der Welt seiner Eltern, beginnen wollte, sollte das Studium abgeschlossen sein. Dann noch ein Aufbaustudium in den USA, dann der Einstieg in eine internationale Kanzlei, dann der Aufbau einer eigenen Kanzlei, dann Geld, mehr Geld, viel Geld.

Herausforderungen, Wettkampf und Ärger

Das Maskuline sucht Herausforderung, denn Männer wachsen am Widerstand, sie wachsen am Ausdehnen ihrer Grenzen, an allem, das hinter der Komfortzone liegt. Männer wachsen durch Wettkampf, dadurch, sich zu messen. Das müssen keine anderen Männer sein, das kann der Berg sein, die Börse oder der Tod.

Naturvölker haben Initiationsriten, die diesem männlichen „Sichmessen" einen Rahmen geben. Bei den Massai zum Beispiel gehen die jungen Männer in den Busch, um einen Löwen zu töten. Dabei riskieren sie ihr Leben und werden durch diesen Schritt Mann. Pubertierende Jungen in den entwickelten Ländern haben harmlosere Mutproben, falls sie überhaupt noch welche haben.

Aus diesem „Sichmessen" kommt das Angeben, eine sehr männliche Eigenschaft. Es ist leicht zu erkennen, dass bei den größten Angebern das wirkliche „Sichmessen" lange zurückliegt, meist so lange, dass es nur noch auf Fotos und in Worten existiert: mein Haus, mein Auto, meine Jacht, meine Frau.

Ärger suchen dabei Männer, die in Konkurrenz mit ihrem Vater stehen. Diese Männer können keinen fairen Wettkampf mit anderen Männern führen, das Kämpfen hat nichts Verspieltes mehr. Es geht ihnen beim „Sichmessen" nicht um Wachstum, sondern um die Vernichtung des Gegners.

Mit jedem Sieg rächen sie sich in trotzigem Hass an ihrem übermächtigen Vater. Jede Niederlage zerschmettert sie. Solche Männer sind nicht vertrauenswürdig, sie sind kalt und gehen für den eigenen Vorteil über Leichen. Was aber schlimmer ist, sie sind feige: Bevor ein solcher Mann das Seil hält, an dem ein anderer hängt, und schmerzhafte Schürfwunden an seinen Händen riskiert, lässt er los und erklärt der Witwe später, wie sehr er doch diesen tragischen Unfall bedauere, wie er den Freund geliebt habe und dass er ihr allen Trost der Welt schenken wolle. Was er nicht sagt, ist, wie gelegen ihm doch eine Nacht im Bett der Frau des toten Freundes käme.

Die große Herausforderung für Männer, die zu Ärger neigen, liegt darin, von männlichen Autoritäten zu lernen und sich nicht beim Weiblichen anzubiedern. Zu oft hatten diese Männer starke Väter und trostbedürftige Mütter.

Die Herausforderung für alle anderen ist ein Nachmittag mit ihrer Frau bei IKEA. Ein Nachmittag an dem sie trotz aller Sammelwut ihrer Frau offen, präsent und liebenswert bleiben.

Eine Herausforderung, die mich an meine Grenzen brachte und über die ich sagen muss, sie nicht unbedingt souverän gemeistert zu haben, war, drei Tage mit meiner Frau in Bangkok zu shoppen. Meine Frau sieht in anderen Menschen erst einmal das Gute, jedenfalls versucht sie es: auch in thailändischen Schleppern, Bauernfängern und betrügerischen Fahrern von Motorrikschas. Ich war also nicht nur damit konfrontiert, mit einer Sammlerin über unzählige Märkte und Shoppingcenter zu ziehen, sondern wir gerieten immer wieder in Streit darüber, wem man vertrauen kann. Hier muss ich hinzufügen, dass ich etwa ein Jahr meines Lebens in Asien verbracht habe und die Gepflogenheiten recht gut kenne, aber auch meine Erfahrungen konnten meine Frau nicht überzeugen. Selbst als uns ein Rikschafahrer mitten in der Nacht eben nicht dorthin brachte, wo wir wollten, sondern zum Restaurant seines Freundes, war meine Frau der Meinung, dass er uns nur nicht richtig verstanden hatte.

Feminine Qualitäten

„In Bezug auf geistige Veranlagungen scheint sich das Weib[liche] vom Manne hauptsächlich durch größeres Zartgefühl und geringere Selbstsucht zu unterscheiden. Infolge seiner mütterlichen Instinkte entfaltet das Weib[liche] diese Eigenschaften besonders gegenüber seinen Kindern, und es ist daher wahrscheinlich, dass es sie oft auch auf andere Mitgeschöpfe ausdehnt", schreibt Charles Darwin in seinem Werk „Die Abstammung des Menschen."[3]

Das Feminine empfängt Leben, es geht mit dem Leben schwanger, es gebiert Leben und es hegt Leben. Aus dieser Basisqualität des puren Lebens und der Verantwortung dafür, entstehen die weiteren essenziellen Qualitäten von Mitgefühl und Liebe. Aus ihrer Essenz führen Frauen keine Kriege und doch würden sie für ihre Kinder kämpfen und sterben. Hier liegt auch die Falle der femininen Qualitäten: Es ist Selbstaufgabe bis zur Selbstvergessenheit. Das Zurückstellen der eigenen Bedürfnisse, der Verlust aller Grenzen.

Und es sind nicht nur Kinder oder hilflose Wesen, hinter die die eigenen Bedürfnisse gestellt werden, es ist alles, von dem scheint, dass es weiblicher Hilfe und Unterstützung bedarf, dass es Bemutterung benötigt. So tief ist dieser Instinkt, dieses Bedürfnis, dass es oft zerstörerische Züge annimmt, gegenüber einem Partner, aber auch gegen sich selbst. Hier verwechselt das Feminine mütterliche Selbstaufgabe mit weiblicher Hingabe. Mütterliche Verhaltensweisen jedoch neutralisieren jegliche Intimität in einer Beziehung.

Ich habe allerdings noch keine Frau kennengelernt, die ihren Mann nicht auf die eine oder andere Art bemuttert. Das geht so weit, dass die Frau meines Freundes Leo darauf achtet, dass er morgens pünktlich aufsteht, um rechtzeitig zur Arbeit zu kommen, oder dass die Freundin von Karsten es auch in der Öffentlichkeit nicht lassen kann, an seiner Kleidung herumzufummeln. Meine Frau würde mir zum Beispiel gerne Produkte zur Gesichtspflege nahebringen und gleichzeitig meinen Konsum an Rotwein einschränken.

Liebe Frauen, wir hatten eine Mutter, denn sonst wären wir nicht auf dieser Welt. Irgendwann hat uns diese Mutter aus dem Laufstall gelassen – freiwillig gehen wir nie wieder rein.

Der Mutterinstinkt ist eng mit Mitgefühl verbunden und so wichtig Mitgefühl ist, so sehr müssen Frauen die Unterscheidung zwischen eben diesem Mitgefühl und Mitleid lernen, müssen Frauen lernen, sich nicht zu vergessen. Nur wenn sie ihre Bedürfnisse und ihre Grenzen kennen und diese ausdrücken können, nur dann sind sie zur Hingabe fähig und nur dann können sie sich selbst vertrauen.

Hat das Feminine einmal diese Tiefe erlangt, ist es gewaltig – nichts kann ihm standhalten. Es braucht sich dabei nicht zu messen und zu bestätigen – es braucht keinen Vergleich, denn es weiß, dass es das Leben ist, in all seiner Urgewalt. Bis dahin muss das Feminine auf der Hut sein und eine Balance finden zwischen dem Bedürfnis zu helfen und der Gefahr, sich dabei zu vergessen. Im Alltag sind Frauen gute Zuhörerinnen, tief drinnen jedoch oft gegen ihren Willen und dabei unfähig sich abzugrenzen. Das ist eine andere Qualität des Femininen, grenzenlos zu sein, weit zu sein, allerdings auch immer mit der Gefahr, sich persönlich nicht mehr schützen zu können. Es ist der Preis dafür, in Beziehung und Kommunion zu leben – in Beziehung zu anderen und in Beziehung zur Natur. Da ist kein Platz für

Selbstsucht und es besteht auch keine Notwendigkeit – es ist genug für alle da, denn Fülle ist ein weiteres feminines Prinzip. Nur vergessen Frauen dabei zu oft, dass sie nicht nur unter Frauen leben, die dem femininen Prinzip von Leben, Liebe, Licht und Geben folgen, sondern in einem Universum, das zur Hälfte männlich ist. Das Maskuline aber hat vollkommen andere Prinzipien.

Das ist die Herausforderung für Frauen: Sie sollten so sichere Grenzen entwickeln, dass sie ihr feminines Herz nicht verschließen müssen, auch nicht in einer maskulin ausgerichteten Welt, sondern dass sie ihre Gaben dieser Welt schenken, ohne die Welt zu bemuttern. Generell fühlt sich das Feminine sowohl für Frauen wie für Männer vital und kraftvoll an. Es ist belebend und blüht in Gemeinschaft oder der Natur auf. Es bevorzugt sanfte Formen. Andere Arten der Entfaltung sind Berührung, Tanz und Sprache. Dabei geht es immer um den Prozess und das Fließen der Energien sowie den ständigen Wandel der Beziehungen. Das heiter entspannte Feminine ist wie ein kraftvoller Fluss, hat eine Tiefe wie der Ozean und ist in ständiger leichter Bewegung. Eine Frau in Verbindung mit ihrem Femininen fühlt sich offen, sie strahlt Energie, Licht und Liebe aus. Sie ist Leben und Liebe.

Offenheit und Ausstrahlung

Offenheit bedeutet, sich öffnen zu können, wie eine Blume, die Schmetterlinge und Bienen einlädt; eine wunderschöne Blume, die ihren Kelch entfaltet, sich zeigt und ausdrückt: Hier bin ich, so wie ich bin. Offenheit ist die Fähigkeit die Welt einzuladen, sich zu öffnen für die Energien, die einen umgeben, sich einzustimmen und den Blick weit werden zu lassen. Offenheit heißt, sich zu zeigen – jenseits aller Scham und in voller Verletzlichkeit. Vor allem aber bedeutet Offenheit, nicht zu handeln. Eine

Wahrnehmung zu haben für Schwingungen und Beziehungen, für alles was gerade außerhalb des eigenen Kosmos geschieht, ohne einzugreifen. Offenheit ist reine, nicht wertende Wahrnehmung. Das ist eine große weibliche Qualität, denn es bedeutet, die Dinge fließen zu lassen und sich am Fluss zu erfreuen. Alles Vorbeifließende sind Erscheinungen, diese können schön sein, sie können erschrecken, aber es bleiben Erscheinungen: Wichtig ist, dass der Fluss fließt. Nur wahre Offenherzigkeit kann dieses Fließen erkennen, jede Fixierung auf ein Bild lenkt den Blick vom Fluss und schon ist die weibliche Weite mit etwas Konkretem verwickelt. Offenheit ist aber nicht Hingabe an etwas Konkretes, Offenheit ist Hingabe an den Fluss.

Eine meiner Bekannten, die sich zwar öffnen, aber sehr schlecht schließen kann, wirkt durch ihre dauernde Offenheit immer etwas entrückt, aber auch erotisch sehr einladend. Sie selbst merkt das nicht und ist ehrlich empört, wenn ihr Männer Avancen machen.

Zum Öffnen gehört sich schließen zu können. Das ist für das Weibliche notwendig, um zu überleben, denn der Fluss der Welt ist nicht nur gefüllt mit Liebe, Leben und Mitgefühl, sondern in diesem Strom schwimmen gleichermaßen Hass, Tod und Gewalt. Das Weibliche, das nicht gelernt hat sich zu schließen, sich unsichtbar zu machen, wird große Probleme haben, sich vor dem Übergriffigen im Fluss des Lebens zu schützen. Und mit jeder Verletzung wird sich das Weibliche dann zaghafter öffnen, bis es irgendwann verschlossen bleibt und seinen Blütenkelch nicht mehr zeigt. Dies ist dem Weiblichen nicht vorzuwerfen, es ist sein Schutz in einer männlich dominierten Welt. Was das Weibliche dabei übersieht ist, dass nur was sich zeigt erkannt wird, und dass es sich mit der Weigerung, egal aus welchem Grund, von der vitalisierenden Energie des Fließens abschneidet und seine Ausstrahlung verliert. Ausstrahlung geht weit über passive Offenheit hinaus. Es ist ein Leuchten von innen, ein Strahlen, was an kein Alter gebunden ist und neben dem äußere Schönheit verblasst. Diese Ausstrahlung verursacht um das Feminine ein vibrierendes Feld, das Männer wie Frauen magnetisch anzieht. Das Feld weiblicher Tiefe, das Dichter preisen, Männer in den Freitod treibt oder dazu bringt, sich zu ruinieren und zu duellieren. Dieses Feld ist nicht die Ausstrahlung eines kokettierenden Liebchens. Es ist die Ausstrahlung des puren Weiblichen, das Leben schenkt und Leben nimmt, des Weiblichen, das mit Geburt und Tod im Fluss ist.

Diese Ausstrahlung ist verbunden mit dem großen Zyklus der Weltmutter von Wachsen und Vergehen, es ist tiefe – intuitive – Weisheit, Weisheit, die keine Bestätigung braucht. Es ist das Wissen um die Seele und um das Größere, das uns umgibt. Das Wissen um Liebe und Barmherzigkeit – die Leben erst möglich machen. Und es ist tiefe Verzweiflung in diesem Wissen, Verzweiflung darüber, dass der Geburt unweigerlich der Tod folgt. Jede Frau wird einmal im Monat daran erinnert und auch in der Menopause schwingt dieses Wissen in Frauen weiter.

Viel zu oft verwechselt das Weibliche allerdings Ausstrahlung mit Koketterie und Narzissmus, es vergräbt sich dann in der Wunde, bisher nicht erkannt, sondern verkannt worden zu sein. Diese Wunde wird auf Jugendlichkeit getrimmt. Erkannt wird die wahre Frau dadurch nicht, präsente Männer fühlen die fehlende Selbstliebe und werden sich von der Koketterie nicht blenden lassen, denn sie wissen, was sie auch tun, die Wunde verletzter Weiblichkeit können sie nicht heilen: Dies können nur Frauen miteinander.

Liebe und Fülle

Leben ist Liebe und Lieben heißt leben. Bevor sich aber Liebe auf andere ausdehnen kann, muss sie sich selbst bewusst werden, das heißt, zuerst sich selbst lieben. Damit tut sich das Weibliche schwer. Zu groß sind die Herausforderungen der Welt, die der Bemutterung bedürfen, um zuerst an sich zu denken. Eine auf das Außen gerichtete Liebe wird sich aber irgendwann erschöpfen, denn sie kommt nicht aus der Fülle, sie kommt aus dem Wunsch, dass die guten Taten gesehen werden und sich bitteschön endlich jemand erbarme, den Mangel an Selbstliebe mit Anerkennung zu füllen.

Wahrlich lieben kann nur, wer sich selbst liebt, denn Liebe wächst von innen. Lieben heißt, sich zu verschenken, und diese weibliche Qualität kommt aus der Fülle, aus dem tiefen Wissen, das von allem genug da ist und immer genug da sein wird. Es ist eine gebende Qualität, in der das Weibliche die Rolle der gerechten Verteilung einnimmt. Schon in den urzeitlichen Sippen war es die Aufgabe des Weiblichen, in Verantwortung für das Ganze ein Mindestmaß an Gerechtigkeit zu gewährleisten. Dieser Gerechtigkeit liegt keine Moralphilosophie zugrunde, es ist eine intuitive Gerechtigkeit, die sich aus Mitgefühl und Verbundenheit mit dem Leben ergibt. Eine Gerechtigkeit, die getragen wird durch die Balance im Netzwerk und nicht durch Gesetze.

Das macht die Liebe des Weiblichen so wenig greifbar, denn die Beziehungen in einem Netzwerk ändern sich schneller als seine Teilnehmer. Mit der Veränderung der Beziehungen ändern sich aber auch die Emotionen, ändert sich das aktuelle Gefühl von Stabilität und Verankerung. Die Liebe des Weiblichen ist daher nichts Stabiles, sie ist eher vergleichbar mit Wellen, Wellen auf einem See oder auch tosenden Brechern in einem Ozean. Und wenn die Wellen sehr hoch sind, reißen sie das Weibliche mit; in einen Strudel wilder Emotionen, in dem sich alle Facetten von Liebe und Hass in kürzester Zeit abwechseln. Das Hin- und Hergerissensein ist der Preis, den das Weibliche zahlt, für die Tiefe seiner Intuition und die Fähigkeit zu grenzenloser Liebe. Je tiefer die Intuition und je grenzenloser die Liebe, desto stärker sind die Stürme und umso höher die Wellen. Um in diesen Unwettern nicht unterzugehen, braucht das Weibliche ein solides Fundament von Selbstliebe. Es braucht einen Ort, an dem es sich sicher fühlt und an den es sich zurückziehen kann. Einen Ort, an dem es akzeptiert ist und in den Orkan der Gefühle hinein entspannen kann, sich ihm hingibt und einfach ist.

Männer mit einem Rettersyndrom, und das haben die meisten Männer, sind in solchen Situationen der schlechteste Hafen für eine Frau, denn wovor sollte das Weibliche gerettet werden? Vor seiner eigenen Natur etwa? Retter und Beschwichtiger haben Angst vor den weiblichen Stürmen und wünschen sich, dass sie möglichst schnell verschwinden. Damit aber diffamieren sie die weibliche Qualität von Liebe, ja alles Weibliche. Sie haben Angst, dass sie von der unendlichen weiblichen Fülle überrannt werden, dass es nie aufhört. Und es hört auch nie auf. Die weibliche Fülle versiegt nicht.

Frauen, die diese Fülle kennen und mit ihr verbunden sind, fühlen sich genährt. Sie sind an einem Punkt in ihrem Leben angelangt, an dem sie nehmen können, sich annehmen und entspannen in das, was ist. Diese Frauen müssen nicht mehr manipulieren oder kontrollieren, um etwas zu bekommen. Sie sind verbunden mit etwas Größerem und dieses Größere fließt durch sie hindurch. Das heißt nicht, dass es keine Anstrengung oder Müdigkeit mehr im Leben gibt, das heißt auch nicht, sich in manchen Situationen nicht überfordert zu fühlen, es heißt nur, nicht ausbrennen zu können. Es bedeutet, angekommen zu sein, nicht im Überfluss, aber im Fließen. Es ist ein Sattsein, das in sich selbst gründet und andere nähren kann, aber nicht muss. Der Gegenpol dieser Fülle ist das Füttern anderer, die dem nicht bedürfen: dem Partner, älteren Kindern und anderen, die sich selbst versorgen können. Und Füttern meint nicht ausschließlich Nahrung.

Ein kraftvolles Bild, voller archaischer Liebe, beschreibt Clarissa Pinkola Estés in *Die Wolfsfrau:* „Eine wilde Mutter wartet da draußen auf alle, die in die tieferen Geheimnisse des Lebens eingeweiht werden wollen. Sie ist hart und stellt uns auf die Feuerprobe, aber ihrer Härte entspringt einer tiefen Weisheit, denn diese Mutter will ihren wilden ‚Kindern' alle Kunststücke und Schleichwege, alle Mysterien des Diesseits und des Jenseits offenbaren."[4]

Hingabe und Vertrauen

Hingabe ist die am schwersten zu erlangende Qualität des Weiblichen, denn Hingabe benötigt Vertrauen. Vertrauen in die eigene Kraft, Vertrauen sich schützen zu können, Vertrauen in etwas Größeres als den aktuellen Partner – Vertrauen zu sich selbst. Vertrauen ist aber immer mit Furcht verbunden, mit der Furcht nicht standhalten zu können, denn Vertrauen beweist sich erst in einer aktuellen Situation. Bis dahin bleibt Vertrauen ein Glaube; ein Glaube die eigenen Grenzen schützen zu können, ein Glaube an die eigene Stärke, aber eben ein Glaube. Zum Glauben gehört Zweifel, und je größer der Glauben, umso größer der Zweifel. Glauben ohne Zweifel ist Grandiosität: Es ist die Überschätzung einer Fähigkeit, die sich in der Realität nicht bewiesen hat.

Vertrauen ist also nichts Rationales, sondern ein tiefes Gefühl von Verbundenheit mit einem selbst: ein Urvertrauen, das sich aus sich selbst heraus begründet und keinen Glauben braucht, also auch keinen Zweifel hat. Es ist das intuitive Wissen, mit allem verbunden zu sein und in dieser Verbindung loslassen zu können. Dieses Urvertrauen wurde bei uns allen verletzt – bei manchen mehr, bei anderen weniger. Das Wiedergewinnen von Urvertrauen aber ist ein langer Prozess, denn Urvertrauen stützt sich nicht auf erworbene Fähigkeiten, wie zum Beispiel sich wehren zu können, es liegt weit unter der Schicht des Erlernten, tief im Sein verwurzelt. Vertrauen heißt auch nicht, sich nicht zu fürchten. Furcht und Angst sind die natürlichen Begleiter des Menschen, es sind die Sensoren, die uns vor gefährlichen Situationen warnen. Trotzdem müssen wir vertrauen, da wir nicht alle potenziell gefährlichen Situationen vermeiden können und trotz aller Vermeidung ein Schicksalsschlag uns das Herz zerreißen kann.

Da beginnt Hingabe: Hingabe an alles, was sich unserer Kontrolle und Steuerung entzieht. Hingabe an alles, was nicht manipuliert werden kann. Konsequenterweise sind dies Dinge, die außerhalb von uns liegen, außerhalb des Körpers, und selbst der Körper entzieht sich bei aller Pflege unserer Kontrolle und hat unangenehme Überraschungen parat.

Hingabe ist das Gegenteil von Kontrolle, es ist Entspannung, wo sich alles anspannen möchte. Ein Fließen und ein Auflösen bis in die letzten Zellen hinein, eine Ausdehnung ohne Grenzen. Es ist ein Verbundensein mit dem Augenblick, mehr noch, eine Verbindung mit allen vergangenen und zukünftigen Augenblicken, denn Hingabe ist zeitlos. Hingabe sucht nichts und Hingabe will nichts: Sie ist pures Sein. Mit Passivität hat dies allerdings nichts zu tun, denn das Loslassen von Kontrolle ist vor allem ein Loslassen von Selbstkontrolle, und dies kann sehr explosive, ekstatische Folgen haben. Hier ist das Weibliche nicht mehr lieb und klimpert mit den Wimpern.

In tiefer Hingabe an das Sein und sich selbst ist das Weibliche unbändig, wild und unkontrollierbar. Genau die Erfahrung der Urkraft, die Erfahrung des wilden Flusses braucht das Weibliche wiederum als Basis seiner Hingabe. Es ist das Fundament. Und dieses Fundament kann nur in der Frau selbst liegen und nicht im Außen oder darin, etwas zubekommen. Es ist die Sicherheit alleine zu überleben und es ist die Furchtlosigkeit vor dem Alleinsein. Hingabe erfordert Stärke und nur starke, mit sich selbst verbundene Frauen sind zur Hingabe fähig.

Das Männliche, das Hingabe von Frauen fordert, sollte vorsichtig sein, denn es ist sehr fraglich, ob es echter Hingabe und stiller Stärke überhaupt ein Gegenüber bieten kann. Allzu oft verwechselt das Weibliche jedoch Hingabe mit Aufgabe. Hingabe kommt von innen, während Aufgabe von außen angestoßen wird. Dies heißt nicht, dass die Aufgabe von außen erzwungen wird, auch wenn dies sein kann, sondern dass sich das Weibliche für etwas aufgibt, um etwas zu bekommen.

Zum Aufgeben neigen Frauen die eine Wunde von Ungeliebtheit und mangelnder Selbstliebe in sich tragen. Sie glauben, wenn sie den Rest des ihnen verbliebenen Selbst aufgeben, sich sozusagen als Opfer darbringen, dann findet sich jemand, der diesen Mangel beseitigt. Nur dies geschieht nicht: Die Selbstaufgabe wird zwar gerne angenommen, aber genauso gerne ausgenutzt, und so wird aus der Ungeliebten in zweifacher Hinsicht ein Opfer. Erstens gibt sie sich auf, gibt einen Teil von sich weg; zweitens erhält sie, falls überhaupt, nur für diesen aufgegebenen Teil, etwas zurück. Was sie nicht erhält, ist die bedingungslose Liebe nach der sich ihr ganzes Wesen verzehrt.

Dem Leben verbunden

Das Weibliche ist die Kraft des Lebens, es schenkt Leben und es nimmt Leben; es ist die große Göttin, die gebiert, die Wachstum fördert, aber auch, wenn es sein muss, tötet. In vielen Kulturen hat die große Göttin daher zwei Gesichter.

So ist im Hinduismus Shakti, die auch Parvati genannt wird und Shivas Frau ist, die helle Seite der dunklen Kali – der Göttin des Todes und der Zerstörung. Dies beruht auf dem Glauben, dass ohne Zerstörung nichts Neues entsteht und Leben und Tod eine untrennbare Einheit bilden, einen ewigen Kreislauf von Kommen und Vergehen. Als Göttin des Todes ist Kali eine Göttin der Transformation, sie ist die Mutter, die gibt und nimmt. In diesem Sinne gilt sie als Manifestation des Höchsten und wird als gnadenreiche Mutter und Erlöserin verehrt.

Das Weibliche aber schenkt nicht nur Leben, es ist das Leben, es ist die Bewegung des Lebens, und daher fühlt sich das Weibliche überall dort lebendig, wo es in Bewegung ist, zum Beispiel beim Tanz oder auch, wenn es den Körper nur leicht zu einer schönen Musik schwingt – es fühlt sich lebendig, wenn Energien fließen, denen der Körper in einem sanften Rhythmus folgen kann.

Stillstand ist Tod, die männliche Domäne, hier wird das Weibliche unruhig. Dies bedeutet nicht, dass das Weibliche keine Stille sucht, auch ein Fluss kann still und kaum merklich fließen. Aber alles Lebende ist in Bewegung: Ein Atemzug, das Rascheln der Bäume, und selbst in jedem Wassertropfen wimmelt es von Millionen Mikroorganismen. Diese Mannigfaltigkeit des Lebens ist das, was das Weibliche fühlt, es muss sich die Natur nicht erklären – es ist Natur, aus sich selbst heraus. Ist das Weibliche mit dieser Lebensenergie verbunden, so schöpft es daraus im Überfluss, nichts kann diese Energie stoppen.

Ein gewaltiger Vorteil des Weiblichen gegenüber dem Männlichen besteht darin, dass das Weibliche einmal im Monat mit dieser Energie verbunden wird. Viele Frauen kennen das Gefühl, wenn sich kurz vor ihrer Menstruation ein Kanal öffnet und eine Verbindung zu etwas Größerem entsteht. Ob dies das kollektive weibliche Unbewusste ist oder ob sich zu diesem Zeitpunkt die Wahrnehmung nur über das übliche Maß ausdehnt, ist dabei unwichtig und kann nur von jeder Frau selbst beurteilt werden. Entscheidend aber ist, dass Frauen nicht dem alten christlich-jüdischen Glauben aufsitzen, die Menstruation sei etwas Unreines, als unrein wurde sie von Männern wie Moses bezeichnet, die Angst vor der Kraft der weiblichen Intuition hatten. Diese Geschichte wiederholte sich später noch einmal als Papst Gregor der Große Maria Magdalena zur Sünderin verklärte, die Jesu „nur" die Füße salbte, das Testament der Maria Magdalena diskreditierte und aus der Bibel strich. Die lebendige Energie des Weiblichen war zu gefährlich für eine männliche Kirche, die auf Leid und Tod gründet.

Die Lebensenergie des Weiblichen, ihr ständiger Fluss, hat eine Tiefe, gegen die die Bemühungen des Männlichen, sich mit der Schöpfung zu verbinden, hilflos wirken: Es ist die Verzweiflung etwas zu begreifen, das diese Suche so absurd macht, etwas zu begreifen, was für jede Frau selbstverständlich ist.

Erkannt werden und in Beziehung treten
Erkannt zu werden ist eine der größten Sehnsüchte des Weiblichen. Erkannt in all seiner Liebe, aller Tiefe und all seinen Verwirrungen. Der Wunsch erkannt zu werden, ist überdeckt von der Angst, wirklich gesehen zu werden: schutzlos, ungeschminkt im grellen Neonlicht und aus dem Paradies verbannt. Also unternimmt das Weibliche alles, um „richtig" erkannt zu werden. Richtig heißt, in dem Modebild, welches das Weibliche sich von sich selbst macht.

Wird das Weibliche aber wahrhaftig erkannt, wie vom großen Dichter Nikos Kazantzakis, der seinen Alexis Sorbas, einen Verehrer alles Weiblichen, im gleichnamigen Buch sagen lässt: „Das Weib ist nun einmal ein krankes, ein schwaches, immer nörgelndes Geschöpf. Wenn du ihr nicht sagst, dass du sie liebst und sie besitzen willst, jammert und heult sie. Vielleicht mag sie dich gar nicht, vielleicht ekelt sie sich sogar vor dir, vielleicht sagt sie dir Nein. Das hat damit nichts zu tun. Wer sie anschaut, soll sich von ihren Reizen wie von einem Magneten angezogen fühlen. Das will die Arme, tu ihr also den Gefallen!"[5] – dann schreit das Weibliche ebenfalls: „Das bin ich auch nicht, so möchte ich nicht gesehen werden."

Es ist auch nicht einfach, mit einem fremdbestimmten Selbstbild und der Ambivalenz zwischen „in Schönheit und Glanz" erkannt zu werden und „wirklich" erkannt zu werden, die Klarheit zu behalten, ob man überhaupt erkannt werden will. Aber nur, wenn das Weibliche ein klein wenig seines echten Kerns zeigt, kann es mit anderen in eine aufrichtige Beziehung treten. Und genau dies ist die große Sehnsucht: In Beziehungen eintreten, in ständiger Kommunion und dauerndem Austausch sein, fließen. Beziehungen überhaupt, das emotionale Netzwerk ist die Domäne des Weiblichen, hier registrieren die sensiblen Antennen jede noch so kleine Schwankung der sich schnell ändernden Gefühlslandschaften.

Beziehungen stehen daher immer über der aktuellen Tätigkeit, da das Weibliche *multi-modal* ist und an vielen Ecken gleichzeitig aktiv sein kann. Unangenehm empfunden werden Beziehungen, in denen sich nichts mehr bewegt, aus denen der Fluss verschwunden ist und in denen kein Energieaustausch stattfindet. In solchen Beziehungen steckt das Weibliche seine gesamte Energie in Sticheln und Nörgeln, nicht weil es den Beziehungspartner verletzen möchte, sondern weil es Stillstand, das Festgefahrene und Eingefrorene wieder in Fluss bringen will. Beziehungen müssen leben, denn in toten Beziehungen erstickt das Weibliche.

Die Suche nach Zuverlässigkeit und weibliche Formen von Entspannung
Beziehung und Bindung ist für das Weibliche immer auch Verlässlichkeit, denn die Aufzuchtehe zwischen Mann und Frau

ist genetisch verankert. Verlässlichkeit gibt dem Weiblichen Sicherheit, und nur wenn das Weibliche sich sicher fühlt, kann es sich entspannen. Diese Zuverlässigkeit und Sicherheit sucht das Weibliche viel zu oft im Außen, im Partner. Ein Grund dafür mag das Rollenbild aus dem „biologischen Zeitalter" sein, aber auch die Rollenbilder der Aufzuchtehe, sie hütet die Kinder und er verdient das Geld, sind ins Wanken geraten. Dies heißt nicht, dass es keine Arbeitsteilung mehr gibt, sondern nur, dass sie nicht mehr biologisch manifestiert ist. Eine Arbeitsteilung in unserer Zeit sollte sich aus Absprachen ergeben, gerade dann, wenn das Weibliche seine volle Kapazität leben will.

Trotzdem wirkt unabhängig vom modernen Leben das Programm nach Bindung, und dafür ist ein zuverlässiger, vertrauenswürdiger Partner erforderlich. Zuverlässigkeit in der Bindung erreichte das Weibliche in der langen Geschichte des Menschen über sexuelle Offenheit. Auf der Ebene jenseits des Verstandes und des Neo-Kortex, der uns erst Bewusstsein verleiht, funktioniert sexuelle Offenheit immer: Alle Frauen wissen das, unabhängig davon, ob sie es einsetzen. Wieder andere setzen es sehr gewinnbringend ein.

Ist dann das Nest gemacht und ein zuverlässiger Partner gefunden, beginnt das Weibliche sich zu entspannen. Entspannung findet es dabei in schönen Dingen und im Überfluss: Es gibt immer eine Kleinigkeit zu kaufen und sei es nicht für einen selbst, sondern um sie irgendwann zu verschenken. Es ist keine Frage des Geldes, denn selbst Schnäppchenjägerinnen finden immer etwas, was sie später ganz entspannt einer anderen Sammlerin vorführen können. Entspannung ist für das Weibliche, sammeln zu können, ohne zu müssen. Männer, für die Einkaufen ein Horror ist und die ihre Hemden im Dreierpack erwerben, werden das nie verstehen.

Warum wir starke Frauen brauchen

Mit dem Übergang vom biologischen zum geistigen Zeitalter haben sich die Anforderungen an den Menschen geändert. Und der nächste Übergang, nämlich heraus aus der territorialen Begrenzung hinein in eine globale Welt, ist in vollem Gange. Hier sind andere Fähigkeiten gefragt als körperliche Stärke und Kondition. Und auch die mono-modalen Fähigkeiten des Mannes, die gut sind, um ein Zimmer durch ein Schlüsselloch zu tapezieren, nützen in einer vernetzten und auf Kommunikation ausgerichteten Welt wenig.

Nötig sind die *multi-modalen* Fähigkeiten von Frauen, Frauen, die ihre ureigensten und ursprünglichen Qualitäten in angemessener Form in die moderne Welt tragen und damit einen vollkommen neuen Führungsstil prägen. Dieser Führungsstil ist wahrscheinlich weniger egoistisch und machtorientiert als der von Männern: Er wird mehr auf Netzwerke und das große Ganze ausgerichtet sein.

Leider passen sich Frauen viel zu oft an den männlichen Führungsstil an, statt ihre speziellen Fähigkeiten einzubringen. Sicher spielt dabei auch eine Rolle, dass Führungspositionen zumeist von Männern besetzt sind und die Platzhirsche um ihr letztes Refugium kämpfen, das sie außerhalb des institutionalisierten Rahmens, nämlich ihrer Familie, schon längst verloren haben. Dennoch macht es keinen Sinn, dass Frauen versuchen bessere Männer zu sein: Da wird das Männliche immer siegen, denn es verfügt nun einmal über die entsprechende genetische Ausstattung in seiner Domäne.

Bringen Frauen jedoch ihre ureigenen Qualitäten ein, müssen sie nicht konkurrieren, sich verstellen und etwas leben, was nicht ihre Natur ist, sie können in Einklang mit ihrer Essenz schwingen und trotzdem alles erreichen. Was anstrengender ist, die Anpassung an eine von Männern dominierte Welt oder der

Verzicht auf „brav sein" und das Verbinden mit den eigenen Qualitäten, kann jede Frau nur für sich selbst entscheiden. Der Zustand unserer Welt zeigt, dass das Weibliche fehlt. Ob es zu lange mit den falschen, nämlich den männlichen Waffen gekämpft hat oder ob es zu lieb war, werden die Historiker entscheiden. Was aber jetzt schon klar ist: Es braucht mehr wilde, starke Frauen.

Warum Männer Angst vor starken Frauen haben
Männer definieren sich über Macht, und Macht wurde über Jahrtausende errungen im Wettkampf körperlicher Kräfte. Um jedoch einer starken Frau standzuhalten, bedarf es nicht Muskelkraft, sondern innerer Präsenz und Stärke. Die archaischen männlichen Mittel, die zum Sieg führten, versagen hier: Klassische Alphamännchen ernten von starken, wilden Frauen nur ein müdes Lächeln. Männer die mit ihrem Kern von Präsenz, Stärke und Führung verbunden sind und nicht die Maske des Macho benötigen, sind etwas ganz anderes. Leider gibt es aber genauso wenig präsente und klare Männer, wie es wilde, starke Frauen gibt. Doch warum ist das so, das Männliche hatte doch genügend Zeit sich zu entfalten?

Die Antwort ist: Männer hatten Mütter. Und spätestens seit die biologische Rollenfestlegung kippte, in vielen Fällen jedoch schon wesentlich früher, fehlen jungen Männern männliche Vorbilder. Woher sollen diese Vorbilder auch kommen, wenn die Väter trotzig beharrende Machos sind oder sich ängstlich einer verändernden Welt angepasst haben, Softies wurden.

Es ist eine Zeit des Umbruchs und in diesem Umbruch bekommen Jungs und junge Männer die Wut ab, die Frauen aufgestaut haben, weil einige ewiggestrige Männer beharrlich den Übergang vom biologischen zum geistigen Zeitalter verhindern wollen. Den Ärger darüber und die Wut, dass dieser Wandel nicht schnell genug vorankommt, kann man keiner Frau verdenken – die Kastration aber, die eine Mutter ihrem Sohn antut, weil sie es nicht wagt, ihrem Mann die Stirn zu bieten, schon. Da sich bei einer Mutter die Wut auf das Männliche, nämlich den Mann und Vater, mit der Liebe zum Sohn zumeist die Waage hält, steckt sie in einer Zwickmühle. Diese löst sie mit einem *Doublebind*, einer unklaren zweideutigen Aussage an den Sohn: „Wenn du brav bist, also deine, das Weibliche ängstigenden männlichen Anteile, die ich an deinem Vater so hasse, unterdrückst, dann kastriere ich dich vielleicht nicht." Natürlich folgt die Kastration, denn kein Junge kann seine unfügsamen männlichen Qualitäten dauerhaft kontrollieren.

Innerer Mann und innere Frau

Wir besitzen aber nicht nur die Qualitäten unseres eigenen, biologischen Geschlechts, sondern immer auch einen Anteil der Qualitäten des anderen Geschlechts. Frauen besitzen also, ohne sich besonders darum zu bemühen, männliche Qualitäten und Männer, ohne dass sie sie besonders entwickelt haben, weibliche Qualitäten. Die andersgeschlechtlichen Qualitäten in einem Mann werden als seine innere Frau, in einer Frau als ihr innerer Mann bezeichnet. Um die eigene Kapazität, die eigenen Fähigkeiten auszudehnen, ist es gut auch diese Qualitäten, die nicht direkt zum eigenen Geschlecht gehören, zu fördern. Es ist eine große Freiheit, nicht nur auf die Qualitäten des biologischen Geschlechts festgelegt zu sein.

Problematisch wird es allerdings, wenn ich die andersgeschlechtlichen Qualitäten nur entwickele, weil ich die eigenen ablehne, weil ich als Mann mit meiner männlichen Essenz und als Frau mit meiner weiblichen Essenz hadere. Vielleicht glaube ich, nur durch das Entwickeln andersgeschlechtlichen Qualitäten in dieser Welt überleben zu können. Oder, meine eigenen Qualitäten werden von der Umwelt nicht akzeptiert, sie werden nicht wertgeschätzt. Am schlimmsten ist aber, wenn meine ureigenen Qualitäten missbraucht oder verboten werden und mir gar nichts anderes übrig bleibt, als die andersgeschlechtlichen zu entwickeln. Einem inneren Mann oder einer inneren Frau aber, die unter diesen Vorzeichen wächst, wird immer etwas Falsches anhaften. Deshalb wird dieser Teil „falsche Identität" genannt.

Erinnern sie sich, wie ich am Anfang erzählte, dass ich mich bemühte ein Frauenversteher zu werden? Das war ein typischer Fall von falscher sexueller Identität: Frauen wurden mir wichtiger als ich selbst. Kennen sie das, wenn sie mehr mit ihrer Partnerin fühlen, als für sich selbst zu gehen, speziell in der Sexualität?

In der analytischen Psychologie C.G. Jungs wird die innere Frau als *Anima* und der innere Mann als *Animus* bezeichnet. Bis zu einem gewissen Punkt ist ihre Entwicklung eine Bereicherung, übernimmt jedoch die *Anima*, die innere Frau, in einem Mann die Führung, wächst sie also über seine männlichen Anteile hinaus, dann spricht man von einer *Animabesetzung*. Das sind Männer, an denen die negativen Aspekte weiblicher Qualitäten, wie zum Beispiel Unterwürfigkeit, Nörgeln und Manipulation offen zutage treten. Gleiches gilt natürlich für Frauen, wenn der *Animus*, der innere Mann, über die weiblichen Anteile hinauswächst. Hier sind dann die Verzerrungen männlicher Qualitäten spürbar, zum Beispiel Dominanz, Machtmissbrauch und Härte.

Noch einmal, es ist bereichernd, die Qualitäten des anderen Geschlechtes in sich zu fördern, allerdings nicht für den Preis, dass diese über die eigenen hinauswachsen oder die ureigenen Qualitäten verdrängen. Zumeist aber haben wir gar nicht die

Wahl, sondern werden durch Prägung, vor allem Erziehung, entsprechend verbogen oder müssen unsere eigene Essenz vor Übergriffen und Missbrauch schützen.

FALSCHE IDENTITÄT UND PRÄGUNG

Eine falsche sexuelle Identität sind die Persönlichkeitsschichten, unsere Masken und die Verkleidungen, die wir anlegen, um unsere Essenz zu verstecken. Dabei können wir verschiedene allegorische Gewänder übereinander anziehen, sodass am Ende unser Kern, die reine Essenz, wie unter einer Tarnkappe verschwindet. Diese Masken oder Gewänder, die wir anziehen, um unseren Kern zu verdecken, werden *Persona* genannt. Die *Persona* bezeichnete ursprünglich eine im griechischen Theater von den Schauspielern verwendete Maske, welche die Rolle typisierte.

C.G. Jung übertrug den Begriff in die Tiefenpsychologie und beschreibt damit denjenigen Teil des Ich, der für ein normatives und sozialverträgliches Verhalten sorgt. Die *Persona* ermöglicht uns die Kommunikation mit der Außenwelt, aber gibt auch Schutz und die Möglichkeit Distanz zu wahren. Jung sagt, dass das Ich stirbt, sollte die *Persona* zu stark werden.

Fast jeder hat einmal erlebt, sich so intensiv mit einer Aufgabe, dem Beruf oder Ähnlichem verwickelt zu haben, dass ein Herauskommen aus der Rolle kaum mehr denkbar war. Mir geht es bei großen Projekten, die hundertfünfzigprozentigen Einsatz fordern, so. Eine Zeit lang fühle ich mich gut, fühle mich wohl in der Rolle des großen Zampano. Dauert dieser Zeitraum zu lange, dann verschmelze ich aber so mit der Rolle, dass ich den Kontakt zu vielen anderen Teilen meines Lebens verliere.

Die Persona hat mein Ich dann vollkommen im Griff. Auf das Konzept von essenziellen Qualitäten übertragen bedeutet dies, werden diese von einer zu starken *Persona* „domestiziert", beginnt das Innere zu hungern.

Die Schichten von Prägung und falscher Identität und wie sie entstehen

Um falsche sexuelle Identität zu verstehen, müssen wir die Persona noch einmal teilen: nämlich in eine Schutzschicht, sozusagen die Unterwäsche unter dem eigentlichen Gewand, und das Gewand mit dem wir nach außen treten, unsere Straßenkleidung. Und weil das ein wenig verwirrend ist, gebe ich ihnen ein ganz praktisches Beispiel. Stellen Sie sich eine dieser in Schutzpapier verpackten Orangen vor, die häufig vor Weihnachten angeboten werden. Das Innerste, die Essenz dieser Orange, ist ihr Fruchtfleisch. Dieses ist umschlossen von der Schale, der natürlichen Schutzschicht einer Orange, ohne diese Schutzschicht könnte die Orange nicht reifen. Und nun hat man, um diese Orange attraktiver für den Verkauf zu machen, ein dünnes Papier um sie gewickelt, man hat ihr eine Maske gegeben. Diese strahlt sie an und unterscheidet die Orange von hundert anderen. Sie signalisiert, ich bin eine besondere Orange und möchte direkt in ihren Einkaufskorb springen.

Das Modell von reiner Essenz und falscher Identität hat aber nicht nur vom Aufbau seiner Schichten Ähnlichkeit mit dieser Orange, sondern die Orange ist auch ein gutes Beispiel für die Eigenschaften der Schichten. Die Schutzschicht, die Schale der Orange, ist im Gegensatz zu ihrem saftigen Fruchtfleisch ungenießbar. Außerdem ist die Schale im Verhältnis zum Fruchtfleisch sehr dünn, das kompensiert sie allerdings mit Zähigkeit und Härte. Das um die Orange gewickelte Papier ist noch dünner und vollkommen überflüssig, denn sie können von ihm nicht einmal Orangenaroma abreiben, und trotzdem ist diese lächerliche Verpackung kaufentscheidend: Sie macht den Unterschied zu allen anderen unverpackten Orangen und soll ihre Aufmerksamkeit auf den Wert dieser speziellen Orange lenken.

Manche werden jetzt fragen, warum gerade ein Schichtenmodell und nicht wie zum Beispiel in der Psychoanalyse eines von Verdrängung ins Unbewusste oder den Schatten? Ganz einfach: Es ist praktisch, sie können es sich vorstellen und alle von ihnen haben schon einmal eine Orange ausgepackt oder eine Zwiebel geschält. Falls es ihnen leichter fällt, können sie es sich natürlich auch klassisch, gemäß der Psychoanalyse Freuds vorstellen: Dann entspricht die sexuelle Essenz in etwa dem „Es", dem Triebhaften. Die Schutzschicht entspricht dem „Über-Ich", dem Bereich von Prägung und Erfahrung. Und die Maske entspricht dem „Ich", das zwischen Trieben und Moral hin und her gerissen ist.

Die erste Schicht über unserer ursprünglichen Essenz, die Schutzschicht, entsteht, wenn wir unser Innerstes vor Verletzungen schützen oder dieses Innerste von unserer Umgebung nicht toleriert wird. Zum Beispiel kommen unsere Eltern nicht mit unserer Wildheit zurecht oder es fehlen je nach Geschlecht männliche oder weibliche Vorbilder. Im schlimmsten Falle werden genau diese Vorbilder übergriffig und missbrauchen unsere unschuldige Essenz. Alle diese Eingriffe in unsere Entwicklung fügen uns Schmerzen zu, denn sie unterdrücken die ursprüngliche Vitalität. Um dies zu vermeiden, passen wir uns an und legen uns eine Schutzschicht zu.

Fatalerweise entspricht diese Schutzschicht meist der Essenz des anderen Geschlechts: Eltern eines Jungen zum Beispiel, die die rüpelhafte Wildheit des Männlichen verabscheuen, werden darauf einwirken, dass dieser Junge mehr weiche, weibliche Qualitäten entwickelt. Bei Mädchen verhält es sich ähnlich: Viele Eltern glauben, dass für das Überleben in der materiellen Welt maskuline Qualitäten entscheidend sind, sie werden daher eher diese Qualitäten ihrer Tochter fördern als ihren femininen Kern.

Ein weiterer Grund warum Mädchen eine starke männliche Schutzschicht entwickeln, ist, dass ihre weibliche Essenz noch nicht stabil genug und in der Lage ist, sie vor männlichen Übergriffen zu schützen. Das Gleiche gilt natürlich umgekehrt für Jungen, wobei Übergriffe von Müttern auf ihre Söhne weniger körperlicher Natur sind. Das Sexistische vollzieht sich hier in einer permanenten Kastration und der Ablehnung alles Männlichen. Denn das Schlimmste, was eine Frau ihrem gehassten Ehemann antun kann, ist, den Stammhalter zu entmannen.

Hier hat die noch im Wachsen begriffene, männliche Essenz nur eine Überlebenschance: Sie versteckt sich unter einem Kleid und bildet eine sehr weiblich ausgeprägte Schutzschicht.

Mit den Schutzschichten, die wir in der einen oder anderen Form alle tragen, gehen wir nun anständig domestiziert und vor allem sozialverträglich hinaus in die Welt. Es könnte alles wunderbar sein: unsere Eltern, Tanten, Onkel, Kindergärtnerinnen und Lehrer haben ihre helle Freude an uns und selbst wir spüren in unserer Kindlichkeit höchst selten, dass uns etwas fehlt oder irgendetwas schiefläuft. Es könnte ewig weitergehen, käme nicht die Pubertät. Spätestens in dem Moment, in dem die „zweite" Welt in unser Leben tritt, spüren wir unvermittelt, dass etwas nicht stimmt. Die Biologie trifft uns mit unvermittelter Härte: Jungen haben ihren ersten Samenerguss und Mädchen beginnen zu menstruieren. Dieser Schlag des Genetischen mitten ins Gesicht der sorgfältig aufgebauten Schutzschicht stürzt viele in eine Krise. Die große Frage ist jetzt: Wer und was bin ich?

Da die bis zur Pubertät gesammelten Erfahrungen aber nicht ausreichen, diese Frage zu beantworten, und es auch keine Vorbilder oder Rituale gibt, die den Eintritt in die neue unbekannte Welt initiieren, bleibt uns nichts anderes übrig, als eine weitere Schicht zu bilden: die Maske.

Wie sollten wir sonst mit dem anderen Geschlecht umgehen? Was macht man als feminin geprägter Mann, der seinem Testosteron doch nicht entkommen kann, oder als maskulin geprägte Frau, deren Brüste plötzlich ungeahnte Formen annehmen? Vorbilder gibt es nicht oder sie haben versagt. Also machen wir uns, ganz auf uns gestellt, auf die Suche, was es bedeuten könnte, Mann oder Frau zu sein. Dabei werden wir unterstützt von allerlei Medien, älteren Freunden und einer Menge falscher Vorbilder, nämlich denen, die uns unsere ursprüngliche Essenz nahmen. Was herauskommt, ist eine Verzerrung von Mannsein oder Frausein und hat mit unserer wahren sexuellen Essenz kaum mehr etwas zu tun. Der Unterschied der individuellen Masken liegt am Ende nur darin, aus welchen Töpfen sie gefüttert wurden, also woher wir unsere Identifikationsfiguren bezogen.

Und während wir nun für den Rest unseres Lebens an der Vervollkommnung der Maske basteln, entfernen wir uns immer mehr von unserer Wahrheit, von unserer sexuellen Essenz. Wir beschäftigen uns damit, die Maske zu rechtfertigen und zu modellieren, sie moralisch abzusichern und psychologisch zu erklären. Dabei liegt das Echte nur unter zwei sehr dünnen Schichten. Läge die Orange vor uns, hätten wir sie wahrscheinlich schon längst ausgepackt, geschält und ihr saftiges Fruchtfleisch verzehrt. Der Weg durch die Schichten, zurück zu unserem Kern ist anstrengend, aber auch spannend.

Standard-Mann und Standard-Frau

Immer wenn ich über Männer rede, rede ich über den Standard-Mann. Einen Mann, den es in der Realität kaum gibt. Jede Schattierung des Männlichen darzustellen würde aber den Rahmen dieses Buches sprengen. Es ist eine Eigenheit der Welt, dass sie größer und bunter ist, als wir es jemals beschreiben können, also vereinfachen und standardisieren wir, in der Hoffnung das Wesentliche zu treffen.

Mit Standard-Mann bezeichne ich die achtzig Prozent aller Männer, die wesentlich deutlicher ihre männlichen Anteile fühlen als ihre weiblichen. Natürlich hat der Standard-Mann auch weibliche Anteile, denn wir werden sowohl mit männlicher wie mit weiblicher Essenz geboren. Allerdings spürt der Standard-Mann das Schwingen seiner männlichen Essenz wesentlich mehr als das seiner weiblichen, und auch genetisch und hormonell ist er hauptsächlich von seinem männlichen Anteil geprägt. Solange dieser Mann seine weiblichen Anteile pflegt, ohne zu vergessen, dass er einen starken männlichen Kern hat, erweitert er seine Kapazität, nämlich seine männliche Essenz, um die in ihm verborgenen weiblichen Anteile. Das ist gut und eine Emanzipation vom biologischen Rollenbild.

Wenn jedoch dieser Mann seine männlichen Anteile ablehnt und unterdrückt, also seine weiblichen Anteile beginnen das Männliche zu dominieren, dann beginnt der Mann zu leiden. Er ist nicht mehr in einer gesunden Balance und die vom Mann so sorgsam kultivierten weiblichen Anteile zeigen dann ihre negativen Ausprägungen. Um mit dem Außen dennoch als Mann in Kontakt zu treten, braucht er eine starke Maske.

Bei Frauen verhält es sich genauso, es gibt keine Standard-Frau, und doch fühlen in etwa fünfundachtzig Prozent aller Frauen eher weiblich. Natürlich haben auch Frauen männliche Anteile und es ist sehr wünschenswert, wenn sie die entwickeln und diese Kapazität emanzipiert in die Welt tragen. Was aber Frauen nicht vergessen dürfen ist, dass ihr weiblicher Kern unabhängig davon, wie stark sie ihre männlichen Anteile fördern, genetisch und biologisch immer weiblich bleibt.

Wird nun der weibliche Kern abgelehnt, werden die männlichen Anteile übermächtig. Allerdings sind das keine reinen männlichen Anteile, eine Frau ist ja kein Mann, sondern Verzerrungen des Männlichen. Im Volksmund sagt man dazu, dass eine Frau Haare auf den Zähnen hat. Um die Haare auf den Zähnen zu verstecken, denn zur Kontaktaufnahme mit dem anderen Geschlecht sind sie sehr hinderlich, entwickelt die Frau ihre Maske. Sie wickelt sich in ein äußerst verführerisches Geschenkpapier und schon sind die Haare auf der Schale versteckt.

Einige von ihnen werden jetzt das Argument der Ausgeglichenheit vorbringen. Sie werden sagen, wenn beide Teile, Männliches und Weibliches, in einem Menschen perfekt in Balance sind, dann sei dies der Idealzustand – innerer Frieden. Auf einer rein geistigen Ebene und ohne Körper mag das stimmen. In der materiellen Welt stecken aber Knochen, Muskeln, Blut, Hormone und vieles mehr in einem Hautsack – wir sind nicht nur geistige Wesen. Ein Großteil von uns ist Körper. Und dieser Körper ist eindeutig männlich oder weiblich. Eine innere, geistige Ausgeglichenheit kann also kein wirklicher Frieden sein, zumindest kein ganzheitlicher.

Schichten der Männer

Die ursprünglichen Qualitäten von Essenz bleiben immer erhalten, denn Essenz verschwindet nicht. Auf den darüberliegenden Schichten allerdings treten sie als Verzerrungen auf. Vereinfacht lassen sich die Eigenschaften der Männer auf den jeweiligen Schichten in folgender Tabelle darstellen:

ESSENZ	SCHUTZSCHICHT	MASKE
Ausdruck, Artikulation	Passivität, Resignation	Aufgeblasenheit, Pedanterie
Autorität	Resignation, Aufgeben	Autoritär rechthaberisch
Beschützer	Opfer	Kontrollzwang
Charisma	Besitzanspruch, Eifersucht, Hass	Sexuelle Manipulation
Durchsetzungsvermögen	Trägheit	Aggression
Führungsqualitäten	Unentschlossenheit	Kontrolle, Manipulation
Handlung, Aktion	Festgefahrenheit, Beharrungsvermögen	Mit dem Kopf durch die Wand
Klarheit	Nicht ganz da sein, vage sein	Urteile
Kraft	Schwäche	Härte
Kreativität	Äußerem verhaftet sein	Kranker Ehrgeiz
Macht	Masochismus	Missbrauch, Dominanz, Beherrschen
Meditation	Paranoia, Hysterie	Einsiedlertum, Zurückgezogenheit
Mut	Opfer	Macho
Spontaneität, Enthusiasmus	Sentimentalität	So tun als ob, vorspielen, vorgeben
Unabhängigkeit	Unterwerfung, Sklaverei	Isolation
Weisheit	Anerkennung, verhaftet sein	Arroganz
Wildheit	Überbeschützend, Rettersyndrom	Brutalität
Wille	Zwanghaftigkeit, Sicherheitsobsessionen	Sturheit

Wir bewegen uns dabei nie auf nur einer Ebene. Manche Eigenschaften können in reiner Essenz vorhanden sein, während andere aus der falschen sexuellen Identität gelebt werden. Ihr Partner und gute Freunde wissen am besten, wo sie mit welchen Qualitäten stehen und welche noch unter ihrer Maske oder unter ihrer Schutzschicht liegen. Endgültige Sicherheit erlangen sie durch andere jedoch nicht, da ist der morgendliche Blick beim Rasieren in den Spiegel oftmals aufschlussreicher.

Wenn ich entspannt und mit mir verbunden bin, können andere gut meine Kraft spüren. Sobald aber äußerer Druck massiv steigt und ich unsicher werde, schlägt das um in ein Pendeln zwischen Schwäche und Härte – die Klarheit verschwindet, ich werde ambivalent. Allerdings fühle ich mich mit der Härte besser als mit der Schwäche, denn die Maske entspricht wenigstens meinem eigenen Geschlecht.

Finden sie sich in der Tabelle? Kennen sie ihre
Stressreaktionen und ihr Pendeln, wenn sie unter
Druck geraten?

Die feminine Schutzschicht der Männer

Diese Schicht entsteht, wenn das urtümlich Männliche von der Umgebung nicht akzeptiert, abgelehnt wird oder keine Vorbilder hat. Männer, die eine starke feminine Schutzschicht haben, sind wie Schläfer in einem Spionagethriller. Sie sind vollkommen integriert, aber eher mit ihren weiblichen Anteilen verbunden: Sanftheit, Offenheit, die Liebe zu schönen Dingen und eine Hingabe, die masochistische Dimensionen annehmen kann. In vielen Fällen fehlt es ihnen an Präsenz und Klarheit, irgendwie wirken sie immer nett.

Wird an dieser femininen Schutzschicht gekratzt, dauert es zwar lange, bis sie platzen, wenn sie aber platzen, bricht das unterdrückte Maskuline in all seiner Negativität hervor. Augenblicklich verschwindet der Gutmensch und eine aggressive Energie unerbittlicher Härte übernimmt die Führung. Über sich selbst erschreckt, kollabieren solche Männer dann schnell wieder in ihre feminine Schutzschicht und können gar nicht verstehen, was sie angerichtet haben: Der aus dem Käfig gelassene Tiger wundert sich über sich selbst und darüber, welchen Appetit er auf junge Lämmer hat.

Einer der Hauptgründe für die Ausbildung dieser femininen Schutzschicht ist die Kastration des Männlichen in frühen Jahren. Diese Entmannung kann sowohl vom Vater wie von der Mutter vollzogen werden. Entmannt der Vater, ist dieser vielmals selbst in seiner Kindheit kastriert worden und kann keinen Konkurrenten neben sich dulden. Was er in seiner alten Verletzung übersieht, ist, dass sein Sohn nicht mit ihm konkurriert, sondern zu ihm aufschaut. Umso schlimmer ist es dann für den Sohn, von der ihm eigenen, der männlichen Energie unterdrückt zu werden. Aber auch verletzte Mütter entmannen ihre Söhne, gerade solche, die nur einen haben und ihn über alles lieben. Die Ursache dieser Grausamkeit ist eine Verletzung, die das Männliche diesen Frauen zugefügt hat. Dies kann ein konkreter Missbrauch oder Inzest sein oder auch nur ein größeres Ärgernis, an dem sich das Weibliche rächen will.

Ganze Jahrgänge von Männern, die nach Kriegen geboren werden, sind von dieser Kastration betroffen, denn gerade in Kriegen wird das Weibliche benutzt und vergewaltigt. Die Mütter meinen es gut mit zukünftigen Generationen, sie möchten später geborenen Frauen ersparen, was sie erlebten. Aus der Verletzung heraus scheint das verständlich, dennoch ist es ein massiver Übergriff auf das gerade erwachende Männliche in einem Jungen und durch nichts zu rechtfertigen.

Eine sanftere Form der Kastration wurde in der Zeit der frauen- und friedensbewegten Kuschelpädagogik praktiziert. Es ist nichts anderes als die beschriebene Entmannung der Jungen durch ihre Mütter, nur dass sie nach politischen, soziologischen und psychologischen Konzepten erfolgte und nicht auf der Basis einer individuellen Verletzung der Erziehenden. Das war die Zeit der kollektiven Bestrafung alles Männlichen. Weniger massiv als eine Kastration, die wenigstens den Vorteil hat, als Verletzung empfunden zu werden und dadurch Wut freisetzt, ist die

Abwesenheit des Männlichen. Hier entziehen sich die Väter ihrer Vorbildfunktion; oder Frauen, ob alleinerziehend oder nicht, entziehen den Vätern ihre Söhne. Der heranwachsenden männlichen Essenz fehlt die männliche Richtschnur für eine gesunde Entwicklung, sie wird sich am Vorhandenen, am Weiblichen, orientieren.

Bei einem Mann, der seine weiblichen Teile entwickelt hat, aber dessen eigene männliche Essenz den Grundton angibt, sprechen wir nicht von einer femininen Schutzschicht, denn das Männliche ist nicht verdeckt. Überdeckt ist es erst, wenn der Mann seinen männlichen Teil ablehnt und versucht sich hinter weiblichen Pseudoqualitäten zu verstecken.

Die maskuline Maske der Männer

Je dicker und ausgeprägter die feminine Schutzschicht bei Männern, umso härter ist ihre maskuline Maske. Nahezu alle Artikel in Männermagazinen zielen darauf: „Wie sie an einem Tag mit fünf Frauen schlafen und gleichzeitig ihren Bauch trainieren". Das klingt überzogen, zeigt aber, auf welchem realitätsfremden und zeitgeistgeprägten Fundament die Maske steht. Die Maske drückt das traditionelle Männerbild aus und kultiviert damit die negativen Aspekte der reinen Qualität: Härte, falsche Autorität und Macht um jeden Preis. Daran hat sich bis heute nichts geändert. Trotz der Zeit der Männergruppen und der in der Gesellschaft beginnenden Auseinandersetzung darüber, was Mannsein bedeutet, wirken die Erklärungen zur männlichen Identität immer noch seltsam diffus. Das Weibliche hat es da einfacher, es hat, bedingt durch die Frauenbewegung, einen großen Teil seiner Hausaufgaben gemacht.

Ein fremdbestimmtes Selbstbild, überlagert von überkommenen Werten, kann jedoch nichts Stabiles sein. Daher muss das Männliche mit entsprechender Vehemenz seine Maske verteidigen und reagiert auf jeden Angriff mit einer gehörigen Portion Empörung. Die Reaktion, wenn an der männlichen Maske gekratzt wird, ist zuerst ein aggressiver, aber nicht ernst zu nehmender Widerstand. Wird tiefer gebohrt, stößt man schnell auf die feminine Schutzschicht und damit auf eine Reaktion von nörgelnder Zickigkeit. Und auch wenn diese nörgelnde Zickigkeit nichts Männliches hat, ist sie doch authentischer als die Maske.

Meine Maske war lange durch Arroganz und Intellektualität bestimmt. Sie war stabil und gesichert durch Wissen und Rhetorik. Mit dem kalten Schwert der Sprache konnte und kann ich nahezu jeden Gegner binnen kürzester Zeit zerteilen. Dabei geht es nicht mehr um Inhalte, Wahrheit oder Gefühle, sondern um Macht. Macht aber macht dauerhaft einsam.

Was ist ihre Maske? Wie schützen sie ihre Maske und auf welchem Fundament steht sie?

Schichten der Frauen

Auch bei Frauen ändert die Prägung und falsche Identität am ursprünglich Reinen nichts. Es kommen nur Schichten von verzerrter Energie hinzu. Vereinfacht lassen sich die Eigenschaften der Frauen auf den jeweiligen Stufen in folgender Tabelle darstellen:

ESSENZ	SCHUTZSCHICHT	MASKE
Akzeptanz	Autoritär, rechthaberisch	Resignation, Aufgeben, Sklaverei
Ein Heim schaffen	Sturheit in den Vorstellungen	Zwanghaftigkeit, Sicherheitsobsessionen
Empfänglichkeit	Aufgeblasenheit, Pedanterie	Passivität, Resignation

Entspannung	Festgefahrenheit, Beharrungsvermögen	Faulheit
Fähigkeit zu Warten	Aggression	Trägheit
Fühlen	So tun als ob, vorspielen, vorgeben	Sentimentalität
Geschehen lassen	Kontrolle, Manipulation	Unentschlossenheit
Grenzenlosigkeit	Urteile, Kästchendenken	Nicht ganz da sein, vage sein
Hingabe	Isolation	Unterwerfung, Sklaverei
Intuition, übersinnliche Veranlagungen	Einsiedlertum, Zurückgezogenheit	Paranoia, Hysterie
Liebe	Sexuelle Manipulation	Besitzanspruch Eifersucht, Hass
Nährend, fürsorgend	Brutalität	überbeschützend, Rettersyndrom
Nichtstun	Mit dem Kopf durch die Wand	Festgefahrenheit, Beharrungsvermögen
Schönheit und deren Wertschätzung	Arroganz, Ehrgeiz gesehen zu werden	Äußerem verhaftet sein
Sensitivität	Kontrollzwang	Opfer
Stille Stärke	Missbrauch, Dominanz, Beherrschen	Martyrium, Masochismus
Weichheit	Härte	Schwäche

Hier ist zu beachten, dass manche Eigenschaften in Form von reiner Essenz auftreten, während andere aus einer der Schichten heraus gelebt werden. Fragen sie ihre Freundinnen und ihren Partner, aber bedenken sie, dass auch diese eventuell nur von der Ebene einer ihrer eigenen Schichten antworten. Die endgültige Wahrheit kennen nur sie selbst, und wenn sie entspannt, ohne etwas zu wollen, in sich hineinlauschen, wird die Antwort von selbst auftauchen – eventuell ist sie erschreckend.

Wenn meine Frau entspannt ist, verändert sie gerne etwas an der Einrichtung unserer Wohnung. Gerät sie dabei unter Druck oder wir sind unterschiedlicher Meinung, schlägt das schnell um in Zwanghaftigkeit und Sturheit. Wenn ein Bild dann nicht genau an der Stelle hängt, die sie meint, sondern eine halben Meter entfernt, kann das eine Katastrophe auslösen.

Kennen sie ihre Extreme? Wie sind sie entspannt und wie reagieren sie in einer Konfrontation?

Die maskuline Schutzschicht der Frauen

Die maskuline Schutzschicht der Frau entsteht, wenn das urtümlich Weibliche nicht akzeptiert wird, das Männliche in der Umgebung nicht vertrauenswürdig ist oder das weibliche Vorbild manipuliert. Frauen mit einer starken maskulinen Schutzschicht sind häufig sehr kontrollierend und haben einen latenten Anspruch auf Macht. Dieser Machtanspruch wird nicht mit den brachialen Mitteln des Männlichen eingefordert, sondern mit der subtileren Methode der Manipulation.

Sticht man in die Machtblase, ist die erste Reaktion unverhohlen aggressiv männlich, danach kollabiert die maskuline Schutzschicht zumeist in unterwürfige weibliche Verzweiflung und Schuldgefühle. Dieser Moment der Hilflosigkeit stachelt jedoch den inneren Mann der Frau, der auf der maskulinen Schutzschicht reitet an, und alle negativen männlichen Qualitäten werden aktiviert: Es gilt einen Kampf um Leben und Tod zu gewinnen und sei es für den Preis verbrannter Erde. In solchen Momenten kann die maskuline Energie der Schutzschicht weit härter sein als die eines echten Mannes, denn im Gegensatz zur reinen männlichen Essenz kennt sie kein Vergeben.

Einer der Gründe für die Entwicklung der maskulinen Schutzschicht bei Frauen ist, dass unsere Gesellschaft weit mehr auf männliche als auf weibliche Werte ausgerichtet ist. Spätestens in der Schule werden die rationalen und leistungsbetonten Aspekte mehr gefördert als die intuitiv fließenden. Die Ausrichtung der Leistungsgesellschaft aber ist eindeutig maskulin und unterdrückt das feminine Wachstum. Auch kann es sein, dass das Maskuline in der kindlichen Umgebung nicht präsent oder ganz abwesend war, es keinen Schutz bot für Mutter und Tochter.

Diese konnten dann sehen, wo sie blieben, waren auf sich gestellt und mussten die maskulinen Qualitäten, die zum Überleben in der Welt notwendig sind, in einem starken Maße selbst entwickeln.

Ein weiterer Grund für die Entwicklung einer maskulinen Schutzschicht bei Frauen sind manipulierende Mütter. Hier wird das Weibliche als falsch und aufgesetzt wahrgenommen. Dies führt dazu, die eigenen weiblichen Teile abzulehnen und sich an den männlichen Qualitäten von Wahrheit und Klarheit auszurichten.

Die schlimmste Verletzung aber, die der reinen femininen Essenz zugefügt werden kann, ist die eines männlichen Übergriffs oder Missbrauchs. Hier öffnet sich die im Wachstum begriffene feminine, aber noch kindliche Essenz und diese Öffnung wird vom erwachsenen Männlichen ausgenutzt und benutzt. Dafür gibt es keine Entschuldigung und trotzdem muss man sehen, dass viele übergriffige Männer in ihrer Kindheit von ihren Müttern ihrerseits kastriert wurden. Es ist eine große Aufgabe für die Betroffenen, egal ob Mann oder Frau, diesen Kreislauf zu durchbrechen.

Eine Frau, die aus sich heraus und zur Erweiterung ihrer Kapazität, ihre männlichen Anteile fördert, muss nicht unbedingt eine maskuline Schutzschicht entwickeln. Solange ihr weiblicher Kern ihr Wesen bestimmt und sie mit ihm schwingt, sie also wesentlich mehr Frau ist, ist das gut. Beginnt jedoch eine Ablehnung des Weiblichen oder wird es unterdrückt und als wenig nützlich in dieser Welt empfunden, beginnt sich schnell eine starke maskuline Schutzschicht zu bilden.

Die feminine Maske der Frauen

Weil es aber nicht funktioniert, mit einer maskulinen Schutzschicht auf Papas Schoß zu sitzen und die kleine Prinzessin zu sein, fangen Frauen an lächeln zu lernen. Anregungen dafür, wie eine Frau kokettiert, verführt und mit den Augen klimpert, gibt es genug. Außerdem werden Frauen immer noch überwiegend als brav und auf ihr Äußeres reduziert dargestellt. Daran hat sich trotz der Frauenbewegung wenig geändert.

Also bemühen sich Frauen, wenn auch mit Widerwillen, diesem Bild zu genügen, denn sie haben von ihren Müttern gelernt sich anzupassen, sich einzufügen. Die wilde Frau wird dann zum Archetypus, über den man in Büchern anderer Frauen liest.

Und doch kocht unter dem aufgesetzten, schmollenden Bambilächeln eine grenzenlose Wut. Es ist Wut darüber, dass dem Weiblichen von der materiellen Welt immer noch die Anerkennung, die ihm zusteht, vorenthalten wird. Darunter liegt die noch größere Wut, den reinen femininen Kern so verstecken und verzerren zu müssen, lächeln zu müssen und sich zurückzunehmen in Momenten, in denen die rasende Göttin bereits ungeduldig mit den Füßen scharrt.

Männer nehmen übrigens meist nicht wahr, dass ihnen eine Frau nur mit einer femininen Maske gegenübertritt. Frauen dagegen spüren dies bei anderen Frauen sofort und machen sich emsig daran, an ihr zu kratzen. Das sind Gespräche, in denen Männer bei aller Konzentration nicht verstehen, was zwischen den Frauen geschieht.

Sticht man in diese Maske – und das muss ein sehr tiefer Stich sein, denn die feminine Maske der Frauen ist wesentlich stabiler als die Maske der Männer – blickt man in ein Gesicht aus Hass und großer Wut. Ein Durchdringen zur reinen femininen Essenz, in der sich Hass und Wut in Hingabe auflösen, scheint fast unmöglich, denn ein Durchbruch zum heilenden weiblichen Kern würde ja das Aufgeben aller Schutzmechanismen bedeuten. Hier vertraut das verletzte Weibliche seiner Urkraft nicht, denn es hatte nie eine Chance sich zu erproben. Es war die gut entwickelte maskuline Schutzschicht, die ein Leben lang alle Angriffe auf das Weibliche abwehrte.

Sexualität und falsche sexuelle Identität

Eine falsche sexuelle Identität erzeugt immer sexuellen Leistungsdruck, denn sie hat keine Basis, auf der sie steht, und keine Quelle, aus der sie schöpft. Sie ist leer, sie ist eine Hülse aus Gehörtem, aus Abgeschautem und einer Idee davon, wie man es eigentlich zu machen hat. Dennoch finden oft die Richtigen zusammen, was allerdings nichts über die Qualität der gelebten Sexualität aussagt, sondern nur darüber, welche Maske welcher anderen Maske imponiert. Eine Frau mit der aufgesetzten Maske des Supermodel wird sich zumeist einen Mann mit einer ähnlichen Maske, also einen Mann mit der Maske des Erfolges zuwenden. Und friedliche Krieger finden überraschend oft (falsche) starke Frauen.

Das geht eine ganze Zeit lang gut, vorausgesetzt jeder erbringt seine Leistung und keiner hinterfragt das Spiel. Leistung in diesem Sinne bedeutet, jeder wird dem Bild, was der andere von ihm erwartet, von seiner Maske erwartet, gerecht.

Da das dauerhaft anstrengend ist, hält dies kaum ein Paar länger als ein halbes Jahr durch. Irgendwann rutschen beide auf die Ebene der Schutzschicht oder sie trennen sich. Entscheiden sie sich zum Zusammenbleiben, beginnen sie sich auszuruhen, zu entspannen und sich gegenseitig zu zeigen. Sie sind auf einer Ebene von Rücksichtnahme und Kuscheln angelangt. Allerdings verlieren sie auch immer mehr Energie, denn der Leistungsdruck der Maske ist verschwunden und die Polarität der Essenz, der tiefsten Ebene, noch nicht erreicht. Und da keiner von beiden eine Idee hat, wie die Partnerschaft zur Ebene der Essenz vordringen kann, entsteht ein Pendeln zwischen Schutzschicht und Maske. Dieses Pendeln belebt die Beziehung, darunter aber bleibt sie leer: Zu groß ist die Angst zum eigentlichen, zum wilden Kern vorzudringen.

BEGEGNUNG VON MASKULINER
UND FEMININER ESSENZ

Daher ist jeder von uns das Gegenstück eines Menschen,
weil wir wie die Schollen aus einem
in zweie geschnitten wurden.
Ewig sucht jeder sein Gegenstück.

Platon, Das Gastmahl

DAS EINE LEBT IM ANDEREN

IM LETZTEN KAPITEL habe ich die sexuelle Essenz von Mann und Frau und die Schichten falscher sexueller Identität vorgestellt. Doch wie kommen Männliches und Weibliches zusammen, wenn es nur Masken oder Schutzschilder trägt und sein wahres Gesicht vergessen hat? Ob in der westlichen oder östlichen Tradition, in der Alchemie oder im Tantra: Die Sehnsucht des Männlichen und Weiblichen, sich auf der Ebene reinster Essenz zu begegnen und zu vermählen, ist so alt wie die Geschichte der Menschheit. Es ist die Sehnsucht, die Dualität zu überwinden und im EINSSEIN zu verschmelzen.

Kugelmenschen

Im „Gastmahl" erzählt Platon von den Kugelmenschen, aus diesem Text stammt auch das einleitende Zitat dieses Kapitels. Früher, so heißt es, habe es drei Geschlechter von Menschen gegeben. Das männliche Geschlecht stamme von der Sonne ab, das weibliche von der Erde und das aus beiden zusammengesetzte vom Mond. Dieses Geschlecht waren die Kugelmenschen, mit je vier Händen und Füßen und zwei entgegengesetzten Gesichtern in einem Kopf. Sie waren stark und schnell – so stark, dass sie den Göttern gefährlich wurden. Als sie begannen zu mächtig zu werden, zerschnitt Gottvater Zeus sie in Hälften. Seitdem gehen beide Teile getrennt und aufrecht auf zwei Beinen. Sie haben Sehnsucht danach, sich mit dem jeweils anderen Teil zu vereinen.

Dieser Drang der zwei Hälften, sich zu finden, wird *Eros* genannt: die Anziehung zwischen Mann und Frau. Der Dialog im Gastmahl gibt eine mythologische Erklärung für die ewige

Suche von Männlichem und Weiblichem, denn die antiken Griechen hatten noch keine Idee von Genetik und Evolution. Und schlecht ist die Erklärung der Anziehung mit Unvollständigkeit nicht, auch wenn sie nur die sehnsüchtig romantische Partnersuche beschreibt.[1]

Shiva und Parvati

Parvati, auch Shakti genannt, ist eine hinduistische Göttin, Gattin des Shiva und Mutter von Ganesha und Skanda. Sie ist die Tochter von Himavat, dem Gott des Himalaja, und ihr Name bedeutet „Tochter der Berge". Oft wird sie als Shivas weibliche Hälfte dargestellt. Parvati ist die Göttin der Schönheit, des Glanzes und der Heiterkeit. Zu ihr kommen Frauen, um glücklich zu sein, schön zu werden und zu strahlen.

Shiva gilt im Hinduismus als eine der wichtigsten Manifestationen des männlich Göttlichen. Durch seinen ruhigen präsenten Tanz symbolisiert er den Kreislauf der Zeiten und durch den rasenden Tanz den der Zerstörung und der Schöpfung. Er gilt auch als Gott der Ekstase.

Das Eheleben von Shiva und Parvati wird als harmonisch beschrieben und Parvatis Aufgabe scheint es zu sein, den wilden und asketischen Shiva als Ehemann und Familienvater zu zähmen. Genau wie Shiva hat Parvati einen Doppelaspekt von Erhaltung und Zerstörung. Ihre dunkle Seite wird durch Kali, die Göttin der Transformation, verkörpert.[2]

Das Pendeln zwischen den Schichten gibt es also selbst bei Göttern, sonst wären sie nicht mit mehreren Gesichtern ausgestattet. Und dass die Ehe zwischen Shiva und Parvati nicht immer harmonisch ist, zeigt folgende Geschichte: Als Shiva nach langer Abwesenheit zurückkehrt, findet er einen jungen Mann in seinem Haus. Rasend vor Eifersucht schlägt er ihm den Kopf ab. Parvati ist entsetzt, denn der junge Mann ist Shivas Sohn, der in seiner Abwesenheit geboren wurde. Sie ist sehr betrübt über Shivas Ausbruch und schickt sofort einen Diener los, ihr den Kopf eines Tieres zu bringen. Der Diener kehrt mit einem Elefantenkopf zurück und Shiva setzt ihn auf den enthaupteten Körper. Seither gilt Ganesha, der Elefantengott, als Wächter des Unbewussten. Parvati ist aber auch nicht friedlich. Immer wenn Shiva nur ein wenig aus seiner Präsenz fällt, verwandelt sie sich in Kali und schlägt ihm mit einem Schwert den Kopf ab. Aus diesem Grund wird Kali mit einer Kette um den Hals, an welcher statt Perlen Shivas Köpfe hängen, dargestellt.

Im Gegensatz zu uns jedoch, die wir Verträge schließen, die uns am Wachstum und Wahnsinn hindern, unterstützen sich Shiva und Parvati so, wie es unter Göttern sein soll: Sie fordern und fördern sich ohne Nachsicht.

Yin und Yang

Yin und Yang sind zwei Begriffe aus der chinesischen Philosophie. Bei Yang handelt es sich um das Prinzip Himmel, bei Yin um das Prinzip Erde. Der Übergang von Yin zu Yang ist fließend. Es wird vermutet, dass Yin anfangs die Bezeichnung für die kältere, nach Norden weisende Seite eines Hügels und Yang die Bezeichnung für die wärmere, nach Süden weisende Seite war. Daraus wurde später, dass die Sonne selbst Yang ist; Erde und Mond hingegen Yin.

Mit der Zeit wurden die Begriffe abstrakter. So wurde aus Yang das männliche, aktive, zeugende und schöpferische Prinzip und aus Yin das weibliche, passive, empfangende und sich hingebende. Beide sind Gegenstücke, die sich ergänzen, und keine Gegensätze die kämpfen. Es zählt nur, dass sie in einem Zusammenhang bleiben. Weder Yin noch Yang lassen sich in reiner Form finden. Das Eine bedingt das Andere.[3]

Hier ist die Ebene reiner Essenz erreicht: Eines lebt im anderen. Aber nicht aus abhängiger Bedürftigkeit, sondern als Ergänzung mit seinen jeweils eigenen Qualitäten.

Es sind aber nicht nur Philosophie, Religion und Symbolik, in denen sich die Sehnsucht der Menschen zeigt, es ist auch der Kitsch: Schlagertexte, Filme und Romane.

Kitsch

Kitsch können wir wunderbar abwerten, und gerade deshalb trifft er unvermittelt unsere Sehnsucht. Wir können zulassen berührt zu sein, denn die Geschichten scheinen oft so absurd, dass sie uns mit aller Wahrscheinlichkeit nicht widerfahren. Kitsch berührt Männer und Frauen, nur die Themen sind andere. In fast allen Filmen, die an unsere Essenz rühren, geht es auch um den Tod. Der Tod tritt dann ein, wenn das Erreichen der Sehnsucht ganz nah erscheint. Es passt nicht zur Dualität, dass sich unsere Träume im Leben manifestieren. Jedenfalls nicht im Kitsch. Der Tod ist dann ein dramaturgischer Kunstgriff, um den Schritt in eine transzendierende Spiritualität zu vermeiden.

Ein interessanter Film, der die Gefahren, die hinter dem Zusammentreffen von Männlichem und Weiblichem lauern, zeigt, ist „Jenseits von Afrika". Die Angst des Männlichen vor Vereinnahmung und Verlust seiner Freiheit ist hier gut dargestellt. Der Film erzählt die wahre Geschichte von Karen Blixen, die durch die Heirat mit ihrem Cousin Baron Bror von Blixen-Finecke 1913 nach Kenia auswandert. Ihr Ehemann stellt sich als wenig geschäftstüchtig und ebenso untreu heraus. Karen ist gezwungen, die erworbene Kaffeeplantage selbstständig zu managen, und findet in dem Großwildjäger Denys Finch Hatton die Liebe ihres Lebens. Nach vielen misslungenen Versuchen ihre Affäre in eine dauerhafte Beziehung, eventuell sogar Ehe zu wandeln, muss Karen einsehen, dass Denys genauso wenig gezähmt werden kann wie afrikanische Wildtiere – dennoch gibt sie nicht auf: Denys lässt am Ende seine Vorbehalte gegen eine Beziehung mit ihr, wenn auch widerwillig, fallen. Er opfert sein Ziel, sein Leben und seine Mission und besiegelt in diesem Moment seinen Tod. Auf seinem letzten Flug über die Steppe, bevor er sich mit Haut und Haaren einlassen könnte, stürzt er ab und stirbt.[4]

Das unreife Männliche, dem jede Art von tiefer Nähe Angst macht, wählt den Tod, anstatt über sich hinauszuwachsen.

Dieses Phänomen kenne ich von vielen Freunden und von mir selbst: Wenn man wirklich gewollt wird, wenn die Partnerin Ja sagt, dann läuft man weg. Ich habe dies zwischen meinem zwanzigsten und fünfunddreißigsten Lebensjahr unzählige Male gemacht. Ich konnte es nicht ertragen, dass eine Frau mich liebt, denn dann hätte ich ja den Glaubenssatz, dass ich nicht liebenswert bin, aufgeben müssen. Viele von ihnen werden jetzt sagen, dass es doch schön ist, einen solch dummen und unsinnigen Glaubenssatz loszulassen. Weit gefehlt! –, denn mit dem Loslassen dieser Überzeugung bricht eine Welt zusammen: das Universum, in dem ich nicht liebenswert bin. Das ist so, wie wenn man ihnen den Boden unter den Füßen wegzieht, den Boden, auf dem sie Jahre gestanden haben – sie fallen ins Nichts.

Und deshalb tat ich alles dafür, dass ich eben nicht liebenswert war: Ich provozierte, wegen Beziehungsunfähigkeit verlassen zu werden oder, wie das Beziehungsunfähige eben tun, habe ich selbst verlassen. Und wieder einmal war der Beweis erbracht: Ich hatte nichts anderes verdient.

Wie sorgen sie denn dafür, ungeliebt zu bleiben?

BEGEGNUNGEN AUF DER EBENE DER SCHICHTEN

Im Alltag begegnen wir uns meistens auf der Ebene der Schichten – zur Essenz dringen wir selten vor. Geschieht es dennoch, ziehen wir schnell unsere Maske über, schockiert und erschreckt von so viel Wahrheit. Dabei bewegen wir uns immer auf mehreren Ebenen. Es kann gut sein, dass eine Qualität auf der Ebene der Essenz schwingt, während wir eine andere aus unserer Maske und eine weitere aus unserer Schutzschicht hervorzaubern.

Die Ebene, auf der es funkt, auf der wir uns kennenlernen und versuchen eine möglichst gute Figur abzugeben, ist die Maske. Herausgeputzt und in bester Laune eilen wir zu den ersten Treffen, und da es viel zu verlieren gibt, ist es gut, die Maske auf Hochglanz gebracht zu haben. Es ist aber nicht nur das Äußere, mit dem wir den potenziellen Partner locken, es sind die inneren Werte, die wir uns plakativ auf die Stirn schreiben. Wir wollen unser Bestes präsentieren, zeigen aber nur die Verpackung aus Angst, dass unser „wirklich Bestes", sofern wir uns daran erinnern, was dies ist, den anderen erschrecken könnte. Dies ist die Ebene von Macho und Weibchen.

Haben wir uns gegenseitig davon überzeugt, füreinander geschaffen zu sein, beginnen wir ab und zu die Maske abzulegen. Wir kommen uns näher und zeigen uns Teile unserer Schutzschicht und damit auch alte Verletzungen. Und da wir nicht wollen, dass der Partner in diese Verletzungen hineinsticht, schließen wir einen unausgesprochenen Vertrag: „Tue ich dir nichts, tust du mir nichts". Wir sind auf einer fairen Ebene angelangt. Nun ist es aber so, dass die größten Verletzungen, die wir in uns tragen, uns vom jeweils anderen Geschlecht zugefügt wurden – zumeist von Papa und Mama; immer durch zu viel oder zu wenig Liebe; durch übergriffige, erdrückende oder manipulierende und falsche Liebe. Der erste unausgesprochene Vertrag über gegenseitige Rücksichtnahme reicht nicht mehr aus, er muss erweitert werden um: „Wenn du deine mich verletzenden Anteile zurücknimmst, nehme ich meine dich verletzenden Anteile zurück." Wir beginnen also, um den Partner zu schonen, unsere eigengeschlechtlichen Anteile zu unterdrücken und die jeweils andersgeschlechtlichen zu kultivieren. Ein Mann schraubt seine Männlichkeit zurück, weil er damit das Weibliche weniger provoziert. Eine Frau wiederum reduziert die wilden weiblichen Anteile von sich, um dem Mann die Angst, erdrückt zu werden, zu nehmen.

Aber es kommt noch schlimmer: Aus dem Bemühen, dem Partner Verständnis zu schenken und seinen alten Schmerz zu heilen, werden wir für ihn zu dem guten Vater oder der guten Mutter. Wir verlassen die Rolle des Liebhabers und übernehmen aus Mitleid die eines Elternteils. Eltern aber erzeugen kein Begehren, sondern das Gegenteil – sexuelle Distanz.

Anstatt zum Kern vorzudringen, bleiben wir auf der Schutzschicht, der Ebene unserer Verletzungen. Wir zeigen uns nicht wirklich, denn in reiner sexueller Essenz wäre ja ein Mann männlich und eine Frau weiblich – mit allen erschreckenden, unvernünftigen und wilden Anteilen. Wir sind also nicht nur auf der fairen, sondern auf der neutralen Ebene angelangt; und dem Vordringen zur Essenz stehen in Zukunft die Klauseln aus unserem Verträgen und die übernommenen Elternrollen im Weg.

Wenn dann einer von beiden stichelt, entsteht ein Pendeln zwischen Schutzschicht und Maske. Der Auslöser für solcherlei Sabotage ist die sich, mit zunehmender Langeweile, einstellende Unzufriedenheit. Einmal angestochen können wir nicht mehr ausharren in unserer Balance, sondern beziehen eine Verteidigungsposition, die den Partner daran hindern soll, tiefer zu bohren und eventuell zur Essenz vorzudringen. Wir ziehen uns auf die Ebene der Maske zurück und vergrößern damit die Distanz. Sind wir irgendwann zu müde weiterzukämpfen oder haben wir den Angriff abgewehrt, versöhnen wir uns und kehren in die Balance zurück. Diese Momente des Pendelns sind die Glanzlichter einer fairen Beziehung!

Die Ebene, die uns über die Beziehung hinauswachsen lässt und sexuelle Ekstase und wahren inneren Frieden ermöglicht, erreichen wir dabei selten. In diesen Momenten wird eine große Menge an Energie frei, und das macht Angst. Je länger wir dort verharren, umso mehr fürchten wir um den Verlust der sorgsam ausgehandelten Arrangements. Ein Teil von uns möchte dort bleiben, ein anderer sofort fliehen. Zumeist gewinnen die Fluchttendenzen die Oberhand und katapultieren uns unvermittelt auf die Ebene der Maske zurück. Diese entspricht nämlich wenigstens unseren ureigenen, wenn auch verzerrten Qualitäten.

Typische Situationen, in denen wir Energie freisetzen, sind Wochenenden oder Urlaub. Mir geht es oft so, dass ich, wenn Entspannung und Ruhe in die Beziehung kommen, wie ein kleiner Teufel sticheln muss.

Kennen sie das auch? Sie freuen sich auf einige freie Tage, die sie gemeinsam mit ihrer Liebsten verbringen können, und spätestens nach dem zweiten Tag entsteht Spannung. Sie gehen aufeinander los, ohne zu wissen warum, sie werden zynisch und gemein. Sie sehen in ihrer Partnerin nur noch den Störenfried ihrer Entspannung – eine Verhinderin ihres Glücks. Wenn sie das nicht kennen, sind sie wahrscheinlich noch nicht lange zusammen, denn diese Glanzlichter von Energie gehören zu jeder längeren Partnerschaft.

Macho und Weibchen

Hier ist ein Mann noch Mann. Er gibt die Richtung an und sagt, wo es langgeht. Er ist ein ganzer Kerl, wie wir ihn als Helden und Kämpfer gegen Ungerechtigkeit kennen. Seine größten Qualitäten sind: Wahrheit und Loyalität, aber immer an der Kante zu Diktatur und Selbstgerechtigkeit, zu „Law and Order".

Die Frau ist die liebende Hausfrau: Sie hat Einsicht in die Notwendigkeiten des Lebens und dient aus vollem Herzen. In den Western und Krimis der 60er Jahre ist sie die Staffage, vor der sich das Maskuline entfaltet, ein Beiwerk, um dem Helden die Wunden zu versorgen, ein Heim zu bereiten und ihn zu lieben. Diese Frau hört und spürt, was der Mann braucht, ohne dass es eines Hinweises bedarf. Sinn ihres Lebens ist, Mutter zu sein und ihrem Mann so viele kleine Männer wie möglich zu schenken.

Auf dieser Ebene sind Mann und Frau abhängig voneinander. Sie braucht ihn als Versorger und Beschützer, er braucht sie zur Sorge um Heim und Kinder. Vieles dieser Starre scheint überwunden, dennoch haben sich die meisten der Abhängigkeiten nur von einer materiellen zu einer emotionalen Ebene verschoben. Sexuell sind starke Polaritäten vorhanden. Sexualität wird getrieben durch biologischen Druck, Schutzräume gibt es kaum, sexuelle Verfügbarkeit ist Programm. Das gilt allerdings für Mann wie Frau, beide haben zu funktionieren.

Feste Rollen – starre Regeln

Die starren Rollen von Macho und Weibchen scheinen aufgelöst, doch der Schein trügt. Sie sind tiefer verankert, als wir wahrhaben wollen. Es ist dabei geblieben: Der Mann spricht die Frau an und nicht umgekehrt. Diese Regel ist zwar nicht mehr gesellschaftlich verankert und es mag Ausnahmen geben, aber Ausnahmen sind nicht die Regel.

Zwar hat es sich bei den ersten Treffen eingebürgert, dass die Frau anbietet den Rechnungsbetrag zu teilen, die Erwartung aber, dass er zahlt, ist dennoch vorhanden. Geändert haben sich nur die Inhalte der Rollenverteilung, die Rollen an sich blieben gleich. Wir tragen, trotz Emanzipationsbewegung, eine Menge der alten Erwartungen und Vorstellungen in uns und es wird Generationen dauern, bis Gleichberechtigung nicht nur eine Forderung des Weiblichen ist, sondern zum Alltag zwischen Mann und Frau gehört.

Diese Rollenklarheit macht natürlich vieles einfacher, denn mit der Verwirrung im Kopf, die sich aus der Auflösung der Identitäten von Mann und Frau und den neuen Vorstellungen von Fairness ergibt, würden wir nie in einem Bett landen. Hier ist es ganz gut, dass uns das Genetische, wenn auch unter Schutz-schicht und Maske versteckt, antreibt.

Stellen wir uns einmal vor, dass ein Mann am Beginn einer Beziehung sich von seiner weiblichen, weichen Seite zeigt. Er hat seine Maske abgelegt und entspannt sich in seine feminine Schutzschicht. Er gibt seine Präsenz und Führung, wenn auch nur seine aufgesetzte, ab und lässt sich treiben. Alleine die Auswahl der Treffpunkte für die ersten Dates gerät zu einer Schlingerpartie. Es sind zwei Frauen da, die beide entspannen und fließen wollen.

Die echte Frau wird unruhig, denn es ist keine männliche Energie mehr vorhanden, auf die sie sich verlassen kann. Es bleibt ihr nichts anderes übrig, als die Dinge in die Hand zu neh-men. Sie wird auf ihre maskuline Schutzschicht wechseln und ihren inneren Mann aktivieren, denn von ihrem Zukünftigen kann sie keine Führung mehr erwarten. Die Energien sind wieder ausgeglichen, nur in entgegengesetzter Polung. *Er* fließt mit seinen weiblichen Energien und *Sie* übernimmt die Führung.

Jetzt gibt es zwei Möglichkeiten: Entweder genießen beide den Rollentausch, was höchst unwahrscheinlich, aber möglich ist, oder der Mann springt, so angestochen, wieder auf die Ebene seiner Maske; dann sind aber zwei Männer im Raum, in dem nur Platz für einen ist. Ein Krach ist programmiert, und diese Auseinandersetzung wird wahrscheinlich *Sie* gewinnen, denn die maskuline Schutzschicht einer Frau ist wesentlich stabiler als die Maske eines Mannes. Im Laufe dieses Spielchens dürfte beiden gehörig die Lust auf Paarung vergangen sein und jeder wird dankend von einem weiteren Treffen absehen.

Halten sich jedoch beide an die klassischen Rollen und verzichten darauf, sich zu schnell zu zeigen, oder schließen beide gar einen unausgesprochenen Vertrag, sich nie zu zeigen, dann ist Leidenschaft garantiert: in einer Daueraffäre ohne Nähe. Viele werden jetzt einwenden, dass beide auch gleichberechtigt, fair und respektvoll miteinander umgehen könnten. Das wäre dann der Beginn einer wunderbaren Freundschaft, allerdings ohne das Feuer der Erotik. Die Frage nach dem „richtigen" Weg ist hier sinnlos, denn ihr Einfluss auf die Entwicklung ihrer Beziehung ist beschränkt. Die Richtung, in die sich ihre Beziehung bewegt, wird weit mehr von gegenseitigen unbewussten Abhängigkeiten bestimmt, als von ihren wohl überlegten Entscheidungen.

Ein Junkie sucht einen Dealer. Je süchtiger und ausgehungerter der Junkie, umso höher steigt der Preis, den der Dealer für seine Ware verlangen kann. Am Beginn einer Partnerschaft glauben wir, dass der andere der ideale Mensch ist, um unsere Bedürfnisse nach Nähe, Liebe oder Sex zu erfüllen. Wir suchen also nach einem Menschen, von dem wir glauben, dass er das hat, was uns fehlt. Wir suchen wie der Süchtige nach einem Dealer. Haben wir ihn gefunden, sind wir bereit einen hohen Preis zu bezahlen, auch wenn die Qualität des Stoffes mit jedem Tag, den wir in Beziehung sind, abnimmt.

Gegenseitige Abhängigkeit in Beziehungen

Ein gutes Modell, um sich Abhängigkeit vorzustellen, ist ein Mobile. In der einfachsten Ausführung hängen zwei Teile an einer Stange, ähnlich der Waagschalen einer Waage. Balance stellt sich ein, wenn beide Seiten des Mobile im Gleichgewicht sind. Jetzt stellen sie sich zwei Figuren vor, die an einem Mobile hängen, beide Figuren hängen voneinander ab. Um das Gleichgewicht zu halten, müssen entweder beide Figuren ein ähnliches Gewicht haben oder sie verschieben den Drehpunkt des Waagebalkens. Wenn sie eine dieser Figuren antippen, werden beide eine Zeit lang auf- und abwippen, um nach einiger Zeit wieder eine ausgeglichene Position zu finden.

Diese Verbundenheit und die Tendenz, immer eine Balance zu finden, ist die Dynamik von Abhängigkeit in Partnerschaften. Der Paartherapeut Michael Lukas Moeller schreibt dazu: „Denn wir können uns innerhalb einer Beziehung – und wann sind wir im Leben außerhalb von Beziehungen – nicht als autonomes Individuum verstehen. ‚Ich fühle nur solange, wie ich jetzt fühle, so lange du so fühlst, wie du fühlst. Wenn du dich änderst, ändert sich mein Gefühl und umgekehrt.' Dieser Gedanke einer tiefen, wechselseitigen Abhängigkeit wird in der Regel nicht akzeptiert. Er macht zu viel Angst. Der Verlust der Eigenständigkeit ist zu groß. Er wird vermieden durch Spaltung des Paares in zwei unabhängige Partner, die allenfalls aufeinander einwirken. Wer das Unbewusste ernst nimmt, wer sich über die zehnfache Größe der Wahrnehmungsleistung des Unbewussten gegenüber dem Bewussten klar ist, muss alle Erscheinungen innerhalb eines Paares als Ergebnis des gemeinsamen unbewussten Handelns auffassen."[5]

Abhängigkeit ist also nicht nur das Wesen einer Paarbeziehung, sondern jeder Beziehung, unabhängig davon, ob Dinge ausgesprochen und geklärt sind oder nicht. Abhängigkeit gehört zum Menschsein und ist unvermeidbar. Stellen sie sich vor, dass an einer Figur dieses Mobiles plötzlich noch etwas dranhängt. Dies kann zum Beispiel eine kleine Flasche sein, eine Aktentasche, eine weitere Figur oder auch nur ein Stück Pappe, auf das eine Idee geschrieben wurde. In dem Moment, in dem sie dieses Zusätzliche an die Figur hängen, kippt das Mobile einseitig, die Balance ist verschwunden.

Es gibt nun drei Möglichkeiten. Die erste ist, das Ungleichgewicht hinzunehmen und mit der Schräglage zu leben. Doch so wenig, wie wir schief hängende Bilder tolerieren, ertragen wir Unausgeglichenheit in einer Beziehung. Die zweite ist, die zusätzliche Last wieder abzuhängen. Nur wird das nicht passieren, denn die Person, an der zum Beispiel die Aktentasche hängt, hat sich dafür entschieden, Arbeit und Karriere über das Gleichgewicht des Mobiles zu stellen. Es bleibt eine letzte Möglichkeit, nämlich der jetzt leichtere Partner belastet sich ebenfalls. Und da in diesem Fall der Auslöser für das Ungleichgewicht Arbeit und Karriere war, die einen Partner herunterdrückte, wird der leichtere Partner versuchen eine Entlastung zu sein, indem er sich zum Beispiel mit einer über das normale Maß hinausgehenden Übernahme des Haushalts belastet.

Je mehr Zusätzliches sich beide Partner „ans Bein binden", um die Balance zu erhalten, umso schwerer wird die Beziehung. Irgendwann hängt das ganze Mobile voller Aktentaschen, Putzeimern, kleinen Fläschchen, Urlauben, Autos, Selbsterfahrungsworkshops, Eltern, Schwiegereltern usw. Beide Figuren gehen in einem Geflecht von Abhängigkeiten unter, dass sie selbst nicht mehr verstehen. Sie müssen sehr aufpassen, dass das Mobile nicht plötzlich aufgrund seines Gewichtes von der Decke fällt.

Der Glaube, mit der eigenen Belastung den Partner zu entlasten, wird als „Co-Abhängigkeit" bezeichnet, denn ich binde mir ja nichts an Bein, was ich will. Vielmehr übernehme ich eine unnötige Verantwortung aus einem Pflichtgefühl oder aus falsch verstandener Liebe. Co-Abhängigkeit mag zwar den Partner entlasten, am Mobile aber steigert sie die Last.

Zum besseren Verständnis auch hier wieder ein Beispiel: Als ich dieses Buch schrieb, arbeitete ich zu Hause. Meine Frau indes ging morgens in ihre Praxis. Und da Schreiben ein Prozess ist, der nicht auf Kommando abgerufen werden kann, übernahm ich nebenbei immer mehr auch die Rolle eines Hausmanns. Ein Teil in mir tat dies vollkommen freiwillig, denn ich hatte ja Zeit. Ein anderer Teil in mir aber schämte sich, nicht mehr in der großen weiten Welt – in einem Männerjob – Geld zu verdienen. Als ich dann meinen Fluss im Schreiben gefunden hatte, spürte ich plötzlich, wie mir die übernommene Verantwortung im Nacken saß. Ich wurde wütend und lies einen Teil dieser Wut an meiner Frau aus. Ich war unbewusst in die Co-Abhängigkeits- falle gerutscht.

Aber warum machen wir das immer und immer wieder, obwohl wir wissen, dass uns am Ende das Gesamtgewicht zu Boden drückt? Die Antwort ist simpel: Mit der Übernahme von Gewicht machen wir uns wertvoll. Wir geben uns ein Gewicht, eine Wichtigkeit und Gewichtigkeit, die wir so in der Beziehung nicht hätten. Wir werden gebraucht, und die Sucht gebraucht zu werden ist eine der größten Süchte überhaupt. Würden wir nämlich nicht Eingreifen in dieses Ungleichgewicht, den ande- ren sozusagen hängen lassen, könnte uns das Gefühl beschlei- chen, so unersetzbar nicht zu sein.

Eine der häufigsten Rollen, mit der wir uns Gewicht geben, ist die des guten Vaters oder der guten Mutter. Wir wollen die Schieflage im Mobile ausgleichen, die der Partner durch einen Mangel an Elternliebe einbringt. Als männlicher Retter ziehe ich zum Beispiel Frauen an, die Schwierigkeiten mit der Liebe ihres Vaters hatten; entweder es war zu viel oder zu wenig – oder es war zu viel falsche und zu wenig echte Liebe. Bei mir können sich diese Frauen entspannen, denn kaum mit ihnen zusammen, mutiere ich zum guten Vater – zu dem Vater, der ihre Grenzen achtet und ihnen echte Vaterliebe und Unterstützung schenkt. Es ist klar: Ein solcher Vater schläft nicht mit seiner Tochter, selbst wenn es nur ein Rollenspiel ist.

Frauen dagegen neigen dazu, in einem Akt der Selbstaufopferung eine Mutterrolle zu übernehmen. Sie wollen dem Partner all das schenken, was seine richtige Mutter ihm nicht gab. So machen sie aus dem Mann einen Sohn, und dieser nimmt bereitwillig das Geschenk an.

Jetzt stellen sie sich vor, je nach Schiefstand im Mobile, entwickeln sich beide Partner zu einem Ersatzpapa und einer Ersatzmama – verursacht durch einen frühen Mangel an Vater- oder Mutterliebe. Das Mobile ist ausgeglichen – Sex aber verschwindet. Mit jedem Versuch, in unserem Beziehungssystem Gleichgewicht herzustellen, schließen wir einen unausgesprochenen Vertrag und rutschen tiefer in wechselseitige Abhängigkeit. Der Einstieg in diesen Kreislauf ist unvermeidbar, denn gegenseitige Abhängigkeit gehört zum Menschsein. Es geht auch nicht darum, Abhängigkeiten zu vermeiden, dies ist unmöglich, sondern darum, Wege zu finden, mit ihnen auf eine transparente und reife Weise umzugehen. Ohne Abhängigkeiten und ohne Wechselwirkung gibt es keine Nähe. Abhängigkeiten vermeiden kann nur, wer mit niemandem in Beziehung tritt. Dies ist die Welt des Abhängigkeitsverweigerers.

Der Abhängigkeitsverweigerer weigert sich, Teil des Mobiles zu werden, er versucht so weit wie möglich außerhalb des Systems zu bleiben. Das ist aber nur ein frommer Wunsch, denn schon mit einem oberflächlichen Augenkontakt beginnt eine Beziehung. Trotzdem wird der Abhängigkeitsverweigerer alles tun, um jegliche Abhängigkeit, die auf unbewusster Ebene längst vorhanden ist, zu verneinen. Er wird seinen Aberglauben an die Unabhängigkeit mit Vehemenz und allerlei Argumenten verteidigen, um davon abzulenken, dass er bereits im Mobile hängt und hilflos zappelt.

Die Dynamik, die sich dann entfaltet, ist, dass der Partner sich die Idee ans Bein bindet: „Wenn ich nur lange genug warte, mich genug anpasse und verbiege, wird sich der Abhängigkeitsverweigerer schon einlassen." Doch das geschieht nicht, der Abhängigkeitsverweigerer hat nämlich bereits Schilder mit der Aufschrift „Ich bin unabhängig", „Freier Sex und freie Liebe" und „Ich werde mich nie einlassen" um seinen Hals hängen. Das System ist wieder ausgeglichen, auch wenn beide kämpfen – einer möchte Nähe, der andere verweigert sie. Beziehungen mit einem Abhängigkeitsverweigerer sind leidenschaftlich und voller Feuer, allerdings ohne Nähe. Es sind Beziehungen, in denen der, der Nähe will, verhungert. Der Abhängigkeitsverweigerer nämlich nährt sich durch „Zurückhalten", er nährt sich aus der Macht, die natürliche menschliche Sehnsucht des Partners nach Kontakt zu kontrollieren und nach eigenem Gutdünken zu beschneiden.

Treffen nun zwei Abhängigkeitsverweigerer aufeinander, gehen sie, da sie nicht miteinander spielen können, aneinander vorbei oder es entsteht eine Beziehung aus *fighting and fucking*. Der Satz „Ich kann nicht ohne dich, aber auch nicht mit dir" ist symptomatisch für solche Beziehungen, die auf Macht und Verletzung basieren.

Sollten sie mit einem Abhängigkeitsverweigerer in Beziehung sein und hoffen, dass sich die Dynamik ändert, geben sie die Hoffnung auf. Egal was sie tun, langsam und subtil wird der Abhängigkeitsverweigerer das Maß, mit dem er sie verletzt, und die Werkzeuge, die er ihnen gibt, damit sie sich selbst verletzen, steigern. Ihre einzige Chance, aus diesem ungesunden Milieu herauszukommen, ist die Trennung, und zwar eine Richtige. Eine Trennung mit einem konsequenten und lang anhaltenden Kontaktabbruch.

Die Arbeit, die ein Abhängigkeitsverweigerer zu seiner Heilung und um sich zu öffnen braucht, kann er nur alleine leisten. Zu tief ist die Wunde, die ihn sagen lässt: „Nie wieder werde ich zulassen, dass mich ein anderer verletzt." Der Schmerz, den er vermeidet, ist aus Nähe entstanden und jede Form von Nähe, selbst heilende Nähe, erinnert ihn an diese Qual, macht Angst vor Wiederholung. Heilung kann ein Abhängigkeitsverweigerer nur durch selbstlose Liebe erfahren, also eine Liebe, die ihm alles gibt, ohne irgendetwas von ihm zu wollen.

Diese Liebe aber kann ihm nichts in diesem Universum geben, keine Menschen, keine Tiere, keine Pflanzen, und selbst Gott nicht. Sie liegt in ihm selbst, und nur hier. Vollkommen mit sich alleine, kann er die Tränen finden, die sein Herz erweichen.

Und warum wählen manche Menschen immer wieder Abhängigkeitsverweigerer? Ganz einfach, sie sind selbst einer. Das werden sie zwar heftig abstreiten, allerdings nur solange, bis sich die Situation dreht und plötzlich der andere Nähe will: Dann beginnt ein Tanz, in dem jeder dem anderen vorwirft, der wirkliche Vermeider zu sein. Dieses Karussell kann sich sehr lange drehen.

Es sind oftmals Frauen mit einem Vaterthema, die ihr Leben lang nur Abhängigkeitsverweigerer treffen. Männer, die sich nicht auf sie einlassen, sondern nur mit ihnen spielen. Ihre Beziehungen sind heiß und von leidenschaftlicher Sexualität geprägt – aber meist kurz. Sie sind dramatisch: Kommt nicht sofort eine Antwort auf eine versandte SMS, wird das Handy auseinandergenommen oder eine Freundin gebeten, eine Test-SMS zu schicken. Sitzen sie allerdings selbst am längeren Hebel, dann können sie sich, je nach Tiefe des Beleidigtseins und mit einem Gefühl von berechtigter Rache, selbst sehr lange Zeit mit einer Antwort lassen.

Wachstum zur nächsten Stufe
Nahezu alle Beziehungen beginnen mit einem dieser beiden Muster: Abhängigkeit oder Abhängigkeitsvermeidung. Solche, die Abhängigkeit zulassen, haben eine gute Chance auf Entwicklung zur nächsten Stufe, denn sie beginnen mit dem Schließen von „unausgesprochenen" Verträgen ein Fundament für Vertrauen zu legen. Abhängigkeitsvermeider müssen, bevor sie überhaupt in die erste Stufe einer Beziehung eintreten, sich selbst finden: Sie brauchen den Mut, ihre alten Wunden anzusehen, die Kraft, ihren Schmerz zu tragen, und die Tapferkeit, bei einer neuen Verletzung nicht ihr Herz zu verschließen.

Nur Helden, die die Reise antreten haben eine Chance das Ziel zu erreichen. Auf dem Weg geschehen dann viele Dinge von selbst, vorausgesetzt sie lassen sie zu.

Um auf die nächste Stufe in ihrem Beziehungsleben zu kommen, müssen sie nichts tun: es geschieht automatisch, indem Vertrauen und Nähe wachsen. Lehnen sie sich zurück, entspannen sie sich, schließen sie ruhig eine Menge unausgesprochener Verträge und Kompromisse. Sie werden sie brauchen, um auf der nächsten Ebene, der Ebene der fairen Beziehung, sich die Heilung zu geben, die sie benötigen. Wichtig ist, dass sie bewusst bleiben, dass sie beobachten, welche Verträge sie schließen, und dass sie ihre Grenzen kennen. Denn um von ihren alten Verletzungen zu gesunden, sollte keiner der Kompromisse, die sie machen, keines der Dinge, die sie sich ans Bein binden, neue Verletzungen hinzufügen. Geben und Nehmen ist für die Entwicklung einer Beziehung unabdingbar – aber vergessen sie nie: Was wehtut und Leiden verursacht, ist keine Liebe.

Neutrale faire Beziehungen

Die gesellschaftliche Zeitenwende beginnt mit den großen Friedens- und Freiheitsbewegungen der 60er Jahre. Massenhaft begehren Frauen gegen das Patriarchat und ihre Rolle als Hausmütterchen und Gebärmaschine auf. Unterstützt werden sie dabei durch das US-Patent Nr. 2744122 des Biochemikers Carl Djerassi für den synthetisierten Stoff Norethindron: die Basis der Antibaby-Pille. Ein Produkt, das die Verbindung von Sexualität und Fortpflanzung durch einen einfach zu handhabenden pharmazeutischen Wirkstoff aufhebt. Das gesellschaftliche Klima in Deutschland ist günstig: 1971 hebt der Staat das Werbeverbot für die Pille auf, 1974 führt er das Recht auf Ehescheidung ohne Schuldprinzip ein, und 1978 wird die Abtreibung legalisiert. Sex, Schwangerschaft und Fortpflanzung sind voneinander getrennt und von der Struktur der klassischen Rollenverteilung entkoppelt.

Frauen haben die Kontrolle über ihren Körper bekommen und sie werden sie behalten. In dieser Zeit lernen Frauen unabhängiger zu werden und „ihren Mann" zu stehen. Männer werden rezeptiver und lernen zuzuhören. Auch die äußerlichen Unterschiede lösen sich auf, Männer lassen sich die Haare wachsen und Frauen schneiden sie ab. Männer fangen an, sich treiben zu lassen und entdecken ihre Gefühle, während Frauen zunehmend aus der Opferrolle treten und ihre Kraft entdecken. Frauen beginnen ihren inneren Mann zu entwickeln, Männer ihre innere Frau. Der Kampf der Geschlechteranteile in jedem Individuum, der Kampf zwischen *Anima* und *Animus*, scheint beendet und eine große Zeit des Friedens heraufzuziehen. Tatsächlich sind viele Menschen innerlich ausgeglichener.

Die negative Seite dieser Entwicklung ist der Verlust von Polarität. Wir haben uns neutralisiert, sind Wesen geworden, die bis auf die biologischen Funktionen, beides zugleich sein können: Mann wie Frau. Und dieses Gleichsein wird Teil der gesellschaftlichen Norm, des allgemeinen Konsens. Die große Verwechslung, das Missverständnis, unter dem jetzt sowohl Männer wie Frauen leiden, ist die Verwechslung von Gleichberechtigung und Gleichheit.

Was sich nämlich schnell nach den ersten Errungenschaften dieser neuen Zeit einstellt, ist die Verachtung der Frauen gegenüber feminisierten Männern und eine tiefe Wut vieler Männer auf das Maskuline in Frauen. Dabei fing doch alles so gut an, alle wollten eine Erweiterung über das jeweils Eigene hinaus, was jedoch geschah, war eine Verengung der Perspektive. Beide haben sich im Eifer des Gefechts so auf das andere konzentriert, dass sie dabei das Ursprüngliche, die natürliche eigene Essenz und deren Qualitäten verneint und abgelehnt haben. Sie haben in der Bemühung, einen Konsens herbeizuführen und fair zu sein, den Kontakt zu ihrer Vitalität aufgegeben. Sie haben die Identifikation mit der eigenen sexuellen Essenz zugunsten einer gesellschaftlichen Strömung geopfert und sich dabei verloren.

In dieser Zeit entstanden die am Anfang des Buches beschriebenen Mythen. Beziehungen auf dieser Stufe sind bestimmt durch große Fairness, dabei mangelt es ihnen aber an Achtung für das andere Geschlecht – Respekt für die Unterschiede von Mann und Frau. Bei aller Rigidität hatten die Beziehungen unserer Eltern noch ein Element von Würdigung, zumindest eine Würdigung für die Bürde der Rolle Hausfrau oder Versorger. Diese Achtung der Geschlechter voreinander ist verloren gegangen, denn brauchen tut niemand niemanden mehr. Es ist nett, dass der andere da ist und zur Befriedung der sexuellen Bedürfnisse, der Kuschelbedürfnisse und der Bedürfnisse nach Liebe und Aufwertung beiträgt, aber Respekt? Wofür bitte?

Dies sind die vernünftigen Beziehungen der Kompromisse und Vereinbarungen. Der sichere Rahmen, in denen jeder eine eigene Wohnung, ein eigenes Konto und ein eigenes Leben hat – jedenfalls die Möglichkeit, dies zu jeder Zeit zu realisieren. Es sind aber auch die Beziehungen von langweiliger und eingeschlafener Sexualität. Intimität findet in einem Schutzraum von gegenseitigen Rücksichten statt. Für Leidenschaft ist da kein Platz. Jeder fühlt, dass etwas fehlt, und trotzdem will keiner den arrangierten und gut gemanagten Beziehungsrahmen loslassen. So lange nicht, bis die Leere überhandnimmt, bis ein Impuls oder ein Erlebnis von außen eine Erinnerung daran schafft, dass der Löwe einst brüllte.

Mich trieb diese Leere an. Sie war der Impuls, mich auf den Weg zu machen.

Und was machen sie? Erinnern sie sich überhaupt noch, dass sie ein Löwe waren?

Heilung alter Wunden und Neutralisierung sexueller Essenz
Die Ebene der neutralen und fairen Beziehung ist aber nicht nur ein gesellschaftliches Phänomen, sondern sie ist die Ebene in ihrer Beziehung, auf der sie wahrscheinlich zurzeit feststecken. Sie haben es mit heftigen Kämpfen geschafft, eine Entwicklungsstufe zu erreichen, die Heilung ermöglicht. Sie haben sich einige ihrer alten Wunden gezeigt und zugelassen, dass sich Nähe entwickelt. Sie haben aber nicht, wie sie glauben, gegenseitige Toleranz entwickelt, sondern nur genügend Verträge und Vertragszusätze abgeschlossen. Es ist eine sichere Zone entstanden, in der sie sich weiter öffnen und zulassen, mehr von ihrer Schutzschicht zu zeigen, aber nur unter der Bedingung: „Tue ich dir nichts, tust du mir nichts." Dies bedeutet, dass sie sich zwar nicht mehr nur mit einer Maske zeigen, aber auch noch nicht wirklich, sondern in einem Mischmasch von männlichen und weiblichen Anteilen.

Sie sind neutral geworden, nicht weil sie das wollten, sondern aus Rücksicht auf den Partner. Außerdem sind sie damit beschäftigt, ein guter Vater bzw. eine gute Mutter für ihren Partner – oder besser gesagt für ihr Adoptivkind – zu sein. Noch einmal zur Erinnerung: Die jeweils andersgeschlechtliche Schutzschicht entsteht durch ein Unterdrücken oder eine Verletzung der Essenz in der Kindheit.

Jetzt entscheiden sie sich, aus Rücksicht auf die Kindheitswunden des Partners, Teile ihrer ureigenen Essenz zurückzustellen. Sie geben etwas von sich auf, um ihrem Partner die Erinnerung an seinen alten Schmerz zu ersparen. Ihr Partner macht das Gleiche und zusammen leben sie eine Beziehung wie aus dem Lehrbuch. Sie verraten jeden Tag sich selbst, weil sie Angst haben ansonsten den Partner und die Beziehung zu verraten.

Ein Beispiel: Ein Junge hat von seiner Mutter, die selbst eine verletzte Seele ist, gelernt, dass starke männliche Präsenz Frauen erschreckt, dass im Schatten vitaler männlicher Kraft immer Missbrauch lauert. Das hat zwar nichts mit der Realität zu tun, es ist eine negative Erfahrung der Mutter, dennoch gibt sie diese an ihren Sohn weiter. Der Junge ist erwachsen, er trifft eine Frau, sie beginnen eine Beziehung. Und wie es so ist, haben sich zwei Partner gefunden, die wunderbar zusammenpassen.

Ahnen sie es? Natürlich trägt die Frau eine ähnliche Wunde, zumindest aber ähnliche Vorbehalte, wie die Mutter des Jungen in sich. Und da er sie liebt und ein guter Mann ist, wird er sie höchst selten mit seiner starken männlichen Präsenz erschrecken, denn er weiß: Im Schatten vitaler männlicher Kraft lauert Missbrauch. Dieser Mann ist zum guten Vater geworden. Zu einem Vater, der seine Tochter davon überzeugen will, dass eben doch nicht alle Männer schlecht sind – zumindest, dass er anders ist. Der Preis, den er dafür bezahlt, ist Selbstaufgabe.

Und welche Drogen bekommt er im Gegenzug? Er bekommt Mutterliebe, die Mutterliebe, die er als Kind nicht bekam, da er ein Junge, ein kleiner Mann, war.

Und die Partnerschaft? Die vertrocknet, sie verliert ihre Vitalität, beide verhungern trotz bester Absichten. Diese vertrackte Situation hat aber auch ein Gutes. Sie gönnen sich eine Schonzeit, denn sie müssen nicht mehr alle Energie in das Aufrechterhalten ihrer Maske und das Sichern ihrer Grenzen stecken. Sie können auf der Basis der unausgesprochenen Verträge beginnen zu vertrauen. Dies ist kein echtes Vertrauen, aber es ist ein Anfang, denn immerhin tauschen sie einen Teil von Kontrolle gegen etwas Unausgesprochenes, und damit potenziell Unsicheres ein. Hier beginnt die Heilung der Kindheitsmuster. Vielleicht erscheint ihnen dieser Schritt winzig, aber es ist der erste Schritt in eine Richtung, die ihnen Wachstum über sich selbst hinaus ermöglicht. Und tatsächlich, Schutzschicht und Maske verschwinden.

Übrig bleibt eine gut ausbalancierte Mischung ihrer weiblichen und männlichen Anteile. Für ihre Tätigkeit in der Welt ist dies gut, denn sie haben ihre Kapazitäten erweitert, sie sind vollständiger geworden und haben eine Menge Fähigkeiten, die über ihre genetische Ausstattung hinausgehen, hinzugewonnen. Sie haben sich emotional und sozial emanzipiert. Sie sind jetzt entwickelte Menschen und führen eine neutrale und faire Beziehung. Im Bett kann das nicht gut gehen, denn Begehren duldet keine Neutralität. Dies heißt nicht, dass sie keinen Sex mehr haben, sondern nur, dass sie nicht mehr den leidenschaftlichen Sex haben; von dem träumen sie.

Im Zoo gibt es keine Jäger, sondern Tierpfleger und eine Menge Gitter, Scheiben und Wassergräben, welche die Menschen von den Tieren trennen. Ihre sexuelle Essenz, ihr Kern, ist eines dieser wilden Tiere hinter den Gittern ihres Beziehungszoos. Ein Tiger, der sich an regelmäßige Fütterungszeiten gewöhnt hat und erhebliche Schwierigkeiten hätte, in freier Wildbahn zu jagen.

Die gute Nachricht ist, dass sich nur ganz wenige, stoische Charaktere mit dieser Entwicklung abfinden und dass es immer noch einen aktiven archaischen Kern gibt. Darum beginnen wir auch die faire Langeweile unserer Gutmenschenbeziehung ab und zu mit gezielten Nadelstichen zu stören. Je nach Leidensdruck und vorhandenem Mut zündeln wir dabei auch erheblich an unserem unausgesprochenen Vertragswerk.

Kennen sie das: unbegründete Ausbrüche von Wut oder gnadenlose Lust auf eine Affäre, um jeden Preis?

Sie wollen sich mit ihrer Situation nicht abfinden und spüren ihre Lebensenergie – sie wissen allerdings nicht, wohin damit.

Mir geht es so wie vielen Männern, in einer solchen Situation suchen wir *trouble*. Konkret heißt das, ich muss dringend jemanden finden, an dem ich meinen Ärger auslassen kann, jemanden, mit dem ich Streit anfange. Vielleicht haben sie so einen Chef und sie riechen es, immer montags, wenn er durchs Büro schleicht: Er sucht ein Opfer, denn das Wochenende mit seiner Frau war alles andere als erfüllend. Und wenn sie selbst der Chef sind, dann wissen sie ja, warum ihnen montags ihre Mitarbeiter aus dem Weg gehen. Ist die Energie dann in Fluss gekommen und hat sie sich im Körper verteilt, werde ich ruhiger, denn eigentlich bin ich ein zivilisierter Mensch. Bis zum nächsten Mal.

Wie machen sie das denn? Joggen sie oder quälen sie sich mit dem Mountainbike? Oder hauen sie einfach jemanden, der vorbeikommt, und sei es nur verbal, auf die Nase?

Die große Unzufriedenheit:
Das Pendeln zwischen den Schichten

Langeweile ist keine Entspannung. Spannung und Entspannung sind ein zyklischer Wechsel, wie Ebbe und Flut. Ein natürliches Auf und Ab. Langeweile dagegen ist der Verlust des Auf und Ab. Anfangs wird sie wahrgenommen wie das ruhige Fließen eines Flusses, doch irgendwann stoppt auch dieser Fluss, dann bleibt nur ein brackiger Tümpel. In den Momenten, in denen der schale Geruch der Langeweile zu stark wird, beginnen wir uns über unsere neutrale faire Beziehung zu ärgern. Ärger aber ist Freisetzung gebundener Energie, die im Aufrechterhalten der männlich-weiblichen Balance und in der Überwachung der Verträge gebändigt war.

Es ist wie bei einem Dampfkochtopf, er köchelt friedlich vor sich hin, bis der Druck steigt und durch das Ventil entweicht. Das entspricht den normalen kleinen Sticheleien in einer Beziehung. Den Druck in einem Dampfkochtopf können sie steigern, indem sie mehr Hitze zuführen. Ähnlich funktioniert das in einer Partnerschaft, auch dort können sie Impulse von außen einladen. Zum Beispiel indem sie sich mit anderen Paaren austauschen, einen Selbsterfahrungsworkshop besuchen, eine Affäre haben oder auch nur mit dem Gedanken an eine Affäre spielen.

Sie können ganz nach Belieben den Druck in ihrem Beziehungstopf regulieren. Aber auch hier schließen sie nur wieder einen Vertrag, denn das Spielen mit dem Druck und das Zündeln sollen zwar Schwung in ihre Beziehung bringen, diese aber nicht gefährden. Das ist der Grund, warum Kämpfe zwischen langjährigen Beziehungspartnern wie eingeübte Rituale wirken. Jeder hat seine Rolle, es gibt unausgesprochene Regeln und einen ritualisierten Ablauf, der selbstverständlich mit einer Versöhnung endet.

Die Kampfregeln beim Sticheln sind so klar wie die Regeln

der *FIFA* beim Fußball. Nichts, aber auch gar nichts wird dem Zufall überlassen. Und solange sie sich an die Regeln halten, solange sie die Kunst beherrschen an der Grenze zu tänzeln – also sich bei einem Foul nicht erwischen zu lassen –, wird ihnen ihr Partner das Ritual nie vorwerfen. Sie werden sich über Inhalte streiten, aber nie über das Sticheln an sich, denn das haben sie akzeptiert. Überschreitet aber einer von beiden Partnern die Grenze zu oft und erkennt er dann keine rote Karte an, dann kommt es zum Platzverweis: zu einer wirklichen Trennung.

Im ersten Moment sieht es so aus, als würde ein heftiger Streit der Beziehung Energie zuführen, Verhaltensweisen oder Muster bewusst machen und eine Entwicklung ermöglichen. Das geschieht jedoch nicht, denn, wie wir gleich sehen, wird bei den Kämpfen die Ebene sexueller Essenz nicht erreicht. Alle Beziehungskämpfe finden zwischen Schutzschicht und Maske statt, um am Ende versöhnlich im neutral fairen Zustand zu enden, selbst wenn anfangs etwas Essenz hervorschimmerte.

SIE ist der bessere Mann

Nehmen wir ein einfaches Beispiel: Ein Paar beschließt Urlaub zu machen und *Sie* sagt in einem ihrer weiblichen Momente: „Such einfach einen schönen Ort aus, an dem wir entspannen und Energie tanken können." *Sie* ist von der neutral fairen Ebene in die Essenz von Vertrauen und Hingabe gewechselt. *Er* freut sich über so viel entgegengebrachtes Vertrauen, ist aber jemand, der nicht unbedingt langfristig plant, sondern viele Entscheidungen im letzten Moment trifft. *Er* geht, sich seiner Aufgabe wohl bewusst, die Planung locker an. Dafür aktiviert *Er* seine männlichen Anteile, und zwar die Essenz von Führung und Verantwortung. Bis zu diesem Punkt ist alles hervorragend, und man sollte davon ausgehen, dass beide in ihrem Kern schwingen und einen traumhaften Urlaub vor sich haben. Irgendein Ereignis, das muss nichts mit *Ihm* zu tun haben, löst aus, dass *Ihr* Vertrauen zu schwanken beginnt. *Sie* ist unruhig, angespannt und dann kommt das Gespräch auf den Urlaub. *Er* hat aber noch nicht einmal mit der Planung begonnen oder *Er* hat bereits begonnen, aber in einer Art, die *Sie* als unzureichend beurteilt.

Aus ihrer Perspektive bleibt ihr nichts anderes übrig, als die Dinge selbst in die Hand zu nehmen. Dafür aktiviert *Sie* ihren inneren Mann und wechselt auf ihre maskuline Schutzschicht. So ganz hat *Er* zwar nicht verstanden, was geschehen ist, aber seine Essenz von Führung und Verantwortung ist nicht stabil genug, um mit einem solchen, für ihn unbegründeten Angriff umzugehen. Außerdem wirft es ihn vollkommen aus der Bahn, dass mit der Aktivierung ihrer maskulinen Schutzschicht plötzlich zwei Männer im Raum sind. *Er* beginnt zu kämpfen, und das kann er am besten aus seiner Maske. *Er* legt seine Rüstung an und schon beginnt der Kampf zweier falscher Männer darüber, wer von beiden denn nun der bessere ist.

Da es bei diesem Kampf zwischen zwei Agenten keinen Sieger gibt, werden beide nach einem heftigen Streit ermüdet wieder im neutralen und fairen Bereich enden und nun einen detaillierten Vertrag und Projektplan für den Urlaub machen. Sie werden Urlaub haben, mit kleineren Wellen auf ihrem Beziehungssee, aber echte Highlights bleiben aus. Bis zum nächsten Versuch.

Und noch ein Beispiel: *Sie* und *Er* stehen vor einem Juwelierladen. *Ihr* Blick fällt auf ein schönes Schmuckstück und aus neutral fairer Entspannung fragt *Er:* „Soll ich dir diesen Ring schenken?" Die Pause, die entsteht, ist die Stille vor einem Gewitter. Enttäuscht, dass *Er* nicht Mann ist und handelt, aktiviert *Sie* ihren inneren Mann, der schnippisch zurückgibt: „Das kann ich mir selbst kaufen." Wobei eine solche Antwort noch die höflichste Form des enttäuschten Weiblichen ist. *Er* jedenfalls wird umgehend seine maskuline Maske aufsetzen und bis zum Essen beim Lieblingsitaliener den Macho spielen.

Ich kenne solche Momente gut von meiner Frau. Einerseits möchte sie, wenn sie einkauft, gerne beraten werden, andererseits will sie am Ende doch alles alleine entscheiden – da hilft dann auch nicht, wenn ich sage: „Ich schenk dir das, denn es sieht wirklich gut aus." Wenn ich mich dennoch durchsetzte, ohne zu kämpfen, sind dies später ihre Lieblingsstücke geworden, in den meisten Fällen aber war ich einfach zu beleidigt.

ER ist die bessere Frau

Nehmen wir ein Paar, dass einen Rollentausch vorgenommen hat. Dies muss keine Vereinbarung sein, sondern kann sich unausgesprochen aus der aktuellen Situation ergeben. Unabhängig von ihrer neutralen und fairen Beziehung, aktivieren beide für einen gewissen Zeitraum ihre andersgeschlechtlichen Anteile. Es reicht sogar, wenn *Sie* für eine kurze Tätigkeit mehr in der aktiven männlichen Rolle ist und *Er* im neutralen Zustand. Nun kommt *Sie*, zum Beispiel nach getaner Arbeit, nach Hause und möchte von ihrer maskulinen Schutzschicht in ihre Weiblichkeit wechseln, sich auf weibliche Art entspannen und fließen. *Er* sieht es jedoch gar nicht ein, sein Fließen auf seiner femininen Schutzschicht aufzugeben, und plötzlich Mann zu werden, schon gar nicht auf Aufforderung.

Jetzt gibt es drei Möglichkeiten: Erstens, beide verharren im Femininen und es geschieht nichts, keine Energie kommt auf und keine Polarität entsteht. Zweitens, *Er* wechselt in die männliche Rolle, entweder die Essenz oder die Maske. Dies ist unwahrscheinlich, denn *Er* hat es sich im Weiblichen gut eingerichtet. Drittens, und das ist die wahrscheinlichste Möglichkeit,

Sie wechselt auf ihre maskuline Schutzschicht und beginnt zu sticheln. Da das Feminine für ihn aber zu einer zweiten Haut geworden ist, wird *Er* auch jetzt nicht seine männlichen Anteile aktivieren, sondern aus seinem Femininen heraus ihre Angriffe mit nörgelnder Zickigkeit abwehren. Dies wiederum steigert ihre Angriffslust, und je mehr *Er* sich in seine feminine Schutzschicht eingräbt, umso heftiger werden ihre Attacken. *Sie* wird sie so lange steigern und auch nicht vor körperlichen Angriffen zurückschrecken, bis *Sie* endlich einen Teil Männliches in ihm sieht. Tritt dann das Männliche unvermittelt heraus, denn irgendwann setzt selbst der feminisierteste Mann seine Maske auf und zückt sein Schwert, werden beide über diesen Ausbruch furchtbar erschrecken.

Sie werden sich fragen, wie sie sich so etwas antun können, und sich darüber wundern, wieviel Tier doch in ihnen steckt. Entsetzt über die Menge eingefrorener Energie, werden sie ziemlich schnell zur fairen Ausgeglichenheit zurückkehren. Würden sie die freigesetzte Energie nutzen, um zu ihrer Essenz vorzudringen, hätten sie eine leidenschaftliche Nacht vor sich. Dass sie dies nicht tun, ist keine böse Absicht, was ihnen fehlt, ist der Mut, die ungebändigte Kraft zum Sprung in das Meer der Essenz zu nutzen. Sie verpufft im Kampf.

Eine andere, aber seltenere Variante für den Ausgang eines solchen Konflikts ist, dass sich der Mann trennt. Gelandet in seiner maskulinen Maske und im Mangel von Vertrauen in seine reine Essenz, wird ihm alles zu viel, er möchte eigentlich nur in seiner weiblichen Seite verharren und mit diesem ganzen Männerkram nichts zu tun haben.

Während der Arbeit an diesem Buch gab es oftmals die Situation, dass ich mit Schreiben fertig war und mich in meine weiblichen Teile zu entspannen begann, während meine Frau noch arbeitete. Wenn sie dann nach Hause kam und es noch etwas Weltliches zu erledigen gab, wollte sie den Mann in mir sehen. Ich hatte allerdings mit dem männlichen Teil des Tages schon abgeschlossen. Dinge wie Buchhaltung, Steuern lagen im Regal und ich relaxte auf der Couch.

Frauen wollen immer, wenn sie aus ihrem inneren männlichen in ihren weiblichen Teil wechseln und ein Mann in der Nähe ist, seine männliche Energie spüren. Ist sie nicht da, werden sie alles dafür tun und vor keiner Provokation zurückschrecken.

Am Beginn der Beziehung hätte mein Verweilen in der Entspannung zu einem Krieg geführt, mittlerweile aber konnten wir darüber kommunizieren und uns lassen. Sie bekommt ja den Mann, nur nicht jetzt und sofort. Es hat drei Jahre gedauert, bis meine Frau mir vertraute. Drei Jahre absoluter Zuverlässigkeit und Präsenz.

Wird ihnen auch schon vertraut?

Abhängigkeit in fairen Beziehungen

Das typische Muster von Abhängigkeit auf dieser Stufe leben die vermeintlich Unabhängigen. Erinnern wir uns: Der Abhängige versucht den Partner zu entlasten, indem er sich mit etwas Ähnlichem belastet. Der Abhängigkeitsverweigerer dagegen weigert sich von Anfang an, die Arena der Abhängigkeiten zu betreten. Der vermeintlich Unabhängige ist dem Abhängigen ähnlich, auch er achtet auf die Balance, allerdings bindet er sich keine Sachen ans Bein, die direkt mit einer Entlastung des Partners zu tun haben, sondern irgendetwas, nur um das Gleichgewicht herzustellen.

Es geht nicht mehr um Inhalte, die in einem Zusammenhang stehen, sondern nur noch um Ausgleich. In manchen Partnerschaften tritt eine regelrechte Konkurrenz auf, wer denn nun mehr zur Beziehung beiträgt. Beide wollen das Beste mit der Steigerung ihres Gutmenschentums und ersticken am Ende unter einer zunehmenden Last von selbstgewählten Verpflichtungen. Diese Aufgaben liegen häufig im Bemühen um das Wohlergehen anderer Menschen, außerhalb der Beziehung: von Eltern, Schwiegereltern und Freunden oder auch erwachsenen Kindern. Oft wundern sich selbst die mit Wohlwollen überschütteten, warum ihnen so viel Gutes widerfährt. Der vermeintlich Unabhängige belastet sich für den Preis eines harmonischen Gleichgewichts mit vollkommen überflüssigen Dingen und versteckt seine Buchhaltermentalität hinter der Maske des hilfsbereit freundlichen Menschen. In solchen Beziehungen darf nichts anbrennen, für alles gibt es einen Ausgleich, und der muss schnell erfolgen. Niemand möchte dem anderen etwas schuldig bleiben. Was von außen ausgeglichen und fair ausschaut, ist innen bestimmt von einem gnadenlosen Rechnungswesen. Und zum Rechnungswesen gehört das Mahnverfahren. Hier kann der vermeintlich Unabhängige grausam werden: Wer seine Rechnungen pünktlich zahlt, kann das auch von anderen erwarten. Kein Fehler und keine Nachlässigkeit werden geduldet. Und ziemlich rigoros werden vormals großzügig gewährte Kredite kurzfristig und in voller Höhe zurückgefordert.

Fairness innerhalb einer fairen neutralen Beziehung hat also nichts mit Gerechtigkeit zu tun, sondern mit *Political Correctness*. Wir haben Regeln und Standards vereinbart, und an die haben wir uns jetzt zu halten. Das ist nicht sehr weit entfernt von den *Law and Order*-Tendenzen der Stufe „Macho und Weibchen" – nur eben selbst gewählt.

Wachstum zur nächsten Stufe

Das Wachstum zur nächsten Stufe, nämlich zur reifen Beziehung, ist einer der schwierigsten Schritte in einer Partnerschaft. Er setzt voraus, dass wir uns von unseren Selbstlügen und den unausgesprochenen Verträgen trennen. Eine dieser Selbstlügen ist Fairness, eine andere, dass in einem Abhängigkeitsverhältnis Balance der beste Zustand ist. In dem Moment, in dem wir den Glauben an Ausgleich und Gleichheit aufgeben, erkennen wir, dass wir den alten Verletzungen des Partners machtlos gegenüberstehen. Wir können den Partner nicht trösten, wir können seine Wunden nicht heilen und wir können ihn nicht verändern.

Wir können nicht der bessere Vater oder die bessere Mutter sein. Dies wiederum wirft uns zurück auf unsere Verletzungen, denn auch hier ist kein Trost zu erwarten. Damit beginnt die Trennung: Langsam, aber in einem kontinuierlichen Prozess ohne Rücksicht, beginnt jeder für sich, die Dinge, die er sich ans Bein gebunden oder um den Hals gehangen hat, abzulegen. Im Mobile wird es dabei zu kritischen Schieflagen kommen.

Die Herausforderung ist, diese Schieflagen auszuhalten, ohne wegzulaufen oder sich eine neue Last zu suchen. Das klingt einfacher, als es ist, denn je mehr einer der Partner in dieser Wachstumsarbeit zum Ursprung seiner Verletzungen vordringt und in sein Leiden eintaucht, umso mehr möchte der andere Partner ihn unterstützen und seine Schmerzen lindern. Überschreitet er jedoch die dünne Grenze zwischen Mitgefühl und Mitleid, stoppt er den Entwicklungsprozess und bindet sich Neues ans Bein. Mitgefühl hat die Qualität einer Sterbebegleitung, ohne den Tod aufhalten zu wollen. Mitleid entspricht dem Einsatz einer hoch technisierten Apparatemedizin, die das Sterben hinauszögert. Der Tod aber ist unvermeidlich.

Wachstum zur nächsten Stufe bedeutet Sterbenlassen: die Ansprüche an den Partner und die Ansprüche an die Beziehung. Nicht mehr zu hoffen, dass man eine rosigere Zukunft herbeireden oder hinbiegen kann, sondern einfach, aber wach in einer nicht vollkommenen Gegenwart zu verweilen.

So hart das klingt, aber ich wünsche mir öfters, von meiner Partnerin hängen gelassen zu werden. Viele Dinge geschehen bei mir in meiner eigenen Zeit, da nützt es wenig, angetrieben zu werden oder wenn meine Frau Dinge an mir sieht, die ich noch nicht wahrnehmen will. Frauen haben eine intuitive Gabe Dinge zu ahnen und sprechen dann diese Vermutung oftmals gleich aus. Uns Männern nutzt aber eine Ahnung, selbst wenn sie richtig ist, wenig. Wir brauchen etwas Handfestes, etwas Konkretes. Und auch das ist Reife, sich selbst und dem Partner Zeit zu lassen.

Reife Beziehungen: Das Anerkennen der Unterschiede

Geben sie den Traum auf, sich jemals zu verstehen. Dies anzuerkennen, bedeutet sich dem Alleinsein zu stellen und alle Mühen, aber auch Ausreden aufzugeben, es jemals zu überwinden. Es gehört zum Menschsein: Wir werden alleine geboren und sterben alleine – trotz aller Trost spendenden Illusionen. Unabhängig sind wir in dem Alleinsein aber nicht.

Wir sind einerseits alleine und auf uns gestellt, andererseits hängen wir in Abhängigkeitsverhältnissen, denen wir nicht entkommen, die wir aber auch nicht steuern oder kontrollieren können. Dieses Paradox ist kein Wunschzustand, also reden wir es mit allerlei logischen und magischen Erklärungen schön. Gäben wir das „Verstehenwollen" auf, könnten wir unser Auf- und Abpendeln im Mobile genießen, ohne den Grund dafür zu kennen. Wir könnten die Kontrolle loslassen, uns Hingeben an das Leben. Ein Leben, das wir niemals erklären, sondern nur deuten können. Und auch deuten können wir es nur im Rückblick unseres eigenen kleinen Erfahrungshorizonts.

Schaffen wir es jetzt noch, längere Zeit Schieflagen im Mobile auszuhalten, ohne einzugreifen, haben wir einen hohen Reife-

und Freiheitsgrad erreicht. Das Wahrnehmen einer Schieflage, ohne sie zu verstehen und zu beseitigen – sie einfach auszuhalten, ist Mitgefühl. Dauert dies an, entsteht eine tiefe Verbindung mit dem eigenen Schmerz und der eigenen Hilflosigkeit. Bleibt es dann immer noch dabei, nicht einzugreifen, weicht der innere Kampf einem Loslassen und Demut stellt sich ein. Diese Demut dehnt das Mitgefühl über die Beziehung hinaus aus: Sie ist die Basis für *Agape*, die selbstlose Liebe, die das Wohl des anderen im Blick hat. In solchen Beziehungen steht nicht mehr das Abhängigkeitsverhältnis, etwas vom Partner zu wollen und zu bekommen, im Vordergrund, sondern die freie und selbstbestimmte Entscheidung für genau diesen Menschen: unabhängig davon, ob er mich jemals versteht oder ob die Waage ausgeglichen ist. Er ist der würdige Empfänger meiner Geschenke.

Wir haben diesen Partner gewählt, um ihm unser Bestes zu geben, und nicht, um ihm zu dienen oder damit er uns dient. Wenn sich die vorherige Stufe der Beziehung durch Neutralität und Fairness auszeichnete, so zeichnet sich diese Stufe durch Liebe, Freiheit und Mitgefühl aus.

In Momenten, in denen ich mit diesem Gefühl in Verbindung bin, ist es, als wenn kleine kühle Liebesschauer durch meinen Körper fließen. Es ist nicht die heiße Liebe, nicht das leidenschaftliche Begehren, sondern eine tiefe Verbundenheit mit dem Menschen, mit dem ich in einem Boot sitze. Einem Menschen, der genauso wenig wie ich weiß, was der richtige Weg ist und ob es diesen Weg überhaupt gibt.

Klarheit der Energien

Die Energien sind gegensätzlich, aber sie kämpfen nicht mehr miteinander; sie sind vereinigt und unterstützen sich. Nach langer Zeit kehren Würdigung und Respekt in die Beziehung ein. Keine Würdigung von Taten oder Leistungen, sondern die

Würdigung des „Andersseins", der Respekt vor dem was ich nicht habe und nie haben werde. Die augenblickliche Konsequenz ist, jedes Bemühen der Schutzschicht, das jeweils Fehlende zu entwickeln, aufzugeben. Das bedeutet nicht, keine andersgeschlechtlichen Qualitäten zu kultivieren und die Alltagskapazität auszudehnen, sondern, dass es innerhalb einer reifen Beziehung zwischen Mann und Frau keinen Grund gibt, mit der Essenz des anderen Geschlechts zu konkurrieren.

Die Entwicklung von Schutzschicht und Maske ist entstanden durch Verletzungen, und so lange wir unsere falsche Essenz höher bewerten als die reine Essenz des Partners, stehen wir in einem Wettbewerb, in dem wir unseren Partner jeden Tag entwerten und riskieren, dauerhaft den Respekt vor ihm zu verlieren. Auch kostet ein Wettkampf Kraft, eine Energie, die wir besser dafür einsetzen, aufrichtig in den Spiegel zu schauen und anzuerkennen: Wir sind unterschiedlich – unterschiedlich als Mann und Frau, unterschiedlich im Denken und Fühlen, und wir werden niemals die Trennung, die Dualität, überwinden, selbst dann nicht, wenn wir heilig werden.

Es ist aber nicht damit getan, aufzugeben anders sein zu wollen, die Herausforderung liegt in der Entwicklung der eigenen und ursprünglichen sexuellen Essenz, und dafür brauchen wir den Partner. Er ist der Mensch, der uns am besten kennt, der unsere Ausreden kennt, unsere Bequemlichkeiten, Ängste und Lügen. Hier ist ein Partner gefordert, der kein Blatt vor den Mund nimmt. Haben wir nämlich die Heldenreise angetreten, brauchen wir einen Förderer.

Fördern heißt dann fordern, herausfordern, weil Entwicklung jenseits der Komfortzone beginnt. Wir benötigen einen Partner, der uns wohlwollend, aber unnachsichtig dabei unterstützt, die eigenen Qualitäten zu entwickeln. Einen Partner, der erträgt, dass der Haussegen und das Mobile schief hängen, und gut damit leben kann, dass wir seine Kritik und Einwände immer erst einmal als unberechtigt abtun.

Eines der Geschenke dieser Entwicklung ist sexuelle Polarität, denn mit zunehmender Klarheit der Energien steigt auch die Anziehung, und das nicht nur in der Beziehung.

Renovieren sie ihre Beziehung.

Stellen sie sich vor, ihre Beziehung sei ein altes Bauernhaus, das sie renovieren wollen. Es sieht gut aus, aber ist keineswegs das Domizil, das sie sich zum Altwerden vorstellen. Sie gehen hinein und der Muff von vielen Jahren schlägt ihnen entgegen. Fast vergeht ihnen die Lust, mit der Renovierung zu beginnen. Sie erkennen die Herausforderung und verstehen, warum dieses Haus ein Schnäppchen war.

Ein ähnliches Gefühl werden sie beim Übergang von der fairen neutralen zur reifen Beziehung haben. Sie beginnen mit dem Entrümpeln ihres „Schnäppchenhauses" und stellen fest, dass die Räume für das, was sie planen, viel zu klein sind. Sie merken, wie eng ihre Beziehung ist und wie sie sich reduzieren müssten, wenn sie keine Lösung finden. Sie machen Pläne, entkernen ihr Haus und können großzügige Räume schaffen. So wird es ihnen auch mit der Beziehung gehen. Am Ende bleiben nur Teile der Fassade und das Fundament. Und falls Sie keine elterlichen oder schwiegerelterlichen Denkmalschutzauflagen haben, werden sie sogar die Fassade neu gestalten – neu streichen werden sie sie in jedem Falle.

Und vergessen sie nie: Entwicklung bedeutet nicht nur, sich von Altem zu trennen und Mauern einzureißen, sondern ist ein kreativer, nicht immer vorhersehbarer Prozess, mit spannenden Herausforderungen, voller Farbe und mit viel Lachen.

Hinauswachsen über die Beziehung

Stellen sie sich weiter vor, sie sind Sonne und Mond. Sie haben verschiedene Qualitäten und ziehen auf unterschiedlichen Bahnen ihre Kreise. In gewisser Weise sind sie unabhängig und üben dennoch einen Einfluss aufeinander aus. Ihre Existenz am Firmament ist zweckfrei, sie folgt physikalischen und astronomischen Abläufen und die Frage nach ihrem Sinn erübrigt sich. Selbstvergessen bewegen sie sich auf ihren Ellipsen. Ab und an spüren sie die Auswirkungen eines kosmischen Ereignisses, z.B. die Gravitationswellen der Geburt eines Sternes, oder beobachten das Vorbeirauschen eines Kometen. Das kann Milliarden Jahre andauern, so lange, bis sie in ein schwarzes Loch stürzen, den Ereignishorizont überschreiten und ins kosmische Nirvana eingehen.

Nun stellen sie sich weiter vor, dass es neben ihnen noch andere Planeten in diesem System gibt. Einer davon ist der Blaue Planet: die Erde. Plötzlich bekommt ihr elliptisches Kreisen einen Sinn. Nicht für sie, das wäre zu viel verlangt, aber für das Leben auf diesem Planeten. Sie ermöglichen als Sonne mit ihrem Licht die Fotosynthese und als Mond mit ihrer Schwerkraft die Gezeiten der Meere.

Wenn sie diese Einstellung auf ihre Beziehung übertragen, beginnen sie über sich hinauszuwachsen. Sie ermöglichen anderen sich durch ihre Qualitäten zu entwickeln, ohne dass sie eine Gegenleistung erhalten. Sie bekommen kein Lob, keine Anerkennung, nicht einmal eine Antwort auf ihre brennende Frage nach dem Sinn ihres Lebens.

Dennoch hat ihr Dasein eine Bedeutung. Die Bedeutung geben nicht sie ihm, sondern die, deren Erleben sie mit ihren Qualitäten bereichern. Aber wahrscheinlich erfahren sie nicht einmal, wer sich durch sie berührt oder genährt fühlt. Es ist auch unwichtig geworden, denn sie geben jeden Tag mit einem offenen Herzen ihr Bestes und schenken ihre Qualitäten der Welt, ohne etwas dafür haben zu wollen.

Sind sie eine Frau, dann hoffen sie nicht länger darauf, erkannt zu werden, sondern strahlen aus sich heraus: Sie sind Licht. Sind sie ein Mann, dann träumen sie nicht mehr von der Freiheit, sondern sind frei und bestärken dadurch andere. Als Paar machen sie einfach ihren Job – für sich und zum Wohle alles Lebenden, das sie umgibt.

ERSATZBEFRIEDIGUNGEN UND ABLENKUNGEN

In der neutralen fairen Beziehung neigen wir dazu, in Zeiten der Unzufriedenheit nach jedem Strohhalm zu greifen, der einen Ausbruch aus der Langeweile verspricht. Das Gute daran ist, dass wir die Langeweile spüren. Wir sollten allerdings aufpassen, dass nichts was wir tun, uns auf die Ebene der Maske katapultiert, sondern uns mit unserer Essenz in Berührung bringt. Die Gefahr nämlich, dass wir nur die *Persona* wechseln, ist bei allen neuen faszinierenden Beschäftigungen groß: Dann wird aus dem überzeugten Atheisten schnell ein überzeugter Esoteriker und aus der grauen Maus eine Tantrikerin.

Verbeißen wir uns dabei in ein Konzept, landen wir auf der Ebene von Macho und Weibchen. Sehen wir gar eines dieser Angebote als den ultimativen Weg zur Glückseligkeit und wollen es anderen verkaufen, sind wir Dogmatiker geworden. Getrieben durch unsere Unzufriedenheit und in der Hoffnung auf schnelle Ergebnisse geben wir uns nämlich viel zu oft mit einer oberflächlichen Befriedigung durch falsche Essenz zufrieden. Damit aber schieben wir die eigentliche Arbeit an der Beziehung auf die lange Bank.

Onanie

Masturbation und Onanie sind die Nummer Eins unter den Ablenkungen und wir greifen immer wieder gerne auf sie zurück. Außerhalb von Beziehungen, wenn wir alleine sind, spricht nichts dagegen, dass meine Hand mein bester Freund oder meine beste Freundin ist. Und auch als Selbstlieberitual macht Onanie Sinn. Nur, wie oft, wenn wir onanieren, handelt es sich dabei um Selbstliebe? In den meisten Fällen sicher nicht, häufig geht es nur um Stress- oder Spannungsabbau.

Nun sind wir aber nicht allein, sondern leben in Beziehung, warum sich also trotzdem selbst befriedigen? Warum Sex mit dem Partner vermeiden? Dafür gibt es mehrere Gründe: Erstens, wir wollen den Partner mit unseren sexuellen Bedürfnissen nicht belästigen. Zweitens, beim Onanieren erlauben wir uns Fantasien, die wir nicht mit dem Partner in Verbindung bringen wollen. Drittens, wir trotzen. Das bedeutet, wenn mir mein Partner nicht genau die Sexualität gibt, die ich will, dann mach ich es mir selbst. Und viertens und letztens, wir wollen in jedem Fall die Kontrolle behalten und nie wieder von einem anderen Menschen abhängig sein.

In all diesen Fällen entwerten wir den Partner als sexuelles Wesen. Weiter noch, wir stellen unsere innere Frau – unseren inneren Mann – über den Partner: Mit mir alleine bin ich glücklich und suche niemanden, der dieses Glück zerstört oder gar Probleme verursacht. Es ist, wie Karl Kraus sagt: „Der Beischlaf hält nie, was die Onanie verspricht."[6]

Bin ich hier angelangt und mit mir alleine glücklich und zufrieden, was ist dann der Partner anderes als ein guter Freund? Ich habe vollkommene Unabhängigkeit erlangt: emotional, wirtschaftlich und sexuell.

Vor etwa 10 Jahren war ich mit meiner damaligen Freundin in Urlaub. Wir waren über fünf Jahre zusammen und hatten zu diesem Zeitpunkt kaum mehr Sex. Nicht weil wir ihn vermieden, vielmehr war uns die Lust abhandengekommen. Ich hatte die Möglichkeit, eine Woche länger zu bleiben und kaum dass sie abgereist war, spürte ich in mir Begehren aufsteigen: Es begann mit Onanie und endete mit den üblichen Urlaubsaffären.

Ich bin davon überzeugt, dass jede Frau und jederMann ähnliche Erfahrungen haben. Trifft das auch auf sie zu?

Affären

Affären unterscheiden sich von der Onanie nur dadurch, dass wir hier für die sexuelle Befriedigung einen anderen Menschen nutzen. Einen Menschen, mit dem wir niemals auf die Idee kämen, eine Beziehung aufzubauen. Das soll nicht heißen, dass Affären etwas Kurzfristiges sind, sie können sehr, sehr lange andauern, allerdings ohne die Option, jemals in eine feste Partnerschaft überzugehen – selbst wenn ein Teil in uns dies hofft. Alles andere, was die Möglichkeit einer Partnerschaft einschließt, ist keine Affäre, sondern eine parallele Beziehung. Es ist eine Beziehung, mit der wir Nähe in der eigentlichen Partnerschaft vermeiden, beziehungsweise diese aus Angst vor Vereinnahmung zerstören.

Und da Affären und Onanie sehr ähnlich sind, wechseln sich diese in Partnerschaften ab, was bedeutet: Die Affäre des einen Partners wird vom anderen trotzig mit Onanie gerächt, was der andere umgehend mit einer erneuten Affäre oder ebenfalls Onanie beantwortet. Diese Spirale dreht sich so lange weiter, bis einer genügend Groll gesammelt hat und die Beziehung beendet.

Warum aber flüchten wir überhaupt in Affären? Wir glauben, dass im Außen etwas wartet, was uns unser Partner nicht bieten kann oder nicht bieten will. Außen bedeutet dabei nicht, ein Außen von der Beziehung, selbst wenn wir das glauben, sondern außen von uns selbst. Die Realität ist: Der Mensch, auf den wir uns eingelassen haben, vermag unsere Wunden nicht zu heilen, also muss ein anderer her. Natürlich befriedigt uns auch die Affäre dauerhaft nicht, denn sie kann unser Innerstes noch weniger erreichen als der Partner.

Sie wird also entweder irgendwann langweilig oder erhält ihren Kick nur noch aus der Heimlichkeit und Unerreichbarkeit. Es ist also wieder nicht die Polarität zwischen Mann und Frau, die uns den Kitzel verschafft, sondern nur die Möglichkeit, entdeckt zu werden oder etwas nicht zu bekommen.

Trotzdem geben wir die Hoffnung nicht auf, dass uns diese Affäre retten wird und dann auch Besserung in der Beziehung eintritt. Werden wir ertappt, so argumentieren wir gerne, dass wir es für die Beziehung und für deren Rettung getan haben. Das ist natürlich Unsinn, denn die Affäre haben wir für uns gehabt, wir wollten unsere innere Leere füllen und haben gehofft, dass es diesmal klappt. Dabei haben wir den Partner genauso entwertet wie bei der Onanie, zusätzlich aber haben wir jeder nachhaltigen Entwicklung der Beziehung einen Riegel vorgeschoben. Wir haben es mit der Affäre versucht, sind also über die Onanie hinaus gegangen, doch auch das hat zu nichts geführt. Die Beziehung ist zumeist am Ende.

Affären, die am Anfang einer Beziehung liegen, sind oftmals ein Aufbegehren gegen das entstehende Vater-Tochter- bzw. Mutter-Sohn-Rollenmuster. Hier ahnt der Partner, der die Affäre hat, was kommen wird. Übrigens fallen auch Bordellbesuche und spirituelle Swingerclubs, wie z. B. offene Tantragruppen, in die Kategorie „Affäre".

WAS SEXUELLE ESSENZ IN BEZIEHUNGEN TÖTET
UND DAS BEGEHREN NACH AUßEN VERLAGERT

Ungeliebte meinen sich von aller Welt verlassen.
Dass sie sich selbst verlassen, wissen sie nicht.
Sobald wir aber begreifen, dass der springende Punkt
nicht im Verlassenwerden durch andere,
sondern in der Selbstverlassenheit,
in der Absonderung vom eigenen Wesen liegt,
fangen wir an, die Blickrichtung zu ändern.

Peter Schellenbaum, Die Wunde der Ungeliebten

WARUM DIE NEUTRALISIERUNG SEXUELLER ESSENZ NICHTS MIT SEX ZU TUN HAT

WENN IN UNSEREN BEZIEHUNGEN Sexualität eine freudlose Qualität bekommt oder gar verschwindet, entsteht schnell der Gedanke: Mit mir stimmt etwas nicht. Männer beginnen über Impotenz nachzudenken und greifen zu *Viagra* oder *Cialis*. Frauen denken öfter als sonst, sie seien frigide oder würden nicht „richtig" funktionieren. Dass nichts davon stimmt, zeigt sich schnell, wenn man den Partner durch einen Unbekannten austauscht und natürlich in der Onanie. Es ist ja auch nicht so, dass die Lust auf Sexualität, sondern das Begehren auf den Partner abnimmt.

Mit anderen, Nachbarn, Kollegen, der oder dem großen Unbekannten ist nahezu alles vorstellbar – nur nicht mit dem Partner. Einerseits erzeugt das Druck, andererseits Schuldgefühle. Irgendetwas stimmt mit mir nicht, ich funktioniere nicht, jedenfalls zumeist nicht. Gut, dass es pharmazeutische Hilfsmittel gibt. Ich habe sie durchprobiert, denn ich glaubte, tatsächlich an einer noch nicht erforschten Form der Impotenz zu leiden. Es half nichts – keine Wirkung außer Kopfschmerzen.

Was haben sie so alles ausprobiert?

Begehren beginnt im Kopf. Natürlich steht hinter der Lust auf Sex ein biologisches Programm, und dieses wird zusätzlich vom Fremdgeh-Gen aktiviert. Dennoch nehmen wir den größten Teil des Begehrens aus unseren Fantasien und Träumen. Und unsere Vorstellungen in einen Partner hineinzuträumen, funktioniert umso besser, je weniger wir über die Person wissen.

Kennen sie das: Sie treffen jemanden und augenblicklich beginnt das Programm abzulaufen, wie viel erfüllter ihr Leben wäre, wenn sie sich jetzt einließen? Dieser oder diese Fremde muss herhalten für alle ihre Projektionen und lustvollen Fantasien, die sie sich mit ihrem Partner nicht mehr vorstellen können. Und dann macht diese Person den Mund auf, beginnt zu sprechen auf eine Art, die nun überhaupt nicht zu ihren Vorstellungen passt. Mit einem Mal verschwindet die ganze Spannung aus der Situation.

Erinnern sie sich an den Film „Der letzte Tango in Paris", als er sich weigert, ihr seinen Namen zu sagen? *No names, no age, no history* – so bleibt das Unbekannte dunkel und fremd, aber auch faszinierend.

In Workshops lasse ich die Teilnehmer gerne folgende Übung machen: Die Partner stehen sich gegenüber, schauen sich in die Augen und bewerten sich bezüglich Präsenz und Hingabe auf einer Skala von null bis zehn. Dann lasse ich die Teilnehmer die Augen schließen und an ihre stärkste sexuelle Fantasie denken. Öffnen sie dann wieder die Augen und bewerten sie sich erneut, haben nahezu alle den obersten Anschlag auf der Skala von Hingabe und Präsenz erreicht. Die Fantasie würden sie allerdings niemals ihrem Partner verraten. Sie ist zu schmutzig und schambesetzt für die Ehe.

Ein leeres Blatt Papier fordert sie geradezu auf, ihre Gedanken niederzuschreiben; je beschriebener oder verschmierter dieses Papier ist, umso weniger Platz haben sie für ihre Notizen. Vielleicht reißen sie eine Ecke ab und benutzen sie als Einkaufszettel, aber nicht um ihre Fantasien zu skizzieren.

Spätestens wenn sie eine neutrale faire Beziehung haben, ist ihr Beziehungspapier voll. Sie haben alle Erfahrungen und Erlebnisse mit ihrem Partner notiert, aber auch die Verträge. Sie haben eine ziemlich genaue Einschätzung ihres Partners aus ihrer Sicht niedergeschrieben: das Protokoll der Beziehung. Diese Einschätzung beruht nicht nur auf ihrer Beobachtung dieses aktuellen Partners, sondern in sie fließen alle Erfahrungen, die sie jemals in ihrem Leben machten. Die früheren Erlebnisse bilden dabei die Grundlage für die Bewertung ihres jetzigen Lebens und für die Einschätzung des Entwicklungspotenzials ihrer Beziehung. Die wichtigsten Einträge stammen dabei aus der Kindheit. In der Psychoanalyse sagt man, es gibt immer drei: Papa, Mama und mich. Alles andere ist Projektion und Wiederholung. Wenn ich meine Beziehungen, einschließlich der oberflächlichen Affären, anschaue, trifft das zu.

Bei ihnen auch?

Es ist klar, je genauer sie Protokoll führten oder je schmerzhaftere Erfahrungen sie in ihrem Leben hatten, umso weniger freien Platz dürfte es auf dem Papier geben. Je weniger weiße Flecken es aber gibt, umso weniger Platz gibt es für Fantasie und lustvolle Träume.

Wo also hin mit dem Beziehungspapier? Tatsächlich spüren sie oft den Wunsch es wegzuwerfen – neu anzufangen. Sie tun es aber nicht, denn auf dem Papier steht auch vieles, das ihre Beziehung erst möglich machte und auf das sie nicht verzichten wollen. Es sind Verträge und Rücksichtnahmen über den Umgang in der Beziehung, die ermöglichten, dass sie bis hierhin gegangen sind – sich eingelassen haben. Einerseits stehen sie ihnen nun im Weg, andererseits fühlen sie sich aber noch nicht so stabil, sie loszulassen. Und warum auch, vieles auf ihrem Beziehungspapier hat ja nichts direkt mit Sex zu tun, und um den geht es doch. Oder? Die Sexualität soll leidenschaftlich werden, das Beziehungspapier möchten sie trotzdem behalten.

Sex beginnt mit Polarität, Polarität zwischen Mann und Frau.

Und selbst, wenn sie überhaupt keine Notiz auf ihrem Blatt über Sexualität haben, gibt es mit Sicherheit eine Menge Vermerke zu ihrer Rolle, der Rolle ihres Partner und generell zu Mann und Frau. Überhaupt dürften sich die meisten Einträge auf sexuelle Essenz beziehen und darauf, wie sie sich begegnen, egal ob auf den Schichten oder in reiner Form.

Können sie als Frau ihren Mann respektieren und erkennen sie seine Präsenz, Zielgerichtetheit und Führung an? Vertrauen sie ihm 100-prozentig? Auch im Bett? Können sie sich ohne jede Kontrolle hingeben und sind sie bereit, Neues auszuprobieren? Kann ihr Mann mit ihnen seine Fantasien leben? Kennen sie seine sexuellen Fantasien überhaupt?

Respektieren sie als Mann ihre Frau und spüren sie ihre Offenheit, Hingabe und Liebe? Spüren sie ihr Schmelzen und Fließen beim Sex? Können sie präsent und in ihrer Führung bleiben, auch wenn ihnen ein weiblicher Sturm um die Ohren fegt? Kennen sie die Fantasien ihrer Frau und haben sie den Mut, sie durch ihre Angst zu tragen?

Wohl kaum, denn sonst hätten sie keine Verträge geschlossen, mit denen sie sich schonen. Wenn aber schon im Beziehungsalltag ihre klaren Energien in allerlei Kompromissen untergehen, wo soll dann feuriges Begehren herkommen? Die Arbeit beginnt im Alltag. Dort, wo die sexuelle Essenz aufgegeben und neutralisiert wurde, muss sie wieder gefunden und belebt werden. Kompromisse und Verträge, die uns schonen, schließen wir aus Liebe. Die schlimmsten Wunden, die uns in unserer Kindheit zugefügt wurden, wurden uns aber ebenfalls von Menschen zugefügt, die wir liebten.

Das Beziehungspapier verbrennen und ein neues Kapitel schreiben, können wir daher erst, wenn wir uns von den Tätern dieser Kindheitsverletzungen befreit haben. Bis dahin werden wir uns eher von unserem Partner trennen und hoffen, dass beim nächsten alles besser wird, mit neuen, modifizierten Verträgen.

Fangen sie an, ihr Beziehungspapier und Lebensprotokoll aufzuschreiben. Sie werden ziemlich schnell feststellen, dass vieles, was sie oberflächlich dem Bereich Sexualität zuordnen, aus ihrem inneren Sumpf von Macht und Korruption kommt. Sexualität ist nur ein Ausdruck dieser Machtverhältnisse und davon, wieweit sich einer oder beide verkauft und verbogen haben.

Wie wir unsere Essenz und Kraft gegen falsche Liebe tauschen
Nahezu alle Verletzungen, die unser Vertrauen beschädigten oder das Gefühl hinterließen ungeliebt zu sein, wurden uns in einer Zeit zugefügt, als unser Selbst noch nicht so entwickelt war, zwischen Täter und Opfer zu differenzieren. Für jede Kindheitsverletzung fühlen wir uns daher, wenn nicht schuldig, so doch mitverantwortlich. Das betrifft auch massive häusliche Gewalt oder Inzest – ohne jede Ausnahme.

Stellen sie sich zwei Luftballons vor, einen großen mit viel Luft gefüllten und einen kleinen mit weniger Luft gefüllten. Der große Ballon steht für ihren Vater, ihre Mutter oder beide Elternteile. Der Kleinere steht für sie. Beide Ballons sind über einen Schlauch miteinander verbunden. Das Bild wird noch plastischer, wenn sie sich den großen, den Elternballon, mit Armen, Händen und Beinen vorstellen – so wie ein Michelin-Männchen. Drückt jetzt der Elternballon mit einer Hand auf den kleinen Kinderballon, wird unweigerlich Luft herausweichen und in den Elternballon strömen. Der kleine Luftballon wird also noch erbärmlicher, während der große an Umfang zunimmt.

Das geschieht bei der Verletzung eines Kindes durch Erwachsene. Die Energie des Kleineren nimmt ab und der Große gewinnt sie hinzu. Irgendwann ist im kleinen Ballon keine Luft mehr vorhanden, das Kind hat jegliches Selbstbewusstsein verloren. Mit dem Verlust des Selbstbewusstseins geht dann die Entwicklung der Schutzschicht und später der Maske einher: Je weniger Verlass ist auf die ursprüngliche Essenz, je weniger Selbstvertrauen vorhanden ist, umso massiver muss der Schutz sein.

Warum aber gibt das Kind seine Energie ab und entfernt nicht den Schlauch zu dem großen Ballon? Die Verbindung zwischen beiden Ballons ist der kindliche Begriff von Liebe. Im Weltbild des Kindes müssen die Eltern, die Großen, es lieben. Dies ist auch nicht abwegig, verhält es sich doch im ganzen Tierreich so. Zum Beispiel haben junge Hunde im ersten Jahr einen Welpengeruch, der ältere Tiere davon abhält, ernsthaft mit ihnen zu kämpfen. Diesen Instinkt haben Menschen verloren. Ein Kind muss daher, um sein Weltbild von Elternliebe aufrechtzuerhalten, einen guten Grund finden, für das, was ihm Erwachsene antun oder vorenthalten. Das plausibelste Argument in der Welt des Kindes ist, dass es selbst das Unglück auslöste.

Judith Viorst beschreibt dies sehr plastisch in ihrem Buch *Mut zur Trennung:* „Ein kleiner Junge liegt in einem Krankenhausbett. Er fürchtet sich und hat Schmerzen. Mehr als 40 Prozent der Haut seines kleinen Körpers weisen Verbrennungen auf. Es ist etwas Unvorstellbares geschehen. Jemand hat ihn mit Alkohol überschüttet und ihn dann angezündet. Er schreit nach seiner Mutter. Seine Mutter hat ihn angezündet. Die Trennung von der Mutter ist manchmal schlimmer, als mit ihr zusammen zu sein."[1]

Ob es sich um einen Mangel an Liebe handelt, um Akzeptanz oder gar handfeste Gewalt, das Kind wird sich immer zuerst die Schuld geben. In seinem Weltbild lieben die Erwachsenen das Kind, sie sind Vorbilder und wissen besser als es, was richtig und falsch ist. Es kann also nur ein Motiv geben für den Entzug von Liebe, Bestrafung oder Missbrauch: Das Kind ist schlecht und hat nichts Besseres verdient, es ist der wahre Verursacher allen Unglücks.

So geht mit dem Verlust des Selbstvertrauens immer auch ein Anstieg von Schuldgefühlen einher. Wer sich aber schuldig fühlt, gibt gerne etwas ab, um diese Schuld zu tilgen. Wir machen uns noch kleiner, als wir sind – lassen alle Luft raus –, um neuerliche Missetaten zu vermeiden. Dieses Muster ändert sich auch in unserer Partnerschaft nicht; es ist der Grund, warum wir Kompromisse machen und im Mobile der Abhängigkeiten uns Dinge ans Bein binden, die vollkommen überflüssig sind. Wir fühlen uns schuldig. Es ist das Schuldgefühl des Kindes gegenüber einem Elternteil oder beiden; eine Schuld, die wir als Kind nicht tilgen konnten und nun hoffen, über unseren Partner abzutragen.

Der Partner indes hat damit nichts zu tun, er ist zu einem Stellvertreter geworden für Vater und Mutter, genauso wie wir zu einem Stellvertreter seiner Eltern wurden. Im Tilgen der alten Schuld aber verbiegen wir unsere sexuelle Essenz. Wir verstecken sie und machen sie unkenntlich, so wie damals, früher, als wir in falscher und abhängiger Liebe an unseren Eltern hingen. Das heißt nicht, dass sie ihrem Partner gegenüber Schuldgefühle haben, mit wachsender Reife und steigendem Selbstbewusstsein wird man davon etwas freier. Subtil jedoch sind sie mit ihrem Partner verbunden: Statt an ihrem Elternballon, hängen sie jetzt an ihrem Lebenspartner. Sie tauschen über den Schlauch, der sie verbindet, Energie aus, und geben die

Hoffnung nicht auf, etwas von der in der Kindheit verlorenen Kraft zurückzubekommen. Das kann nicht gelingen. Ihr Partner wird ihnen nie das geben können, was sie an andere abtraten. Den Mangel, den sie in die Beziehung mitbrachten, werden sie behalten: Nichts im Universum kann dies ändern – nur sie selbst.

Zurzeit ist Traumatherapie angesagt. Davor waren es Familienstellen und Co-Abhängigkeitsarbeit, davor Gestalttherapie und davor die Psychoanalyse. Alle Therapien bringen so lange nichts, bis sie anfangen, sich von ihren Eltern und natürlich auch von ihrem Therapeuten zu lösen. Was wollen sie mit einer Therapie erreichen, so lange sie das Übel nicht benennen: dass sie Sohn oder Tochter bleiben wollen, sich weigern erwachsen zu werden.

Von dem argentinischen Gestalttherapeuthen Jorge Bucay habe ich folgenden Witz: „Ein Mann leidet an Enkropesis, auf deutsch: Er scheißt sich in die Hose. Nachdem sein Hausarzt keine physischen Gründe finden kann, schickt er ihn zu einem Psychotherapeuten.

Erstes Ende: Der Mann geht zu einem Psychoanalytiker. Fünf Jahre später trifft er einen Freund. „Hallo, was macht deine Therapie?" „Fantastisch", antwortet der Mann. „Scheißt du jetzt nicht mehr in die Hose?" „Doch, ich scheiß mir immer noch in die Hose, aber ich weiß jetzt wenigstens, warum."

Zweites Ende: Der Mann geht zu einem Verhaltenstherapeuten. Fünf Tage später trifft er einen Freund. „Hallo, was macht deine Therapie?" „Wahnsinn", antwortet der Mann. „Scheißt du jetzt nicht mehr in die Hose?" „Doch, aber inzwischen trage ich Gummihosen."

Drittes Ende: Der Mann geht zu einem Traumatherapeuten. Fünf Wochen später trifft er einen Freund. „Hallo, was macht deine Therapie?" „Super", antwortet der Mann. „Scheißt du jetzt nicht mehr in die Hose?" „Doch, ich scheiß mir immer noch in die Hose, aber ich habe keine Angst mehr davor."

Viertes Ende: Der Mann geht zu einem Gestalttherapeuten. Fünf Monate später trifft er einen Freund. „Hallo, was macht deine Therapie?" „Fabelhaft", antwortet der Mann. „Scheißt du jetzt nicht mehr in die Hose?" „Doch, aber jetzt ist es mir egal."

Fünftes Ende: Entgegen der Empfehlung seines Arztes, einen Psychotherapeuten aufzusuchen, geht der Mann zu einem spirituellen Meister. Fünfzehn Jahre später trifft er einen Freund. „Hallo, was macht deine Therapie?" „Omm", antwortet der Mann. „Scheißt du jetzt nicht mehr in die Hose?" „Doch, aber ist nicht alles erleuchtete Scheiße?"[2]

Mit der Wunde leben

So paradox es klingt, der erste Schritt in Richtung Heilung ist, mit der Wunde zu leben. Nehmen sie einmal an, sie wären als Kind mit der Hand, die sie hauptsächlich benutzen, in eine Kreissäge gekommen. Trotz aller Bemühungen der Ärzte konnte die Hand nicht wieder angenäht werden. Sie müssen mit einer Hand leben. Sie wurden älter, sie haben ihre verbliebene Hand trainiert und können nahezu alles tun, was Menschen können, denen ein solcher Unfall erspart blieb. Sie wissen, dass Hände nicht nachwachsen. Vielleicht gibt es Momente, in denen sie an ihr Handicap erinnert werden, im Allgemeinen aber leben sie gut als Einhändiger. Den ursprünglichen Wundschmerz, die Belastungen der Heilung und die noch einige Jahre andauernden Phantomschmerzen haben sie vergessen. Die Verletzung, die Fleischwunde, haben sie hinter sich gelassen. Was aber ist mit dem Leiden?

Hier gibt es zwei Möglichkeiten: Die erste ist, dass sie sich damit abfinden, mit einer Hand unter Zweihändigen zu leben, und dass ihnen zumeist nicht auffällt, dass sie etwas von anderen unterscheidet. Ihr Handicap betrachten sie nicht als Nachteil, sondern als Herausforderung und selbst bei extremen sportlichen Anforderungen, wie zum Beispiel Freeclimbing, können sie dank technischer Hilfsmittel hervorragend mithalten. Das Wichtigste aber ist: Sie vermissen ihre Hand nicht und müssen auch keinen Bogen um Kreissägen machen. Vielleicht haben sie sogar eine Säge im Haus, mit der sie gelegentlich arbeiten. Sie haben eine Hand verloren. Sie haben sich damit arrangiert und Schock und Trauma zeitnah bearbeitet. Jetzt führen sie ein gesundes Leben ohne Hass und Wut – vor allem aber ohne Angst vor Sägen.

Die zweite Möglichkeit ist, dass sie sich immer dann, wenn sie einen Zweihändigen sehen, was sich schwerlich vermeiden lässt, an ihr Unglück erinnern. Sie beneiden diesen Menschen, um was er alles besser kann als sie, und betrauern, was ihnen entgeht. Kreissägen weichen sie weiträumig aus und Arbeitern, die diese bedienen, schenken sie kritische Blicke. Jemand hätte sie schützen müssen in ihrer Kindheit, schützen müssen vor der gefährlichen Säge, die sie letzten Endes ihrer Hand beraubte. Und da Hände nicht nachwachsen, kann es keine Versöhnung geben. Sie sind beschädigt, und diese Beschädigung soll jeder sehen: so lange, bis sich die Verhältnisse ändern und weltweit nur noch Kreissägen mit Kindersicherung existieren. Bis das so weit ist, hat man sie zu bedauern. Aber auch nicht zu offensichtlich, denn sie wollen ja kein Mitleid; was sie suchen, sind Mitstreiter im Kampf gegen Kreissägen.

Man sollte davon ausgehen, dass reife Menschen bei der Beschäftigung mit ihren Kindheitswunden die erste Möglichkeit des Umgangs mit dem Leiden wählen. Schließlich ist die Kindheit vorbei und ein früher Mangel an Liebe kann nicht nachträglich kuriert werden. Schläge oder einen Inzest kann niemand zurücknehmen. Was geschehen ist, ist geschehen, aber das Leben geht weiter. Was ihnen genommen wurde, werden sie nie zurückerhalten. Es bleibt eine Narbe. Aber hat nicht jeder eine Narbe? In Partnerschaften wählen wir meist die zweite Möglichkeit: Wir lassen unseren Partner mit und für uns leiden. Wir sind die mit dem Handicap, die, denen etwas angetan wurde. Und wenn nicht unser Partner, wer soll denn sonst unser Mitstreiter sein für eine faire Welt, in der Täter einer harten Strafe zugeführt werden? Der Partner muss Verständnis haben, angesichts so viel Ungerechtigkeit und Leid, wie es uns widerfahren ist. Hat er es nicht, ist er ein herzloser Klotz. Hier müssen wir dann mit Zermürbung arbeiten und unsere unversöhnliche Wut mobilisieren. Niemand hält dies lange aus, ohne sich irgendwann schuldig zu fühlen: Ein neuer Verbündeter ist gewonnen.

Der Wunsch nach Bestrafung von Tätern ist aus Sicht von Betroffenen verständlich. Dennoch ist es gut, dass wir in einem Rechtsstaat leben und nicht jeder jeden, der ihm etwas angetan hat, am nächsten Baum aufknüpfen kann. Bei Rachegedanken geht es nicht um Strafe. Opfer fordern weit mehr, sie fordern eine Läuterung und Umerziehung.

Ob sie sich versöhnen oder nicht, ob sie vergeben oder nicht, hat in keiner Weise etwas mit ihrem inneren Frieden zu tun. Frieden beginnt, wenn sie das Geschehene, so schlimm es auch war, als geschehen, als Vergangenheit, als vorbei annehmen. Dann können sie beginnen zu leben, neue Erfahrungen zu machen und werden sich auch nicht mehr fürchten, wenn ihr Partner eine Kreissäge ins Haus holt.

Erinnern wir uns: Die meisten Verletzungen, die dem kindlich Weiblichen zugefügt wurden, sind Verletzungen durch den Vater. Das heranwachsende Männliche hingegen wurde oftmals von der Mutter kastriert. Auf das Beispiel mit der Kreissäge übertragen bedeutet dies: Jeder soll gefälligst seine sexuelle Essenz aus der Beziehung raushalten. In dem Schutzraum, den wir uns einrichten, ist für übergriffiges Männliches und manipulierendes Weibliches kein Platz. Das ist gut, wenn es wirklich um übergriffige oder manipulierende Anteile geht.

Da sie aber ihre Verletzung nicht haben heilen lassen, sondern immer wieder an dem Schorf und der Narbe kratzen, ist für sie als Frau alles Männliche übergriffig beziehungsweise für sie als Mann alles Weibliche manipulierend. Hinter jeder Ecke können Sägen stehen: Kreissägen, Stichsägen, Bandsägen. Kettensägen mit Elektro- oder Benzinantrieb. Und dann gibt es noch die kleineren Handsägen, die haben ihnen zwar nichts getan, aber Säge bleibt Säge. Sie schließen einen Vertrag: „Wenn dir meine sexuelle Essenz Angst macht, lasse ich sie größtenteils draußen. Dafür möchte ich, dass du die Teile deiner sexuellen Essenz, die mich erschrecken, ebenfalls weglässt."

Sie möchte von ihm eine liebe, freundliche und zuvorkommende Essenz von Präsenz und Führung sehen. Der aggressive und stürmische Anteil, überhaupt alle Anteile, die ihr am Männlichen nicht gefallen, sollen wegbleiben.

Er wünscht sich sexuelle Offenheit und Hingabe, aber bitte ohne große weibliche Dramatik. *Er* wünscht sich weibliche Essenz nach den Regeln männlicher Vernunft. Die dunkle Seite der Frau, das Manipulierende oder die rasende Göttin, haben in der Beziehung nichts zu suchen. Und die negativen Qualitäten ihrer sexuellen Essenz wollen beide überhaupt nicht sehen. Da ohnehin schon alles sehr kompliziert ist, wird das gesamte Männliche und Weibliche, das nicht *political correct* bzw. *spiritual correct* ist, ausgesperrt. Natürlich auch die Leidenschaft, denn was unterscheidet eine Vergewaltigung von wildem Sex? Es ist Liebe und es ist Freiwilligkeit – die Heftigkeit kann sehr ähnlich sein. Diese Ekstase vermeiden wir. Für „hungernde Liebe" aber hat sich jeder von uns viele Male verletzen lassen.

Noch einmal zurück zur Säge: Bei dem verlorenen Arm sehen

sie ein, dass dieser nicht nachwächst. Warum wollen sie das partout bei seelischen Verletzungen nicht einsehen? Ihre Eltern werden sich nicht für ihre Erziehung entschuldigen. Ihr Vater und ihre Mutter werden sie nicht plötzlich trösten und ihnen alle vorenthaltene Liebe geben. Die Dinge waren, wie sie waren, und sie sind vorbei.

Kennen sie die Geschichte von dem großen Elefanten mit der Kette um ein Bein, der an einem winzig kleinen Holzpflock angebunden ist? Es ist ein großer indischer Elefant und er bräuchte nur einmal das Bein etwas heftiger zu bewegen und schon wäre er frei. Der Holzpflock jedenfalls ist viel zu klein und steckt nicht tief genug in der Erde, um einen großen Elefanten festzubinden. Trotzdem, der Elefant kommt nicht auf die Idee, sich loszureißen. Haben sie eine Ahnung, woran das liegen könnte? Dem Elefanten geht es wie ihnen, er kann sich nicht vorstellen, dass in dem Moment, wenn er sich bewegt, sich alles verändert. Dass er frei ist. Als Babyelefant hat er gelernt, dass er den Holzpflock nicht ausreißen kann. Bis heute hat er es nicht wieder probiert.

DIE WUNDEN UND IHRE FOLGEN

Die meisten von ihnen haben die vorausgegangenen Absätze wahrscheinlich als weit hergeholt und dramatisch empfunden. Sie haben damit nichts zu tun. Ihre Kindheit war im Großen und Ganzen nicht unglücklich und sie sehen sich auch in keiner Weise als Opfer irgendwelcher Übergriffe seitens ihrer Eltern. Alles war gut; schließlich haben sie eine hervorragende Erziehung und Ausbildung bekommen. Ewas, das ihnen jetzt als Erwachsener nutzt. Können sie sagen, dass sie immer um ihrer selbst willen geliebt wurden? Wenn das so ist, frage ich mich, warum sie dieses Buch lesen, denn dann haben die hier behandelten Themen mit ihnen tatsächlich nichts zu tun. Wurde allerdings nur ein winziger Teil von ihnen verbogen, haben sie zum Beispiel gelernt ihre Aggressionen zurückzuhalten oder sie haben gelernt im richtigen Moment richtig zu lächeln, dann gehören sie zu den Verletzten. Sie wollen jetzt sagen, dass ich übertreibe. Dann lassen sie sich sagen: „Nichts wird so leicht für Übertreibung gehalten wie die Schilderung der reinen Wahrheit."[3]

Es ist auch unbedeutend, wie sie ihre Geschichte im Rückblick bewerten, sie spiegelt sich in den Rollen, die sie in ihrer Beziehung einnehmen.

Sind sie eher ein Retter oder ein Opfer in ihrer Partnerschaft? Pendeln sie zwischen beiden? Und welche Rolle nimmt ihr Partner ein? Wenn sie ein Retter sind, was machen sie, wenn ihr Partner nicht gerettet werden will? Werden sie zum Täter, zum Diktator, zu einem, der besser weiß, wo Rettung nötig ist, als der Betroffene? Wenn sie ein Opfer sind, was machen sie, wenn der Partner kein Mitleid mit ihnen hat? Werden sie dann zum Täter, der anderen Hartherzigkeit vorwirft, Unterstützung und Verständnis einfordert – gnadenlos?

In Partnerschaften bewegen wir uns immer zwischen den Rollen Retter-Opfer-Täter, und zwar genau in dieser Reihenfolge.

Vater und Tochter – Mutter und Sohn

Als Retter neigen wir dazu, gegenüber dem Partner eine Vater- oder Mutterrolle einzunehmen. Als Opfer schlüpfen wir geschwind in die Sohn- oder Tochterrolle. Eine zeitlang genießen wir diese Rollen, bis es uns zu viel wird. Dann wehren wir uns heftig und schlagen, zumindest verbal, auf den Partner ein: Wie kann er uns so schändlich behandeln. Hat sich diese Empörung gelegt, nutzen wir alle Vorteile, die sich aus der Rolle ergeben wieder gnadenlos aus. Wir pendeln dabei immer zwischen beiden Rollen: In manchen Situationen sind wir Väter und Mütter, in einer anderen Söhne und Töchter.

Vater und Tochter
Ich neige zur Retter- und Vaterrolle. Natürlich bin ich der gute, der fördernde und unterstützende Vater. Ich versuchte meiner Frau all das zu geben, was sie in ihrer Kindheit, bei ihrem leiblichen Vater, vermisste. Das ist vor allem eine Unterstützung in weltlichen Dingen. Je länger das geht, je mehr Unterstützung ich gebe, umso mehr Wut, diese Rolle angenommen zu haben, steigt in mir auf. Wird dann eine gewisse Grenze überschritten, werde ich zum Täter, der alle noch so berechtigten Bitten um Unterstützung brüsk zurückweist. Nahezu jeder Mann kennt diese Rolle und kaum ein Mann ist in der Lage rechtzeitig die Notbremse zu ziehen. Es ist ja auch viel Selbstbestätigung damit verbunden, ein guter, ein wirklich guter Vater zu sein.

Aber was ist der Preis für diese Rolle und was bekommen sie als Vater? Zumindest bekommen sie eine Tochter, die nicht erwachsen wird und in einer gewissen Weise unselbstständig bleibt. Eine Tochter, die sie braucht. Eine Frau könnte sie verlassen, eine Tochter aber bleibt bei ihrem Vater. Der große Nachteil ist, dass gute Väter nicht mit ihren Töchtern schlafen.

Und was bringen Frauen, die gerne Tochter sind, mit in eine Beziehung? Am Anfang ist es mit Sicherheit der Triumph, den Vater herumgekriegt, ihn ins Bett bekommen zu haben. Hier wird ein alter, energetischer Missbrauch wiederholt. Später ist es dann eine bequeme Rolle, denn Vater wird schon alles regeln.

Einerseits nutzt die Tochter den Vater aus und nimmt seine Geschenke, andererseits verachtet sie ihn dafür, dass er mit ihr ins Bett will.

Das kann nicht gut gehen. Müde vom Kämpfen gibt der Vater irgendwann auf und flüchtet in Onanie oder Affären. Die Tochter ist dann empört, und zwar sowohl in der Tochterrolle wie auch als Partnerin. Sie ist eine doppelt Betrogene und hat jetzt erst recht einen Anspruch auf Unterstützung. Ihre Verachtung steigt von Tag zu Tag. Aus dem Retter und Ritter ist ein armer Hund geworden, der machen kann, was er will, und am Ende doch nur einen Tritt bekommt.

Ein Ausstieg aus diesem Teufelskreis ist nur möglich, wenn der Partner aus der Vaterrolle komplett aussteigt. Das heißt konkret, auf keine Forderungen oder Bitten der Tochter mehr eingeht – die Tochter des Hauses verweist –, damit wieder Platz für die Partnerin, die Frau entsteht. Das wird nicht ohne Kämpfe gehen, denn die Tochter hat sich in ihrer Rolle eingerichtet, und Verachtung loszulassen, ist schwierig. Es ist deshalb so schwierig, weil Verachtung immer Selbstverachtung ist – ein Mangel an Selbstliebe.

Wenn sie ein Mann sind und zum Retter neigen, dann sollten sie endlich damit anfangen ihrer Partnerin wirkliche Liebe zu schenken, statt den guten Vater zu machen, auch wenn es weh tut. Und wenn sie Tochter sind, dann hören sie endlich auf zu schmollen, wenn ihr Partner ihnen nicht jeden Wunsch augenblicklich von den Lippen abliest. Werden sie endlich erwachsen, denn sonst beginnt ihr Partner eine Affäre mit einer anderen, einer richtigen Frau.

Mutter und Sohn

Nahezu alle Frauen, die ich kenne, spielen gerne Mutter für ihren Partner. Sie glauben zu wissen, was für den Jungen gut ist:

was er fühlt, wie er sich ernähren soll, wann er zu viel trinkt, welche Kleidung ihm steht. Überhaupt glauben Frauen mehr über das Leben ihrer Männern zu wissen als die Männer selbst. Bei meinem Freund Karl geht das so weit, dass seine Frau ihn morgens weckt und zur Arbeit schickt, für ihn Arzttermine vereinbart, überhaupt: Sie organisiert den größten Teil seines Lebens. Karl ist Sohn aus vollem Herzen. Und da in einer solchen Beziehung sexuell ohnehin nichts mehr läuft, besucht Karl eine Tantragruppe nach der anderen, vergnügt sich mit der einen oder anderen Affäre, um, wenn er Hunger hat, wieder zurück nach Hause an den Futtertrog zu kommen.

Bestimmt fragen sich jetzt viele, warum lässt Karls Frau sich das bieten. Ganz einfach: Sie ist in der Mutterrolle, und diese Rolle hat sie gewählt, um nicht wütend zu werden. Diese Antwort befriedigt sie nicht, also gehe ich eine Schicht tiefer. Karls Frau Andrea ist wohlbehütet in einer Lehrerfamilie aufgewachsen. Sie hat nie streiten gelernt und Aggressionen hatten in der Idylle des Bildungsbürgertums keinen Platz. Ihr Lebensmotto ist also: Stillhalten und Reinfressen. Würde sie Karl gegenüber die Rolle der Frau annehmen, hätte sie bei seinen Eskapaden schon längst zur rasenden Göttin werden müssen. Die Scherben von zerborstenen Gläsern wären dann nur ein Nebeneffekt, ein Kolateralschaden. Solche Aggressionen aber passen nicht in Andreas Weltbild. In der Rolle der Mutter kann sie zwar ärgerlich werden – aber es bleibt eben Ärger. Ärger über einen ungezogen Jungen, der sich weigert erwachsen zu werden. Beide haben etwas von der Situation: Sie muss sich nicht ihrer Aggression stellen und er kann das Leben eines Sohns und Träumers führen. In der Partnerschaft vermeiden beide Entwicklung.

Erinnern sie sich an das Mobile und daran, dass beide Partner immer miteinander verbunden sind? Karl wird seine Tollheit steigern, bis sie irgendwann richtig auf den Tisch haut. Da sie aber nie gelernt hat mit Aggression umzugehen, wird sie so heftig explodieren, dass die Beziehung danach zu Ende ist. Frauen, die zur Mutterrolle neigen, haben immer Schwierigkeiten sich ihren dunklen Anteilen zu stellen. Diese werden dann auf den Sohn projiziert oder wie bei Karl und Andrea sogar ersatzweise vom Partner in der Sohnrolle gelebt. Wenn sie als Frau in einer solchen Rolle feststecken, lassen sie sich sagen: Es gab eine Zeit vor ihnen und es wird eine Zeit nach ihnen geben. Ihr Mann wird auch ohne sie überleben. Setzen sie sich mit ihren dunklen Seiten auseinander und finden sie ihre Wut.

In Persien sagt man: „Eine Frau ist so lange Geliebte, bis sie ein Kind bekommt, danach ist sie Mutter." Und in China sagt man: „Wenn das Kind groß wird, wird die Mutter eine alte Frau." Beide Sprüche bringen die Mutterrolle in Partnerschaften auf den Punkt.

Wollen sie das?

Und wenn sie Sohn sind, dann sollten sie sich eine Männergruppe suchen. Fangen sie an ihr Ding zu machen – etwas wo Frauen nicht vorkommen. Denn sonst wechseln sie nur die Mama, die ihnen den Hintern abwischt.

Kastrations- und Missbrauchswunden

Sie haben jetzt ein grobes Verständnis bekommen, wie sie in ihrer Beziehung durch die Übernahme von Rollen Sexualität neutralisieren. Doch warum übernehmen sie diese Rollen als Vater, Mutter, Sohn oder Tochter?

Ganz einfach: Das Beziehungsmobile hängt schief. Sie übernehmen auch nicht einfach eine Vater- oder Mutterrolle, sondern sie wollen der gute Vater beziehungsweise die gute Mutter für ihren Partner sein. Sie wollen ihrem Partner in bester Absicht etwas schenken.

Beginnt eine Partnerschaft, bringen beide ihre Geschichte mit. Und zu dieser Geschichte gehören alle alten Kindheitsverletzungen. Verletzungen, die vom wirklichen Vater oder der wirklichen Mutter zugefügt wurden. Das sind keine absichtlichen Verletzungen, dennoch haben sie sich eingebrannt. Es sind die Backsteine im Rucksack, den wir ein Leben lang mit uns herumtragen. Es sind unsere Kastrations- und Missbrauchswunden. Kastrationswunden werden verursacht, wenn unsere ursprüngliche Essenz nicht geduldet oder beschnitten wird. Missbrauchswunden hingegen entstehen, wenn unsere Essenz ausgenutzt wird. Beide Verletzungen können gleichermaßen Männern wie Frauen geschehen.

Menschen mit einer Missbrauchswunde suchen sich häufig einen Partner mit einer Kastrationswunde, denn dieser bereits Kastrierte kann den Missbrauch nicht wiederholen. Auch die Kastraten haben einen Vorteil davon, denn es bleibt ihnen erspart, die Suche nach ihrer sexuellen Essenz anzutreten. In der gemeinsamen Vermeidung, dem Schmerz ins Auge zu sehen, arrangieren sich Missbrauchte und Kastrierte wunderbar. Sie können mit dem Finger auf den jeweils anderen zeigen und sagen: „Es ist deine Wunde, welche die Entwicklung verhindert. Komm du erst mal in deine Energie, mach deine Hausaufgaben. Werd ein richtiger Mann, eine richtige Frau."

Holt der aber so Gescholtene dann seine sexuelle Essenz, die Kreissäge, ins Haus, ist das Geschrei groß: „Wie kannst du mir das antun, ich bin noch nicht so weit." Es ist aber keineswegs so, dass Kastrierte und Missbrauchte in solchen Beziehungen nur Opfer sind, denn spätestens beim Einfordern ihres Opferdaseins werden sie zu gnadenlosen Tätern.

Um dies klarzustellen: Hier ist nicht die Rede von Missbrauch durch Penetration oder der physischen Kastration, der Entmannung durch Abschneiden der Hoden. Hier geht es vor allem um die kleineren, die subtilen, manchmal nur erahnbaren Übergriffe. Die Kastrationen und der Missbrauch, der fast jedem in der einen oder anderen Form widerfahren ist und für den wir niemals diese starken Worte benutzen würden.

Solange wir uns aber weigern, die Wunde als das zu bezeichnen, was sie ist, widersetzen wir uns anzuerkennen, dass die Hand ab ist und nicht nachwächst. Die Verweigerung aber, den Tatsachen ins Auge zu sehen, die Dinge, die wir nicht mehr ändern können, wenigstens zu benennen, lässt uns im Leiden verharren. Das Leiden fordert dann von beiden Partnern in Kastrations-Missbrauchs-Beziehungen einen hohen Tribut: nämlich ihre jeweilige sexuelle Essenz vor der Haustür abzulegen und vor dem Eintreten die faire neutrale Tarnkappe überzuziehen.

Wenn wir uns im Detail mit den jeweiligen geschlechtsspezifischen Kastrations- und Missbrauchswunden auseinandersetzen, werden wir schnell feststellen, dass nahezu alle Beziehungen Kastrations-Missbrauchs-Beziehungen sind. Wir werden uns wundern, mit wie vielen Paaren wir im gleichen Boot sitzen. Das könnte tröstlich sein, hätte es nicht einen Pferdefuß: In einer Gesellschaft von Einhändigen fällt der Einhändige nicht mehr auf, er ist nichts Besonderes. Wer aber den Opferstatus verliert, verliert auch die Legitimation, klagend und mahnend den Zeigefinger zu heben. Wir müssten uns abfinden mit unseren Verletzungen und könnten vom Partner nicht mehr verlangen, dass er außerordentliche Rücksicht auf uns nimmt. Das entlastet uns nicht vom Schmerz der Nachwehen, es lenkt ihn aber dahin, wo er hingehört: zu uns selbst und nicht in die Beziehung.

Nahezu alle Männer, die ich kenne, wurden auf die eine oder andere Art kastriert. Entweder geht es ihnen wie mir, dass sie

Söhne gebrochener Heimkehrer sind, oder sie sind vaterlos aufgewachsen oder hatten das Pech in einer Zeit groß zu werden, in der das Männliche für alle Schlechtigkeit in der Welt herhalten musste.

Missbrauch des Weiblichen ist bereits seit über zwanzig Jahren ein Thema. Bei den Teilnehmerinnen an meinen Workshops liegt der Anteil mit einer Missbrauchserfahrung ziemlich konstant bei etwa achtzig Prozent. Noch einmal: Wir reden hier nicht von Penetration und dem klassischen Inzest. Ein Missbrauch ist schon, eine unangemessene Rolle übernommen zu haben – vollkommen freiwillig versteht sich.

Kastrationswunden

Bei Kastrationswunden wird uns immer der vitale und aktive Teil unserer kindlichen sexuellen Essenz, den ein anderer nicht ertragen kann oder der nicht zum Zeitgeist passt, genommen. Jungs werden Kastrationswunden zugefügt, indem Vater oder Mutter den männlichen Ausdruck des Jungen beschneiden.

Dies tun Väter gerne, wenn sie selbst einen kastrierenden Vater hatten und ihrerseits entmannt wurden. Nicht umsonst gibt es den Spruch, die erste Generation verdient das Vermögen, die zweite erhält es, die dritte verprasst es. Hier wird nicht nur Geld vererbt, sondern auch die Kastration weitergereicht: Dem charismatischen Gründer folgen über mehrere Generationen immer größere Weicheier, auf die er mit Verachtung blickt. Zuzuschreiben hat er sich diese Entwicklung allerdings selbst, sie liegt in seinem patriarchalischen Führungsstil, der keine Potenz außer der eigenen duldet. Er aber denkt: „Ist es nicht so, dass jeder, der sich nicht wehrt, selbst schuld ist; dass manche eine Menge Dreck fressen müssen, ehe sie sich erheben?" Was er dabei vergisst, ist, dass er seinen Söhnen die Kraft nahm, bevor sie sich entwickeln konnte.

Mütter, die ihren Sohn entmannen, wurden oftmals selbst verletzt. Die Solidarität, die sie mit den zukünftigen Freundinnen und Geliebten ihres Sohnes verbindet, aber auch die Verachtung alles Männlichen ist größer als die Liebe zu ihrem Kind. Eine solche Mutter wünscht sich nichts mehr, als dass ihr Sohn anders wird als die Männer, die ihr Leid zufügten; dass er nie zu einem Täter wird.

Und weil die Väter in solchen Beziehungen ebenfalls um ihr Mannsein kämpfen, kann der Sohn von ihnen keine Unterstützung erwarten. Er wird dem Vater nicht im Wege stehen, wenn dieser seiner Frau wieder einmal beweisen will, was ein richtiger Mann ist. Er wird sich aber auch bemühen, seiner Mutter keine Schande zu machen. Er wird bedauern, dass er nicht als Mädchen geboren wurde, und fortan seine weiblichen Anteile mehr fördern als seine männliche Essenz. Er wird sie so lange fördern, bis auch der letzte Anteil echter Männlichkeit verdeckt ist. Dann wird er eine Maske aufsetzen, die der seines Vaters ähnlich ist, hinausmarschieren in die Welt und Frauen beweisen, dass sich ein richtiger Mann nicht kleinkriegen lässt. Zerbrochen ist er längst.

Helen, eine alleinerziehende Mutter, die von ihrem Mann für die Haushälterin verlassen wurde, sagte vor vielen Jahren einmal zu mir: „Das Schlimmste, was ich meinem Ex-Mann antun kann, wäre, wenn sein Sohn schwul wird. Ich lege es manchmal darauf an."

Eine gesellschaftlich betriebene Kastrationswelle überrollte in den 70er und 80er Jahren die entwickelten Länder. Mit der Gewalt eines Tsunamis fegte sie nahezu alles Männliche aus Krabbelstuben, Kindergärten, Vorschulen und machte selbst vor Pubertierenden nicht halt. Dies war die Woge der friedens- und frauenbewegten Pädagogik und der Beginn der geschlechtsneutralen Erziehung. Hier wurde alles, was nicht ins Konzept passte, phallisch gedeutet und auch die kleinste penetrierende Tendenz gejätet und ökologisch korrekt entsorgt. Mädchen erfasste die gesellschaftliche Kastrationswelle ebenso. Ihre weibliche sexuelle Essenz wurde zwar nicht massiv unterdrückt, doch sie wurde getadelt. Dies war nämlich nicht nur die Zeit der Kuschelpädagogik, sondern auch die Zeit, in der Mädchen sich früh darauf vorbereiten sollten, in einer harten, von Männern dominierten Welt zu überleben. Die Kinderläden jener Zeit förderten dann auch bei Mädchen die als gutartig klassifizierten männlichen Qualitäten mehr als ihre weibliche sexuelle Essenz.

Diese Pädagogik lag ganz im Trend der Eltern und deren Befreiung vom klassischen Rollenmodell. Und ist es denn kein berechtigtes Anliegen, dass es der Tochter besser geht, dass sie es einfacher hat und nicht festgelegt ist auf die Rolle „Hausfrau mit Nebenerwerbstätigkeit"? Alles war gut gemeint und gut durchdacht, nur der Ansatz war falsch, nämlich die erfolgversprechenden männlichen Qualitäten zu fördern, zulasten der weiblichen Essenz, anstatt aus den weiblichen Qualitäten Erfolge zu machen. Tief drinnen schwingt da etwas nicht synchron. Und diesen Mangel spürt die Frau, die in der Welt mit männlichen Methoden sehr erfolgreich ist, wenn sie sich nach Sehnsucht und Hingabe verzehrt, aber um nichts in der Welt ihre Kontrolle aufgeben würde.

In einer amerikanischen Mann-Frau-Gruppe, an der ich 1998 teilnahm, ließ der Trainer Frauen, die sich mit der Männerrolle identifizierten, für einen Tag lang einen Dildo tragen. Am Anfang war der Widerstand heftig, aber alle machten das Spiel mit. Die Frauen bestätigten nach dieser Übung, dass sie sich im Alltag tatsächlich oft so fühlten, es aber einen Teil tief in ihnen gibt, der diese Rolle lieber gestern als morgen loslassen möchte. Zu den Kastrationswunden gehören auch die Verletzungen der Ungeliebten. In ihrer Welt, tief in ihnen, muss es etwas geben, was sie unliebenswert macht. Ein Teil ihres Seins, ihrer sexuellen Essenz, ist nicht würdig geliebt zu werden. Da der Wunsch nach Liebe uns aber fast alles tun lässt, ist es kein Wunder, dass sie diese Stelle suchen und aus sich herausschneiden, um endlich liebenswert zu sein. Sie reißen sich alle Essenz aus dem Leib, um am Ende festzustellen: Ich bin und bleibe ungeliebt.

Es ist ein großer Trugschluss, zu glauben, wenn man sich nur genug verbiegt, würde man etwas dafür bekommen: Das Gegenteil ist der Fall: Die sich bis zur Unkenntlichkeit Verstümmelten erhalten nur Verachtung.

Eine spezielle Form von Kastration nehmen Mädchen an sich vor, wenn das einzig weibliche Vorbild, die Mutter, sich überwiegend mit der falschen Weiblichkeit ihrer Maske zeigt. Dieses Weibliche verkörpert dann all das, was das Mädchen nie sein will: Es lügt, ist manipulativ, falsch und voller Zickigkeit. Wird diese negative Weiblichkeit mit Frausein assoziiert, ist klar, warum sich ein Mädchen von ihrer Essenz abwendet. Zuflucht findet es beim Vater, der seine Frau schon lange nicht mehr erträgt und bereitwillig seine männlichen Werte weitergibt.

Eine andere Form von Selbstkastration entsteht, wenn die Vorbilder nicht vertrauenswürdig oder sehr wechselhaft sind. In diesem Falle wird ein Kind sowohl seine männliche wie weibliche Essenz weitgehend zurücknehmen, denn zu groß und unberechenbar ist die Gefahr, dass die Erwachsenen aus einer plötzlichen Laune heraus willkürlich und ohne jeden Zusammenhang reagieren.

Fast alle von uns haben eine oder mehrere Kastrationswunden. Und ist diese Wunde noch so klein, die anderen Kastraten und Missbrauchten werden sie erkennen und ihre Netze auswerfen. Eine Frage, die sich Kastraten täglich stellen sollten:

Bin ich mir treu geblieben und meinen Weg gegangen

oder habe ich mich verbogen? Hab ich's auf meine Art gemacht oder hab ich's meiner Frau – Ersatzmama, meinem Mann – Ersatzpapa recht gemacht?

Grandiosität und Feigheit

Kastraten pendeln im Alltag zwischen Größenwahn und Angst. Sie mussten sich in ihrer Kindheit eine sehr dicke Schutzschicht zulegen, die viele von ihnen sogar körperlich, beim Atmen spüren. Sie fühlt sich wie ein zu enger Gürtel an und liegt ungefähr auf Herzhöhe. In Stresssituationen haben Kastraten oftmals das Gefühl keine Luft zu bekommen beziehungsweise sehr flach zu atmen. Eine andere körperliche Wahrnehmung von Kastraten ist, dass sie eine Trennung in ihrem Körper spüren: Etwa drei Fingerbreit unter dem Nabel endet der eigentliche Körper. Ein Zugang zum Sex ist damit nur selten oder aufgesetzt möglich. Diese Phänomene sind spürbar, wenn sie sich sehr genau beobachten. Dafür müssen sie zumindest ihre Schutzschicht erreicht haben, aus der Maske ist ihnen dieser Zugang verwehrt.

Durch die Kombination von Größenwahn und Furcht sind Kastraten Angstbeißer. Sie schnappen zu, lange bevor es einen Grund dafür gibt. Das ist keine Boshaftigkeit, es ist die grenzenlose Angst vor erneuter Kastration, vor der Wiederholung einer schrecklichen Erfahrung. Kastraten sind, auch wenn sie aus ihrer Maske heraus anders wirken, in ihrem Inneren verzweifelt, denn sie finden keinen wirklichen Zugang zu ihren Gefühlen. Im Außen aber sind sie oftmals sehr erfolgreich, denn die Maske muss bestätigt werden. Das kostet Energie – Energie, die für Sexualität in der Partnerschaft nicht mehr zur Verfügung steht.

Das Dilemma, auf das Kastraten bei Wachstum stoßen, ist, dass sie ihre äußerst erfolgreiche Maske loslassen müssen. Das ist schwierig, denn genau aus dieser Maske ziehen sie ihre Errungenschaften und ihre Selbstbestätigung.

Dennoch liegt ihr wahres Potenzial im Kern, der sich, wenn überhaupt, am Anfang unsicher und verkümmert anfühlt. Die Forderung von Kastraten ist daher, dass doch der andere den ersten Schritt machen soll, denn sie selbst haben ja das kleinere Problem. Falls sie überhaupt eines spüren.

Missbrauchswunden

Bei Missbrauchswunden wird uns nichts genommen, wir werden nicht kastriert, sondern ausgenutzt. Erwachsene Personen, zumeist unsere Eltern, nähren sich am Saft unserer frischen sexuellen Essenz. Ihren Kern haben sie unter einer dicken Schutzschicht und Maske begraben; um aber dennoch ein wenig den Geschmack von Essenz zu bekommen, brauchen sie eine Transfusion.

Missbrauch hat etwas von Vampirismus, und auch wenn der Mythos des Vampirs bei den meisten Horror hervorruft, tragen sehr menschliche Bedürfnisse und Gelüste zu seiner Faszination bei: Geben und Nehmen. Der Vampir nimmt seinem Opfer Blut und schenkt ihm dafür – zumindest in vielen Adaptionen des Stoffes – eine gewisse masochistische Lust. Die erotische Begegnung – der Biss oder Kuss des Vampirs – bringt dabei unweigerlich den Tod beziehungsweise den Verlust der Seele.[4]

Am Anfang betteln und bitten sie, dann bieten sie Liebe oder drohen mit Liebesentzug, und wenn auch das nicht reicht, greifen sie zu handfesteren Mitteln. Sie brauchen unsere sexuelle Essenz, so wie der Junkie seinen Dealer. Das Suchtpotenzial der Erwachsenen ist äußerst hoch, und trotz aller Verachtung schenkt ihnen ein Teil von uns gerne, was sie wollen. Es ist ein Geschenk der Liebe. Aber auch mit der Hoffnung verbunden, endlich als Kind gesehen und geliebt zu werden und nicht nur als Spritze, mit der sich die Schmarotzer einen verjüngenden Schuss setzen.

Missbrauchsrollen sind Stellvertreterrollen, und die werden gerne angenommen. Ein Junge wird dabei zum besseren Mann der Mutter. Sie saugt an seiner Männlichkeit, weil entweder kein anderer Mann vorhanden ist oder der vorhandene Mann längst nichts mehr zu geben hat. Es ist kein Wunder, wenn sich dieser Junge spätestens in der Pubertät vor die Mutter stellt und versucht, den Vater zu entmannen. Natürlich hat er dabei nicht die Kraft eines wirklichen Mannes, sondern trägt nur die Maske eines halbstarken Machos. Und auch unter der Maske ist keine männliche Essenz zu finden, eine weibliche Schutzschicht schützte sie vor weiteren Zugriffen der Mutter.

Seinen leiblichen Vater wird er damit nicht erschrecken, aber alleinerziehende Mütter können ein Lied davon singen, wie ihre vorpubertären Söhne jeden halbwegs interessanten Beziehungskandidaten des Hauses verweisen. Beschweren sollten sie sich dennoch nicht, denn das haben sie sich selbst zuzuschreiben. Zuerst machen sie den Sohn zum Mann und plötzlich soll er wieder Kind sein; das kann nicht klappen.

Eine meiner Bekannten hat so einen Sohn. Er ist zwölf und riecht förmlich, wenn seine Mutter einen Mann begehrt. Dann spuhlt er langsam steigernd das gesamte Terrorprogramm ab, so lange, bis der Mann genervt flüchtet. Nina fürchtet sich mittlerweile vor ihrem Sohn. Einem Mann die Kompetenz einzuräumen, ihm Grenzen zu setzen, käme ihr trotzdem nicht in den Sinn. Zu groß ist das Schuldgefühl, dass sie sich von seinem Vater trennte.

Mädchen springen gern auf Papas Schoß, und das ist vollkommen normal. Sobald sie aber die kleine Prinzessin werden, Papas Traumfrau, beginnt der Schmarotzer in Papa sich an ihrer Essenz zu laben. Mädchen geben gerne, denn sie bekommen viel zurück, sie bekommen eine Rolle, die sie mit Stolz erfüllt, eine Rolle, aus der weiblicher Narzissmus wächst: Sie sind die beste

Frau für ihren Vater. Jedenfalls besser als ihre Mutter. Sie wissen, was der Mann braucht, und sind in ihrer kindlichen Omnipotenz bereit, alles zu geben.

Hier hat der Missbrauch längst begonnen, selbst wenn Papa beginnt, sich wieder abzugrenzen, sich daran zu erinnern, dass es die Tochter ist, die auf dem Schoß sitzt. Bereits im ersten Moment, in dem der Vater seine Rolle verlassen hat und ein wenig von der Essenz des Mädchens oder der Pubertierenden naschte, in diesem kurzen Moment zog sich die maskuline Schutzschicht über ihrer femininen Essenz zusammen. Der Zugang zur unschuldigen Essenz bleibt damit für den Vater verschlossen.

Die Tochter wird uninteressant. Sie muss also, um weiterhin die Vaterliebe zu bekommen, neue verlockende Eigenschaften entwickeln. So entsteht, viel zu früh für ihr Alter, ihre Maske. Es ist die feminine Maske aus Koketterie und Narzissmus. Es ist die Maske, die die Tochter aufsetzt, wenn sie mit der Mutter in einen eisigen Endkampf um den Vater tritt; mit der Mutter kämpft, wer die bessere Frau für den Vater ist. Jedem Mädchen ist zu wünschen, dass es den Kampf mit der Mutter oder Stiefmutter verliert. Ein verlorener Kampf senkt nämlich das Risiko eines Inzests erheblich. Aber unabhängig davon, ob sie gewinnt oder verliert, ihre wahre feminine Essenz bleibt unerreichbar.

Die Teilnehmerin eines Workshops erzählte, dass sich ihre Eltern trennten, als sie zwei Jahre alt war. Seither zeigte ihr leiblicher Vater kaum Interesse für sie. Als er sie dennoch als Zwölfjährige in einen Urlaub mitnahm, nutzte sie die Situation: Sie zog sich Reizwäsche an und überraschte ihn in seinem Hotelzimmer. Ihr Vater stieg nicht auf dieses offensichtliche Angebot ein. Dennoch muss da subtil etwas geschwungen haben, denn Zwölfjährige kommen nicht von alleine auf solche Ideen.

Viele Frauen wollen, obwohl offensichtlich, einen solchen

energetischen Missbrauch nicht sehen. Sie schützen die Täter, weil sie etwas von ihnen haben wollen, zum Beispiel die vorenthaltene Vaterliebe.

Kennen sie das Bild des Reiters, der seinem Pferd an einem Ast eine Rübe vor das Maul hält, damit es schneller läuft? Das Pferd wird die Rübe nie bekommen. Genauso verhält es sich mit der Vaterliebe: Sie kriegen sie nicht.

Eine andere Missbrauchswunde entsteht, wenn kein Vorbild vorhanden ist. Hier wird zwar keine Essenz abgesaugt und missbraucht, aber es ist auch nichts Nährendes vorhanden. Die sexuelle Essenz hungert und verkümmert. Es ist ein Verlassensein, und würde niemand dem Kind ab und zu einen Teller Essen hinstellen, würde es auch physisch verhungern.

Eine Missbrauchswunde ist es, denn das Kind wird ja nicht zur Adoption an Fremde, es vielleicht liebende Menschen freigegeben, sondern abgestellt: in seinem Zimmer, bei den Großeltern, im Internat, überall dort, wo es nicht stört. Die Eltern aber brüsten sich damit, ein Kind zu haben. Vielen dieser Kinder geht es materiell nicht schlecht, denn Eltern zahlen gut für ihre Selbstbestätigung. Ein Kind gehört nun mal dazu. Außerdem ist die Wirkung eines schlechten Gewissens nicht zu unterschätzen.

Eine andere Missbrauchswunde, die oft übersehen wird, da sie sich nicht negativ anfühlt, sondern mit einer Steigerung des Selbstwertes einhergeht, ist, wenn die Tochter die beste Freundin der Mutter oder der Sohn der beste Freund des Vaters ist. In beiden Fällen wird ein Teil des Kindlichen oder Heranwachsenden seiner Kindheit beraubt. Zu frühes Erwachsensein ist immer ein Missbrauch, da ein adäquates Verhalten in diesem Fall nur aus der Maske heraus möglich ist. Die eigentliche Essenz ist dafür noch nicht entwickelt.

Narzissmus und Minderwertigkeit

Eine Geschichte von Narziss erzählt, dass er sich an einen See setzte, um sich seines Spiegelbildes zu erfreuen. Da fiel ein Blatt ins Wasser und erzeugte Wellen, die sein Spiegelbild verzerrten. Schockiert von der vermeintlichen Erkenntnis, er sei hässlich, starb er und verwandelte sich in eine Narzisse.

Dies beschreibt sehr eindrucksvoll die Problematik von Narzissten: Einerseits ist ihre Selbstliebe grenzenlos, andererseits so instabil, dass ins Wasser gefallene Blätter eine Katastrophe auslösen. Narzissten leben unter einer plakativen Dauermaske. Diese Maske ist aber nicht nur psychischer Natur, sondern weithin von außen sichtbar. Das kann Schminke sein, Kleidung, Statussymbole. Narzissten sind schöne Menschen und wirken auf andere wie Gewinner. Unter ihrer Maske aber sind Narzissten Gewinner, die sich für ihren Gewinn verachten, denn der Preis, den sie zahlten, war viel zu hoch. Bezahlt haben sie mit ihrer Liebesfähigkeit: Sie haben sie eingetauscht gegen Verachtung.

Das Dilemma dabei ist, dass sich die Verachtung nicht nur gegen sich selbst, sondern auch gegen den Partner richtet. Denn wie kann ein Mensch ein solch verachtenswertes Wesen lieben? Das führt dazu, dass Narzissten selbst nicht lieben, sondern lieben lassen, die, die sie lieben, aber zutiefst verachten. Wirklich lieben können sie nur die, von denen sie verachtet werden. Narzissten können nur die lieben, die sie schlagen und verletzen. Aus diesem Masochismus aber ziehen sie Macht.

Wird der Narzissmus im Wachstumsprozess thematisiert, tritt die darunterliegende Minderwertigkeit ungeschützt ans Licht. Narzissten wissen das und ihre größte Angst ist, das herauskommt, wie oft sie sich schon verkauft haben. Oscar Wild lässt am Ende des Buches „Das Bildnis des Dorian Gray" diesen sagen: „Die Seele ist eine schreckliche Wirklichkeit. Man kann sie kaufen und verkaufen und um ihren Preis feilschen. Man kann sie vergiften oder vervollkommnen. In jedem von uns ist eine Seele. Ich weiß es."

Beziehungen zwischen Kastraten und Missbrauchten

Wenn wir verstehen, dass wir alle mehr oder weniger zu der einen oder anderen Gruppe gehören, können wir leicht nachvollziehen, warum Abhängigkeit in keiner Beziehung vermeidbar ist. Wir müssen dann anerkennen, dass es in jedem von uns etwas gibt, das abgelehnt oder ausgenutzt wurde, etwas, das nicht die Würdigung oder Liebe erhalten hat, die ihm gebührt; ein Teil sexueller Essenz, den wir abgespalten oder versteckt haben, um sein Überleben unter widrigen Bedingungen zu gewährleisten. Natürlich werden jetzt viele sagen: „So schlimm war das nicht, da gibt es andere, denen wurde mehr angetan."

Das mag richtig sein, doch wenn sie ehrlich in den Spiegel schauen, müssen sie feststellen: Die Hand ist ab. Weil ein abgespaltener Teil aber immer auch ein ungeliebter Teil ist, möchte ich hier noch einmal aus dem Buch von Peter Schellenbaum „Die Wunde der Ungeliebten" zitieren: „Manche Menschen bringen es ein ganzes Leben lang nicht fertig, zu denken, geschweige denn zu sagen: ‚Meine Mutter hat mich nicht geliebt', oder ‚Mein Vater hat mich nicht geliebt', oder ‚Meine Mutter und mein Vater haben mich nicht geliebt', oder einfach ‚Ich bin ungeliebt', auch wenn sie so fühlen. Dieser eine Satz scheint so schrecklich, so vernichtend zu sein, dass er nicht einmal in der Stille innerer Gespräche laut werden darf."[5]

Das ist es also, wogegen wir uns wehren. Es ist der Grund, warum wir in unseren Beziehungen Verträge schließen und Kompromisse machen und warum wir uns weigern aus der neutralen fairen Beziehung hinauszuwachsen. Würden wir uns nämlich dieser Wahrheit stellen, dann müssten wir sagen: „Ich bin ungeliebt." Und gehen wir noch einen Schritt weiter, müssten wir hinzufügen: „Und nichts kann die Vergangenheit ändern, diesen alten Mangel beseitigen."

Für vorenthaltene Liebe gibt es keinen Ersatz. Eine solche Aussage bedeutet anzuerkennen, ein Beschädigter zu sein, sich mit der Einhändigkeit abzufinden und nicht mehr im Außen oder beim Partner nach Entschädigung zu suchen. Diese Haltung ist der Königsweg, der uns zurückwirft auf uns selbst; der Mut und Kraft erfordert, ein Fundament, das wir am Anfang keiner Beziehung haben. Also machen wir, was alle machen, statt uns selbst zu lieben, lassen wir uns lieben, wir lassen den Partner lieben und hoffen, dass er die Wunden unserer verletzten Essenz heilt. Eine Zeit lang mag das funktionieren und tatsächlich heilsam sein. Wir nehmen Druck von uns und haben die Möglichkeit unsere Kindheitswunden in einem sicheren Rahmen zu kurieren. Dauerhaft macht es die Beziehung und den Partner krank, denn wir wiederholen die Kastration oder den Missbrauch, der uns geschehen ist, täglich.

Hier möchte ich die Geschichte von Petra erzählen, mit der ich etwa ein Jahr zusammenlebte. Sie ist mit einer jüngeren Schwester wohlbehütet aufgewachsen. Und weil ihre Mutter einen Hang zum Alkohol hatte, hat sie recht früh die Rolle einer Ersatzfrau für ihren Vater eingenommen. Diese Rolle muss sehr weit, zu weit gegangen sein. Der Vater jedenfalls sagte einmal über seine Töchter zu mir: Da kann doch kein Mann widerstehen. Es war klar, wie er es meinte. Petra heiratete, bekam selbst zwei Kinder und steckte prompt wieder in einer Dreierbeziehung, diesmal allerdings nicht mehr mit ihrer Mutter, sondern mit einer Kollegin ihres Mannes. Sie tat das einzig Richtige, trennte sich und begann eine Therapie. Aber wie es kommen musste, verliebte sich der verheiratete Therapeut in sie, und wieder begann eine unglückliche *ménage à trois*.

Ich lernte Petra, kurz nachdem sie sich von dem Therapeuten gelöst hatte, kennen. Nach kurzer Verliebtheit brach das Drama in vollem Umfang in die Beziehung ein: Es war für sie unerträglich, geliebt zu werden, und so begann sie nun ihrerseits Affären. Wir quälten uns noch ein halbes Jahr, dann trennte ich mich. Ich hatte ihr vorgeschlagen einen Paartherapeuten aufzusuchen, aber ihre Weigerung hinzuschauen war größer und sie lehnte ab.

Aus der Sicht sexueller Essenz gibt es drei Arten von Beziehungen: erstens, die Beziehung zwischen Missbrauchtem und Kastrat, zweitens die zwischen zwei Kastraten und drittens die zwischen zwei Missbrauchten.

Glauben sie bitte nie, dass nur ein Partner das Problem hat oder gar das Problem ist. In einer Partnerschaft finden immer zwei Menschen zusammen, deren Verletzungen sich bedingen. Das hat den Vorteil, dass in dem Moment, in dem sie die Komfort- und Schutzzone verlassen, sie sich gegenseitig heilen können. Es ist auch nie so, dass ein Partner der Reifere ist. Sie wählen immer einen Partner mit einem ähnlichen Reifegrad, und wenn sie sich entwickeln, entwickelt sich der Partner mit, selbst im Falle einer Trennung.

Nahezu alle Menschen sind Mischtypen von Kastraten und Missbrauchten.

Missbrauchte und Kastraten

Die Beziehung zwischen Missbrauchtem und Kastrat ist die Häufigste. Es ist die, in der beide am besten zusammenpassen: Keiner kommt auf die Idee, die sexuelle Essenz, die Säge, ins Haus zu holen. Beide haben intuitiv ein tiefes Gespür für die Verletzung des anderen, aber auch den teuflischen Drang immer wieder in diese Wunde zu stechen. Diese Beziehungen sind bestimmt von leidender Rücksichtnahme auf der einen und tiefer Verachtung auf der anderen Seite. Ein Beispiel soll dies verdeutlichen. Die Form des Missbrauchs beziehungsweise der Kastration und auch die Geschlechter sind dabei austauschbar.

Nehmen wir die Prinzessin, die so gern auf Papas Schoß saß. Den Kampf mit ihrer Mutter hat sie weitgehend verloren, ist also der Gefahr eines physischen Inzest entgangen. Vier Dinge bleiben trotzdem in ihr zurück: Erstens, eine starke maskuline Schutzschicht, denn das Männliche des Vaters hat sie zwar nicht ausgesaugt, aber es hat versucht, an ihr zu naschen. Zweitens, eine Verachtung für das Männliche, das so wenig standhaft und einfach zu manipulieren ist wie der Vater. Drittens, eine narzisstische Form von Koketterie, denn wenn schon nicht den Vater, so wird sie später jeden anderen Mann bekommen. Und viertens, ein Mangel an Vaterliebe, denn in gewisser Weise war sie kein Kind, sondern die Ersatzfrau, auch wenn ihr später eine andere vorgezogen wurde.

Jetzt fügen wir den Jungen hinzu, der artig gelernt hat, seine wilden männlichen Teile zu unterdrücken, der lernte, ein kleines Mädchen zu sein, weil, überspitzt gesagt, Männer eine Bedrohung für die Mutter sind. Wird dieser Junge nun erwachsen, trägt auch er eine Reihe von Wunden in sich: erstens, eine starke feminine Schutzschicht, welche das Überleben der maskulinen sexuellen Essenz gewährleistet hat; zweitens, eine tiefe Angst vor Manipulation und allem Weiblichem, drittens, die Maske des Machos, mit der er sich beweisen muss, nicht ganz entmannt worden zu sein. Und zu guter Letzt trägt er einen Mangel an Mutterliebe in sich, da insgeheim und nie ausgesprochen, diese sich doch eher eine Tochter gewünscht hätte.

Der Junge und das Mädchen sind erwachsen geworden und treffen aufeinander. Angezogen durch ihren Mangel von Vater- und Mutterliebe werden sie schnell in eine symbiotische Beziehung eintreten und versuchen, sich das zu geben, was jedem in der Kindheit fehlte. Am Anfang jedoch merken sie gar nichts davon, denn sie sind angezogen von ihren Masken: Ein aufgesetzter Mann, ein Macho, trifft eine aufgesetzte Frau, ein Weibchen. Und so lange sie auf dieser Schicht miteinander verkehren, werden sie sich auch nicht an ihre Kindheit erinnert fühlen. In dem Moment jedoch, in dem das Männliche beginnt wirklich etwas vom Weiblichen zu wollen, zumeist etwas Sexuelles, wird sich das Weibliche in seiner Angst, ausgesaugt zu werden, verschließen. Es kann aber auch umgekehrt sein, dass das Weibliche sich unvermittelt zeigt und der Mann aus Angst vor Manipulation zusammenbricht.

Was sollen also beide machen? Auf einer Seite versuchen sie sich all die Liebe zu schenken, die der jeweilige Elternteil ihnen nicht gegeben hat, auf der anderen Seite steigert sich die Angst, sich wirklich einzulassen, bis zur Panik. Wollen sie ihre Liebe retten, bleibt ihnen nur ein Ausweg: Die Angst und Furcht erzeugende sexuelle Essenz jedes Partners darf nicht in die Beziehung dringen, jedenfalls nicht so weit, dass sie die Illusion des Austauschs falscher Liebe gefährdet. Schließlich haben sich beide gefunden, um sich die Wunden ihrer Ungeliebtheit wegzustreicheln. Sie schließen also einen Vertrag: „Wenn du deine Essenz, dein drängendes Begehren – deine mich bedrängende Leidenschaft draußen lässt, lass ich meine draußen."

Das Fatale dabei ist, dass sie mit ihrer Fokussierung auf mangelnde Elternliebe die viel gefährlichere Verletzung, die ihr ganzes Leben bedroht, übersehen: die gegenseitige Neutralisierung ihrer sexuellen Essenz, den schleichenden Mord an dem, was Frau und Mann, was Polarität ausmacht. Der Schritt aber, sich der tiefen lebensbedrohlichen Verletzung zuzuwenden, setzt voraus, mit der Schramme abzuschließen und mit ihr zu leben. Solange diese Veränderung des Blickwinkels nicht gelingt, bleiben beide in der neutralen fairen Beziehung gefangen; sie wird sein falsches Männliches mit Verachtung strafen oder seine feminisierte Männlichkeit hänseln, und er wird seine Angst vor dem Weiblichen nicht überwinden, nie seine Standhaftigkeit erproben.

Das Anerkennen, dass sie ungeliebt waren, und diese Liebe nie mehr kommt, ist der erste Schritt zur Heilung. Das entstehende Vakuum nicht wieder mit falscher Liebe, sondern mit Respekt, Achtung und Würdigung zu füllen, und so das Wachstum sexueller Essenz zu fördern, ist der zweite Schritt. Zu guter Letzt kann echte Liebe entstehen, die Liebe, die man einem Menschen schenkt, aus Respekt und Achtung vor seinen Qualitäten.

Ich möchte hier noch einmal auf das Abschließen zurückkommen. Irgendwann müssen wir mit den Verletzungen unserer Kindheit, und waren sie noch so groß, abschließen, denn sonst verfolgen sie uns ein Leben lang. Einige von ihnen werden jetzt sagen, bei schwerem körperlichen Missbrauch geht das nicht. Doch, es geht. Mir selbst ist widerfahren, was vielen pubertierenden Jungs geschieht: ein körperlicher Übergriff durch einen homosexuellen Päderasten. Es war in einem Jugendlager und die Scham war so groß, dass ich meinen Eltern und selbst meinen besten Freunden davon nichts erzählte. Dieses Gefühl von Scham, Ekel und Wut trug ich einige Jahre in mir.

In dieser Zeit hasste ich alle Homosexuellen und griff diese, wenn ich sie alleine traf, körperlich massiv an. Ich nannte das „Schwule klatschen". Im Rahmen meines Studiums machte ich dann ein Praktikum, das die psychologische Betreuung von Aids-Kranken umfasste. Über diese Arbeit und das Zulassen von Begegnungen mit den damals noch Todgeweihten ist mein Hass verschwunden. Ich habe begriffen, dass mich nicht die Homosexuellen, sondern ein spezieller homosexueller Päderast missbraucht hat. Alle anderen Menschen, ob homo- oder heterosexuell, ob Männer oder Frauen, ob Päderast oder nicht, haben nichts damit zu tun. Ich habe damit abgeschlossen und auch eine Bestrafung des damaligen Täters interessiert mich nicht mehr. Mein Leben gehört mir.

Kastraten und Kastraten beziehungsweise Missbrauchte und Missbrauchte

Beziehungen zwischen zwei Kastraten sind energielos. Wo soll das Feuer auch herkommen, wenn es beiden genommen wurde. In gewisser Weise genügen sie sich selbst. Es gibt kaum Sticheleien oder ein tieferes Bohren im anderen. Man ist gestorben, bevor man erwachsen wurde. Hier fehlt jeder Antrieb, der zu einer Veränderung notwendig ist, denn Kastraten spüren ihre Fesseln nicht.

Es sind Beziehungen zwischen zwei Gutmenschen, die sich tatsächlich nach nichts sehnen, weil sie vergessen haben, dass es ein Mehr gibt. Diese Beziehungen sind nicht unglücklich, ihnen fehlt nur jeder Antrieb und zumeist funktionieren sie so lange gut, bis einer von beiden in eine altersbedingte Krise kommt und beginnt nach dem Sinn zu fragen. Doch selbst dann fehlt oftmals die Energie, das Rätsel zu lösen oder es wenigstens zu versuchen. Kastraten leben in ihren Beziehungen nebeneinander her, ohne dies zu spüren, denn im Alltag harmonieren sie wunderbar. Das ist auch kein Wunder, da sie jeden Konflikt vermeiden.

In meinem Freundeskreis gibt es so ein Paar. Ich habe sie nie streiten gesehen, nicht weil es keinen Grund dafür gäbe, sondern weil sie es nicht können. Sie haben keine Streitkultur, und Aggressionen, in welcher Form auch immer, erschrecken sie. Selbst wenn meine Frau und ich nur einen harmlosen Schlagabtausch haben, möchten sie sich am liebsten unter dem Tisch verkriechen. Sie haben riesige Angst vor einer Explosion ihrer Lebensenergie. Dieses Paar geht übrigens sehr höflich miteinander um. „Höflichkeit aber ist die sicherste Form der Verachtung."[6]

Dagegen wirken Beziehungen zwischen Missbrauchten hitzig. Diese Beziehungen finden fast nur auf der Ebene der Maske statt. Die Verletzungen sind oft so tief, dass keiner bereit ist sie zu zeigen. Die Sexualität in solchen Beziehungen fühlt sich wenig spielerisch, sondern eher trotzig und gezwungen an. Beide haben hervorragend gelernt, über ihre Verletzungen hinwegzugehen, sie zu ignorieren. Der Sex in einer solchen Beziehung ist heiß und wild. Jeder scheint dem anderen beweisen zu müssen, wie gut er seine Rolle gelernt hat und was für ein hervorragender Spieler er ist. Trotz dieses oberflächlich ausgefüllten Sexuallebens verhungert der Kern. Beziehungskrisen entstehen, falls einer durch einen äußeren Auslöser doch einmal etwas näher an seine Verletzung kommt. Wehe, der Partner hilft ihm dann nicht schnell zurück in seine Maske und bestätigt ihm, was er doch für eine tolle Frau oder ein toller Mann ist.

Die Entwicklungsmöglichkeit einer solchen Beziehung liegt darin, diese Bestätigung zu verweigern. Das ist allerdings immer mit dem großen Risiko der Trennung verbunden: einer ziemlich plötzlichen Trennung, ohne jede Vorwarnung. Grund für dieses schnelle Aussteigen aus der Beziehung ist, dass keine wirklich verbindende Liebe, und sei es nur eine falsche, vorhanden ist. Die Beziehung ist ein Theaterstück, eine Beziehung zwischen Schauspielern.

Intimität braucht sichere Grenzen – sichere Grenzen töten Intimität

Da sowohl bei Kastraten wie Missbrauchten eine tiefe Verletzung der sexuellen Essenz vorliegt, benötigen beide einen Schutzraum, der es ihnen ermöglicht, durch Maske und Schutzschicht hindurch wieder ein Gefühl ihrer ursprünglichen Essenz zu bekommen. Der Schutzraum, die sicheren Grenzen aber, die sie sich gewähren, basieren auf der Vereinbarung, die sexuelle Essenz außerhalb der Beziehung zu lassen, sie vor Eintritt in den Beziehungsraum abzulegen. Eine solche Rücksichtnahme heilt keine Wunden, sondern vertieft sie und tötet jedes Bedürfnis nach Intimität. Begehren nämlich gehört zur sexuellen Essenz, die aber ist gefährlich.

Wie können wir es also schaffen, einerseits sichere Grenzen zu garantieren, in denen wir uns entfalten können, und andererseits dabei nicht die Intimität zur Schlachtbank zu führen. Die Antwort ist: Beides gleichzeitig geht nicht.

Wenn sie sich den Arm gebrochen haben, werden sie eine Zeit lang einen Gips tragen, der hält den Arm ruhig, stabilisiert ihn und sorgt dafür, dass die Knochen wieder zusammenwachsen. Spätestens aber nach sechs Wochen müssen sie sich von diesem Gips befreien und ihre Muskeln trainieren. Wenn sie dies nicht tun, bilden sich die Muskeln zurück und der Arm verliert alle Kraft.

So verhält es sich auch in ihrer Beziehung: Es gibt Zeiten für sichere Grenzen, das sind die Zeiten, in denen sie zusammenwachsen und Vertrauen finden, all die Dinge erledigen und vorbereiten, die sie zu einer nachhaltigen Heilung benötigen. Und es kommt eine Zeit, in der sie den Schutzraum, die sicheren Grenzen verlassen müssen, wenn sie nicht wollen, dass das letzte Quäntchen Intimität aus ihrer Beziehung schwindet. Die faire neutrale Stufe einer Beziehung dient zur Vorbereitung der Heilung, hier brauchen sie sichere Grenzen. Sie brauchen die Liebe und die Unterstützung ihres Partners, um das Fundament, den Sockel aufzubauen, den sie benötigen, um ihre sexuelle Essenz freizulegen. Es kann sein, dass sie therapeutische Unterstützung hinzuziehen oder Wachstumsgruppen besuchen. Es kann aber auch sein, dass sie sich eine finanzielle Eigenständigkeit aufbauen oder ihrem Leben einen neuen Dreh geben. Nutzen sie die Zeit der Ruhe, der Sturm kommt von alleine. Bleiben können sie auf dieser Stufe der Beziehung nicht, sonst werden sie, wie der Arm im Gips, jeden Saft verlieren. Sie brauchen aber Kraft, um die nächste, die wesentlich größere Herausforderung, nämlich den Übergang zur reifen und leidenschaftlichen Beziehung zu meistern.

Wenn sie sich an den Schutzraum klammern und ihn nicht verlassen wollen, werden sie nie bereit sein den Sprung zu machen. Und es gibt tatsächlich eine Menge guter Argumente, in sicheren Grenzen zu verharren: Sie werden nie vorher wissen, was passiert, wenn sie ihre „falsche Liebe" loslassen. Sie werden nie wissen, ob sich wirklich Respekt und Würdigung zwischen ihnen und ihrem Partner einstellen und ob darauf „gebende Liebe" wächst.

Für all das gibt es keine Garantien. Eine Sache ist jedoch sicher: Wer nie die Heimat verlässt, wird nie die Fremde sehen. Sie können sich entscheiden, etwas zu riskieren und neue Wege zu gehen, oder weiterzuleben mit der zermürbenden und unerfüllten Sehnsucht nach sexuellem Feuer und Begehren.

Für die Heilung ist es notwendig, eine Zeit lang die Grenzen des Schutzraums zu akzeptieren. Die Betonung liegt hier auf „eine Zeit lang". In vielen meiner Beziehungen habe ich diesen Raum zu lange toleriert. Ich hatte mich in ihm eingerichtet. Und ich hatte einen enormen Vorteil davon: So lange es den Schutzraum gab, konnte ich in meinen Kastrationsängsten verharren und musste nicht wirklich in meine Energie kommen. So lange der Schutzraum bestand, gab es keinen Grund mutig zu sein und ein Risiko einzugehen.

Urvertrauen ist Selbstvertrauen, es ist das Vertrauen in die eigene Kraft und etwas Größeres, etwas das die eigene Kraft übersteigt. Ein großer Teil dieses Vertrauens, das Vertrauen in die sexuelle Essenz, wurde uns genommen.

Aber wer sagt, dass irgendetwas von unserer sexuellen Essenz verloren gegangen ist? Nichts ist abhandengekommen, unsere sexuelle Essenz ist genauso rein und urtümlich wie immer, dafür hat die Schutzschicht gesorgt, über die wir später die Maske zogen. Weil wir uns aber daran gewöhnt haben, aus der Maske zu leben, die Maske zu unserem zweiten Gesicht wurde, vertrauen wir ihr mehr als unserer sexuellen Essenz.

Wir haben den Glauben verloren, dass sich unter der dünnen papierenen Schicht der Maske überhaupt etwas befindet. Und sollten wir weiter vorgedrungen sein, zu unserer Schutzschicht, dann glauben wir, dass sich unter der Schutzschicht nichts befindet. Es ist also nicht so, dass wir kein Vertrauen mehr haben, sondern wir haben nur die Erinnerung verloren, auf was wir vertrauen können. Wenn wir aber anfangen uns zu erinnern, entstehen neue Schleifen von Erfahrung, und mit jeder dieser Erfahrungsschleifen wiederum wird die Erinnerung vielfältiger und bunter – wir nähern uns unserem Kern.

Es gibt viele psychologische Theorien über den Verlust und das Wiedergewinnen von Urvertrauen und es gibt mit Sicherheit auch die eine oder andere sinnvolle Technik, aber am Ende müssen sie alleine springen. Angst werden sie immer haben, die kann ihnen niemand nehmen. Aber haben sie sich eigentlich schon einmal gefragt, warum sie all dies auf sich genommen haben, warum sie eingestiegen sind und warum sie diese Beziehung geführt haben, wenn sie jetzt, im letzten Moment, nicht springen wollen?

Es gibt eine Geschichte, die mir mein Vater schon erzählte:

Zwei Frösche fallen in einen Bottich mit Sahne. Im Gegensatz zu Wasser ist es zäh und anstrengend, in der Sahne zu schwimmen. Die Frösche brauchen alle Kraft, um nicht unterzugehen. Nach einer langen Zeit gibt ein Frosch auf. Er sagt, warum soll ich mich jetzt noch anstrengen – wenn ich ohnehin in der nächsten Stunde ertrinke. Er hört auf zu schwimmen und verschwindet mit einem Blubb im Rahm. Der andere Frosch aber schwimmt weiter, er kämpft unter Aufbietung aller Kräfte gegen den immer fester werdenden Sumpf. Er sagt sich, ich war schon immer ein Frosch, der sich nicht zum Hinterausgang rausschleicht, sondern ein Frosch, den man durch den Haupteingang auf die Straße werfen muss. Er gibt sein Letztes und siehe da: Aus der Sahne wird Butter und mit einem großen Sprung hüpft der Frosch in die Freiheit.

AUSREDEN UM WACHSTUM ZU VERMEIDEN

Ausreden heißt, sich herausreden, und dafür gibt es allen Grund. Einerseits wollen wir alle unausgesprochenen Verträge und die falsche, rücksichtsvoll kleinliche Liebe hinter uns lassen. Andererseits gibt es eine Menge guter Argumente, um im Stillstand, dem sicheren Nest zu verharren. Verhindern können wir mit unseren Ausreden Wachstum nicht, das findet von alleine statt. Irgendwann werden sie springen, genauso wie sie irgendwann sterben. Ausreden zögern den Zeitpunkt nur hinaus.

Als Mann haben sie Angst, keinen hoch zu bekommen. Und wirklich, es gibt in ihrem Körper eine Erfahrungsschleife, die dies verhindert, eine Selbstkontrolle, die darauf zielt, dass sie nicht ihren Trieben folgen, sondern sich zurücknehmen, auf ihre Partnerin Rücksicht nehmen. Langsam ist diese Kontrolle von ihrem Kopf immer tiefer durch ihr gesamtes Hormonsystem bis zu ihren Lenden gewandert. Klar haben sie jetzt Angst. Es muss auch nicht die Angst vor Impotenz sein, es kann die Angst vor einem vorzeitigen Samenerguss sein. Oder es kann die Befürchtung sein, für ihren „unersättlichen" Dauerständer einmal mehr verurteilt zu werden. Letztendlich haben sie Angst vor ihren eigenen und den Erwartungen ihrer Partnerin.

Als Frau haben sie ähnliche Ängste. Sie haben Angst, nicht erregt genug, nicht feucht zu werden, sie haben die Angst, sich nicht auf ihre Klitoris konzentrieren zu können, sondern in Gedanken den Einkaufszettel durchzugehen. Sie haben Angst, sich zu verkrampfen und keinen Orgasmus zu bekommen, eventuell haben sie sogar Angst, im entscheidenden Moment gefühlstaub zu werden. Sie haben die alte Befürchtung, dass mit ihnen in irgendeiner Form etwas nicht richtig ist, dass sie vielleicht doch frigide sind, obwohl beim Masturbieren alles klappt. Die größte Angst aber ist, ihrem Partner nicht zu genügen.

Ihre Ängste sind vollkommen normal, die hat jeder, und es gibt einige Hilfsmittel, die sie benutzen können als Unterstützung beim ersten Schritt. Als Kind sind sie ja auch nicht gleich auf ein Fahrrad ohne Stützräder gestiegen, lassen sie sich also helfen.

Bei der Angst, impotent zu sein, kann es helfen, dass er eine *Viagra* nimmt, um sich sicher zu fühlen, und für sie gibt es Gleitcreme. Vielleicht machen sie auch etwas, was sie noch nie in ihrer Beziehung getan haben, sie schauen sich zusammen einen Porno an. Um es gleich vorwegzuschicken: All dies löst in keiner Weise die wirklichen, darunterliegenden Probleme. Hilfsmittel, egal welche, wirken auch nicht immer, sondern nur bei einem Teil aller Paare und dies zumeist auch nur als Placebo. Dennoch ist es einen Versuch wert, eine praktische Art, mit ihren Ängsten umzugehen. Es ist genau wie beim Fallschirmspringen, Anfänger ziehen nicht selbst an der Reißleine, sondern der Fallschirm öffnet sich ab einer gewissen Höhe automatisch. Jetzt fangen die Ausreden an: *Sie* will nicht, dass *Er* pharmazeutische Hilfsmittel benutzt, die sein Begehren und seine Erektion steigern. *Sie* will, dass *Er* durch *Sie* erregt wird. Das möchte *Er* umgekehrt auch und von Gleitcremes hält *Er* gar nichts. Einig sind sich *beide*, dass Pornos weit unter ihrem Niveau liegen.

Willkommen in der Welt der Konzepte. Für jeden Punkt werden sie hundert gute Argumente haben, aus hundert unterschiedlichen Schatullen und hinter jedem Argument wiederum steht eine gute Theorie oder gar eine wissenschaftliche Studie. So können sie sich das Leben auch schwer machen.

Eines ihrer Hauptargumente wird dabei wahrscheinlich sein, dass sie in ihrer Beziehung keine künstlichen Hilfsmittel verwenden wollen.

Das ist allerdings das dümmste Argument und am einfachsten zu widerlegen, denn der größte Teil ihrer Beziehung besteht aus künstlichen Konstruktionen, unausgesprochenen Verträgen und falscher Liebe. Sie argumentieren dann, dass sie nicht von Hilfsmitteln abhängig werden wollen. Das entspringt nun aber wirklich ihrer panischen Angst, denn an keiner Stelle wurden sie aufgefordert, sich fortan von morgens bis abends Pornos anzuschauen und mit Viagra zuzudröhnen, bis ein Infarkt sie zu Gott holt. Die in diesem Beispiel benutzten Argumente gehören noch zu den harmlosen, sie stammen aus der Grundschule der Ausreden. Wenn sie jedoch nach dem Lesen dieses Buches immer noch eine dieser Ausreden über ihr persönliches Wachstum und die Entwicklung der Beziehung stellen, dann haben sie das Geschwür, das ihre Beziehung zerfrisst, nicht erkannt oder sie verfügen über erstklassige Schmerzmittel und andere verschreibungspflichtige Drogen. Sie können wieder durchatmen. Das war ein Beispiel, um ihnen vorzuführen, wo sie stehen.

Sie sollen keine Hilfsmittel benutzen, denn diese helfen nur bei körperlichen Schwierigkeiten, darunter leiden sie aber nicht. Ihnen ist das Begehren und die Leidenschaft abhandengekommen, und zwar nicht generell, sondern nur das Begehren auf ihren Partner.

Ihr Problem liegt also jenseits von *Viagra*, Gleitgels und Pornografie. Ihr Problem liegt in den Konzepten, die sie haben.

Die haben sie eben sehr deutlich gespürt. Selbst wenn sie jetzt sagen, es ging doch nur um die Hilfsmittel: egal ob Hilfsmittel, ob richtiger oder falscher Sex – seien sie ehrlich: Sie sind ein wandelndes Konzept. Und daraus folgt, dass sie gegen alles, aber auch wirklich alles, was nicht genau ihren Vorstellungen entspricht, gute Argumente haben. Argumente, die ihr Wachstum verhindern, die es jedenfalls bis jetzt verhindert haben.

Es kann aber auch sein, dass sie sich schon auf die Hilfsmittel gefreut haben und davon träumen, den Porno um eine Affäre im Swinger-Club zu erweitern.

Nun, dann haben sie sich zu früh gefreut.

DAS WIEDERGEWINNEN VON POLARITÄT
DER WEG ZU BEGEHREN UND LEIDENSCHAFT

Am Anfang war einzig das große Selbst
in Gestalt eines Menschen.
Sich spiegelnd fand es nichts, außer sich selbst.
Dann sprach es die ersten jemals gehörten Worte:
„Tat vam asi – Ich bin Das"

Brihadaranyaka Upanishaden

WENN DER WEG DAS ZIEL IST,
GESCHIEHT WACHSTUM VON SELBST

EIN ALTES SPRICHWORT SAGT: „Trennung ist für die Liebe, was der Wind für das Feuer: Das schwache löscht er aus, das starke facht er an."

Sie wollen ihre Beziehung verändern und den Sprung von der neutralen, fairen Partnerschaft hinein in das Meer sexueller Essenz wagen. Dabei sind sie, wie das große Selbst in den Upanishaden, allein. Sie sind auf sich gestellt und werden in den Spiegel schauen, Rechenschaft ablegen: Sie werden rücksichtslos feststellen, wer sie sind und an welchem Punkt im Leben sie stehen. Ihrem Partner geht es genauso, auch er wird seinen Weg alleine gehen, losgelöst von ihnen und allen Trostvereinbarungen. In gewissem Sinne sind sie Single, und damit steigt umgehend ihre Attraktivität. Sie machen ihre Arbeit alleine, und ein Teil dieser Arbeit ist, die Beziehung hinter sich zu lassen, über sie hinauszuwachsen.

Bevor sie mit der Arbeit beginnen, sollten sie allerdings zu ihrer Beziehung wirklich Ja sagen. Das heißt, sie sollten sich entscheiden, ob sie mit ihrem Partner in der Zeit der Entwicklung weitgehend in einer monogamen Beziehung leben wollen oder ob sie eine polygame Zukunft vorziehen.

Es geht hier um keine Wertung, manche Menschen sind eher mono- und andere eher polygam. Prüfen sie, was sie wollen und wer sie sind. Ihr Partner hat ein Recht darauf, zu wissen, wo sie stehen und wohin sie in Zukunft gehen wollen, denn nur dann kann auch er konsequent entscheiden.

Diese Entscheidung müssen sie treffen, bevor sie mit der Arbeit an ihrer Beziehung beginnen. Wenn sie beabsichtigen sich mit ihrem Partner zu entwickeln, dann müssen sie für einen längeren Zeitraum Ja zur Beziehung und zur Monogamie sagen. Wenn sie sich alleine entwickeln wollen, dann sollten sie sich trennen, und zwar schnell und aufrichtig.

Ein anderer Aspekt ist Zeit. Gehen sie nicht davon aus, in einem Monat oder einem halben Jahr all das wiederzuerlangen, was sie sich Jahre oder gar Jahrzehnte verboten und vorenthalten haben. Sie werden Ausdauer brauchen. Veränderungen in komplexen Zusammenhängen wie einer Beziehung benötigen Geduld, vor allem aber reagieren solche Systeme verzögert und sporadisch unberechenbar, bis sie sich wieder auf einem stabilen Zustand einpendeln. Einiges ändert sich zügig, dann dauert es eine ganze Weile, bis andere Dinge sich angleichen oder der Partner nachzieht.

Hier fällt mir eine schöne Zen-Geschichte ein. Ein junger Mann suchte einen Zen-Meister auf: „Meister, wie lange wird es dauern, bis ich Befreiung erlangt habe?"

„Vielleicht zehn Jahre", entgegnete der Meister.

„Und wenn ich mich besonders anstrenge, wie lange dauert es dann?", fragte der Schüler.

„In dem Fall kann es zwanzig Jahre dauern", erwiderte der Meister. „Ich nehme aber wirklich jede Härte auf mich. Ich will so schnell wie möglich ans Ziel gelangen", beteuerte der junge Mann.

„Dann", erwiderte der Meister, „kann es bis zu vierzig Jahre dauern."

Aber sie hatten bisher auch Geduld und sind an längere Leidensphasen gewöhnt, warum sollte das jetzt anders sein? Sie haben Lunte gerochen, sind erregt und können es kaum erwarten. Wenn sie aber zu ekstatisch sind und ruckzuck alle Mauern einreißen, wenn sie wie ein wild gewordenes Abrisskommando vorgehen, werden sie mit Sicherheit ihre Beziehung demolieren.

Sie werden all die guten und wunderbaren Dinge, die zwischen ihnen gewachsen sind, zerstören, und zurück bleibt ein Haufen Schutt. Gutes Wachstum einer Beziehung entspricht einer gründlichen Renovierung nach radikalem Ausmisten weit mehr als einer Demontage unter Zuhilfenahme von Sprengstoff. Überlegen sie sich also, welche Wände sie rausreißen, bevor sie den Vorschlaghammer nehmen, und vergessen sie nicht Wasser und Strom abzustellen. Kurzschlüsse ihres Partners gehören sonst zum Alltag.

Wenn sie sich jetzt immer noch auf den Weg machen wollen, sollten sie anfangen zu realisieren, dass ein Großteil ihres Alltags in Zukunft aus Ärger besteht. Ein chinesisches Sprichwort sagt: „Wenn der Wind der Veränderung weht, bauen die einen Mauern und die anderen Windmühlen."

Sie können davon ausgehen, dass ihr Partner Mauern baut, denn Veränderung bedeutet immer, Besitzstände aufzugeben. Aber ist nicht Ärger etwas wesentlich Vitaleres, als abends gemeinsam vor dem Fernseher einzuschlafen und einmal in der Woche, sonntags nach dem Mittagsläuten, Ritualsex zu haben? Sie können es also ganz entspannt und ohne Eile angehen, wenn für sie der Weg das Ziel ist. Natürlich sollten sie ein Ziel haben und auch einen Antrieb, um dieses Ziel zu erreichen, aber sie müssen sich nicht hetzen. Bestimmt werden ihnen unterwegs interessante Dinge begegnen, die ihr Bild von ihrem Partner und der Beziehung verändern. Solange sie nicht aus Furcht stehen bleiben, sondern um einige ruhige Atemzüge zu nehmen und den Moment zu genießen, ist das vollkommen in Ordnung. Wachstum geschieht von selbst. Alleine dadurch, dass sie sich bewegen, wird die Mechanik der Veränderung in Gang gesetzt. Die Richtung, in die sie wachsen, können sie ohnehin nur teilweise beeinflussen, denn sie sind zwei autonome Menschen und da gibt es immer Überraschungen. Vergessen sie nicht, in dem

Moment, in dem sie versuchen zu lenken, kontrollieren sie. Wenn sie aber kontrollieren, haben sie das Vertrauen verloren. Ohne Vertrauen aber können sie die Reise abbrechen, denn dann fehlt ihnen der Mut zur Trennung. Nicht der Mut zur Trennung von ihrem Partner, sondern der Mut zur Trennung von ihren Vorstellungen über Mann und Frau.

Trennungen sind notwendige Verluste

Jede Entwicklung beginnt mit einer Trennung und bei jeder Trennung werden sie etwas verlieren und etwas Neues hinzugewinnen. Trennungen sind ein Bestandteil des Lebens. Immer wenn wir eine Tür schließen, lassen wir etwas Altes hinter uns und wenden uns neuen Dingen zu. Zumeist öffnen sich dabei mehr Türen, als wir uns erträumten.

Trennungen sind also nicht nur Scheidelinien, es sind auch Wiederholungen. Die erste Trennung in unserem Leben nennt man Individuation. Sie findet zwischen dem sechsten und achten Lebensmonat statt und ist die Trennung von der Mutter. Ohne Individuation wären wir kein eigenständiger Mensch, wir könnten nicht zwischen uns und anderen differenzieren. Es gibt unzählige Bücher, die sich mit dieser, unserer ersten Trennung auseinandersetzen. Eine Strömung in der Psychoanalyse, die Lehre von den Objektbeziehungen, sieht in dieser Trennung gar den Schlüssel unserer Beziehungsfähigkeit.

Eine ebenso bedeutende Trennung ist der Übergang von der Kindheit in die Pubertät. Wir treten ein in eine Welt des „Andersseins" mit all ihren Überraschungen und lassen dabei kindlich Spielerisches hinter uns.

Eine unvermeidbare Trennung ist der Tod eines geliebten Menschen. Wir verabschieden uns dabei nicht nur von diesem Menschen, sondern auch vom Gedanken des ewigen Lebens, von dem Irrglauben, dass alles immer weitergeht. Wir gewinnen ein Gefühl für Zeit und Begrenztheit, wir lernen Demut. Bei all diesen Trennungen haben wir etwas hinter uns gelassen und etwas hinzugewonnen. Das Hinzugewonnene mag uns klein erscheinen, speziell, wenn wir einen Freund verloren haben, aber wenn wir uns darauf einlassen, hinter den Schmerz zu schauen, werden wir erkennen, dass der Zugewinn an Erfahrung unser Leben bereicherte.

Bei der Trennung, um die es hier geht, verlieren wir keinen Menschen, sondern lassen nur uns zwar liebgewonnene, aber auch erdrückende Erfahrungen los – dennoch wird sie sehr schmerzhaft sein.

Es gibt immer ein erstes Mal

Wissen sie noch, wann sie das erste Mal in ihrer Beziehung sexuelle Essenz ausgesperrt haben? Es gibt immer ein erstes Mal. Das muss nicht dramatisch gewesen sein, nichts Großes, vielleicht haben sich nur ein klein wenig zurückgenommen. Es ist wie bei Korruption, den Anfang machen kleine Geschenke. Man nennt das Anfüttern, dann schließt sich die Schlinge enger um den Hals und Aussteigen wird mit jedem Tag schwieriger.

Das erste Mal liegt häufig am Anfang der Beziehung, im ersten Jahr. Sie begegnen sich auf der Ebene der Maske, spielen Macho und Weibchen, haben aber ebenfalls bereits begonnen, etwas Vertrauen zu entwickeln. Einer von ihnen springt nun in die reine Essenz. Augenblicklich wird dem anderen Partner bewusst, dass, wenn er folgt, es kein Zurück gibt. Alles gerät aus den Fugen, die Kontrollmöglichkeiten verschwinden, Furcht macht sich breit, denn die Tiger sind los, ohne Gitter und ohne Dompteur. In Sekundenschnelle werden alle ähnlichen, angsterzeugenden Kindheitserinnerungen abgespult. Einer von beiden ruft jetzt: „Stopp! Das geht mir zu schnell."

Der andere Partner hat zwei Möglichkeiten. Erstens, er geht über den anfänglichen Widerstand hinweg und bleibt mit seiner Essenz verbunden. Wird das Rufen lauter, kann er sich immer noch geordnet und selbstbestimmt zurückziehen. Zweitens, und das ist wahrscheinlicher, er ist so erschreckt, dass er umgehend in seine Schutzschicht kollabiert. Dieses angstvolle Sichzusammenziehen wird er sich nicht verzeihen. Fortan werden die Begegnungen aus der Maske erfolgen und der Partner, der laut Stopp gerufen hat, wird mit Entzug sexueller Essenz bestraft.

Auch wenn es ein erstes Mal gibt, einen Partner, der das erste Mal „Stopp" ruft, geschieht dies später abwechselnd. Die Dynamik der Beziehung entwickelt sich zu einem Pendeln zwischen trotzigem Zurückhalten und wiederholtem „Stopp"-Rufen.

Denken sie bitte nicht, dass tatsächlich einer der Partner etwas ruft, das dürfte höchst selten geschehen. Der Mechanismus ist viel subtiler, und deshalb bemerken wir ihn anfangs nicht. Es sind kleinste Signale, mit denen wir ein Vordringen zur Essenz und ihr Eindringen in die Beziehung verhindern. Beide Partner hoffen dabei auf die Bequemlichkeit des jeweils anderen. Sie einigen sich stillschweigend und unausgesprochen auf eine faire Beziehung. Natürlich flammt hin und wieder Protest auf, aber jeder ernsthafte Widerspruch käme einem Rücktritt vom Beziehungsvertrag gleich.

Die folgenden Begegnungen, ob im Sexuellen oder im Alltag, sind Wiederholungen dieses Ereignisses. Jedes weitere Erleben wird benutzt, um die alte Erfahrung zu bestätigen: „Meine sexuelle Essenz ist unerwünscht." Doch auch diese Erfahrung der Ablehnung ist nur eine Wiederholung. Eine viel ältere Wunde wurde berührt und löste die Angst vor der Kreissäge aus. Wie auf Befehl beginnt ein Putzkommando mit der Neutralisierung. Jede sexuelle Essenz, unabhängig von wem sie stammt, wird zusammengefegt und entsorgt.

Erinnern sie sich an ihr erstes Mal? Wenn sie derjenige waren, der Stopp gerufen hat, werden sie viele gute Gründe dafür anführen können. Jeder dieser Gründe ist eine Ausrede, den alten Schmerz nicht loszulassen, sich nicht zu entwickeln. Waren sie derjenige, der in die Schutzschicht kollabierte, werden sie ebenfalls Vorwände haben und genau diese benutzen, um Fortschritt zu verhindern.

Um weiterzugehen und wirklich über sich hinauszuwachsen, müssen sie alle ihre guten Gründe beiseiteschieben. Je mehr sie und ihr Partner sich entwickeln, umso höher wird die Wahrscheinlichkeit, dass eine ähnliche Situation eintritt, sie wird sogar unvermeidlich. Sie werden ihre sexuelle Essenz freilassen, deshalb haben sie die Reise angetreten. Ruft jetzt einer zu oft „Stopp" oder kollabiert der andere immer kurz vor dem entscheidenden Schritt, wird der mutigere Partner früher oder später die Beziehung verlassen.

Es ist ganz einfach, wilde Tiger wollen spielen und eine Zeit lang geben sie sich mit Spielverderbern ab, dann wird es langweilig. Es gab eine Zeit, da waren für sie Spielzeug oder Puppen wichtig, dann sind sie über diese Phase hinausgewachsen. Von nun an war für sie das andere Geschlecht wichtiger. Und in dem Moment, in dem sie über die Stopp-Phase ihrer Beziehung hinauswachsen, werden sie gefährliche Begegnungen mit reiner Essenz gegenüber Vermeidungsspielchen vorziehen.

Wenn der Partner die Entwicklung nicht toleriert

Der Weg, den sie von der neutralen Beziehung zur Entwicklung von sexueller Essenz gehen, ist ein einsamer Weg. Ihr Partner hat damit erst einmal nichts zu tun: Sie haben sich entschieden, ihre sexuelle Essenz nicht mehr auszusperren, sondern in die Beziehung zu tragen. Unabhängig davon, ob sie ihren Partner erschrecken und ob ihm das gefällt.

Dennoch sind sie miteinander verbunden, sie hängen am Mobile: Was der eine tut, hat Einfluss auf den anderen und umgekehrt. Wenn sich ein Partner entwickelt, wird der andere in irgendeiner Form reagieren. Entweder er erlebt diese Entwicklung für sich ebenfalls positiv und ist freudig überrascht oder er reagiert ängstlich. Wahrscheinlicher ist Angst, denn ihr Partner hat sich wie sie in der neutralen und fairen Beziehung eingerichtet und jede Veränderung ist erst einmal gefährlich. Sie werden also miteinander kämpfen, weil immer wenn ein Partner etwas vom Beziehungsmobile wegnimmt, eine Schieflage eintritt, die auf den anderen bedrohlich wirkt. Das ist normal und wahrscheinlich werden sie sogar an Punkte kommen, an denen sie eine echte Trennung erwägen. Behalten sie aber im Hinterkopf, dass sie mit einem neuen Partner wieder ganz von vorne beginnen müssten, denn obwohl wir uns nichts mehr wünschen, ist es unmöglich, Entwicklungsschritte zu überspringen.

Es kann auch sein, dass ihr Partner sich gegen jeden Fortschritt stellt. Eines der Argumente könnte sein, dass Entwicklung dieser Art nichts bringt, dass das alles überflüssiger Psychokram ist. Diese besonders bei Männern beliebte Aussage kommt aber nur aus der Macho-Maske. Dahinter steckt die tiefe Angst mit den eigenen Verletzungen und Wunden konfrontiert und nicht fertig zu werden.

Eine andere Situation ist, wenn der Partner ihre Entwicklung behindert, ihnen verbietet sich zu entfalten. Hier haben sie nur die Möglichkeit, sich so schnell wie möglich zu trennen, denn es ist nicht nur ihr Recht, dass sie wachsen, es gehört zum Menschsein. Es ist dabei vollkommen egal, aus welchen Gründen der Partner ihre Entwicklung behindert oder verhindern möchte, diese können kulturell, religiös oder wie auch immer motiviert sein. Es gibt keinen Grund, dass sie klein bleiben, nur weil andere sich fürs Kleinbleiben entscheiden.

Bedenken sie aber, so wenig wie ihr Partner ein Recht hat, ihre Entwicklung zu verhindern, so wenig haben sie ein Recht, von ihm Entwicklung zu fordern.

Ein Gärtner zerrt nicht am Salat, damit er schneller wächst. Aber es gibt noch ganz andere Möglichkeiten als ein banales „Nein" zur Entwicklung. Sie können zum Beispiel vorgeben, sich zu entwickeln, und trotzdem bleibt es Vermeidung. Im letzten Kapitel erwähnte ich Kurt und Andrea – sie in der Mutterrolle und er spielt den Sohn. Für ihre Entwicklung betrieb Andrea exzessiv Yoga. Das brachte sie allerdings nicht weiter, denn bei ihr geht es ja nicht um das Thema Selbstbeherrschung, sondern darum einmal die Kontrolle loszulassen, aggressiv zu werden und auf den Tisch zu hauen. Karl hingegen gibt auch vor, sich zu entwickeln. Er besucht eine Tantragruppe nach der anderen. Das bringt ihn aber nicht weiter, sondern vergrößert nur die Distanz in der Partnerschaft. Beide vermeiden mit dem, was sie tun, wirkliches Wachstum. Sie spielen ein bisschen herum, ohne sich echten Herausforderungen zu stellen.

Welche geheimen Methoden von Verweigerung benutzen sie, um den Partner an der Nase herumzuführen?

Vielleicht ist ihre Beziehung auch so eingeschlafen, dass sie sich fragen, wo überhaupt die Energie für Veränderung herkommen soll. Seien sie beruhigt, ihre Energie ist nur eingefroren im Aufrechterhalten der neutralen fairen Balance und im Aussperren ihrer sexuellen Essenz. Von der Vitalität, die sie einstmals, als sie sich kennenlernten, in die Beziehung einbrachten, ist nichts, aber auch gar nichts verloren. Unabhängig davon, wie sie sich zermürbt und gestritten haben. Auf Beziehungen kann man getrost den Energieerhaltungssatz der Physik anwenden: „Die Gesamtenergie eines abgeschlossenen Systems kann nicht durch Prozesse verändert werden, die ausschließlich innerhalb des betrachteten Systems stattfinden. Das heißt, es ist unmöglich, innerhalb eines Systems Energie zu erzeugen oder zu vernichten. Energie kann nicht aus dem Nichts entstehen und auch nicht in dieses entweichen."

Alles, was sie in ihrer Beziehung machten, hat ihre Energie höchstens umgewandelt: Zum Beispiel nutzen sie ihre anfänglich leidenschaftliche, wilde, sexuelle Energie nun für die Balance in der Beziehung oder um zu verhindern, dass von dem Dampfkochtopf Partnerschaft der Deckel fliegt. Es gibt in ihrer Beziehung genau die Energie, die sie benötigen, um wieder so begehrend und leidenschaftlich wie am Anfang zu sein – nichts ging verloren. Sie haben sich nur in der Bequemlichkeit eingerichtet und die Kraft, die es benötigt, etwas aus dem Stillstand zu beschleunigen, ist größer, als die, die es benötigt, etwas am Laufen zu halten. Das heißt, sie müssen sich erst einmal aufraffen, und das erfordert einen erhöhten Einsatz. Die Energiequellen, die ihnen zur Verfügung stehen sind dabei wesentlich größer, als sie glauben. Wenn sie augenblicklich den Aufwand, den sie benötigen, um ihre Verträge zu überwachen, ihre Grenzen zu sichern und ihre Angst zu kontrollieren, um die Hälfte reduzieren, setzen sie eine Tatkraft frei, von der sie bis jetzt nicht zu träumen wagten. Um aber diesen Aufwand zu reduzieren, benötigen sie Vertrauen. Gern benutzte Argumente, um diese Veränderung aufzuschieben, sind: Überlastung im Beruf, Burn-Out, lähmende Müdigkeit, Migräne, und natürlich genau in diesem Moment fehlende finanzielle Mittel.

Vertrauen zu sich selbst finden

Das Wichtigste auf dem Weg ist Selbstvertrauen und bedeutet, sich selbst schützen und alleine überleben zu können. Wenn sie dieses Fundament nicht haben, müssen sie es erstellen, denn sonst ist es, als würden sie ein Haus auf Sand bauen. Je höher das Haus wird, je mehr sie wachsen, umso mehr sinken sie in den Boden und verlieren wiederum an Größe und Stabilität.

Selbstvertrauen bedeutet, dass sie sich von allen Dingen, die sie als Abhängigkeit empfinden, befreien. Das kann heißen, dass sie anfangen ihr eigenes Geld zu verdienen oder sich einen Raum in ihrer Wohnung einrichten, in den sie sich zurückziehen können. Noch wichtiger aber als die äußeren und materiellen Abhängigkeiten sind die emotionalen. Prüfen sie genau ihre Ängste: die Angst auf sich selbst gestellt zu sein, die Angst alleine zu sein, die Angst nicht ohne ihren Partner leben zu können. Diese Befürchtungen sollten sie loswerden, bevor sie mit der eigentlichen Arbeit beginnen. Suchen sie Unterstützung bei ihren Freunden, bei alten Freunden, auf die sie sich wirklich verlassen können, und die nicht wegkippen, falls die Beziehung wackelt. Eventuell holen sie sich professionelle Hilfe von einem Therapeuten oder Coach. Wichtig ist, dass sie ihre Partnerschaft nicht mehr als Zwang empfinden, indem sie verharren müssen, weil sie nicht alleine überleben können, sondern als Bereicherung ihres Daseins.

Mit der Wunde leben und den Schmerz zeigen
Ihre alten Wunden werden durch steigendes Selbstvertrauen nicht weniger, aber sie haben jetzt die Courage sie zu zeigen, sie haben den Mut verletzlich zu sein. Und in dieser Verletzlichkeit werden sie beginnen, zu atmen, durchzuatmen. Sie müssen sich nicht mehr unterdrücken, müssen nichts wegdrücken. Statt ihre Wunde zu verstecken, fangen sie an sie zu zeigen, sie sagen, ja, ich bin verletzt. Damit machen sie bereits einen Schritt unter die Schutzschicht. Sie zeigen, warum sich ihre Schutzschicht gebildet hat, sie zeigen ihre Essenz und sie stehen zu ihrer Wunde.

Wenn sie jetzt noch den Sprung schaffen, die Opferrolle hinter sich zu lassen, dann entwickeln sie Größe und aus dieser Größe wachsen zusätzliche Kapazität und Kraft.

Größe zu zeigen, heißt, nicht vergeben oder verzeihen, es heißt, die Dinge so zu nehmen, wie sie geschehen sind, unabhängig einer Bewertung. Größe zeigen ist ein Schritt jenseits des kleinlichen Verzeihens, denn Verzeihen bedeutet ja, dass sie etwas zu verzeihen haben, was ihnen ein anderer angetan hat. Sie haben aber nichts zu vergeben, sie sind nicht in der Position, irgendjemanden zu begnadigen. Wie sehr sie sich auch gegen diese Vorstellung wehren: Die Dinge sind geschehen, so wie sie geschehen sind. Es gibt also nichts zu verändern und es gibt nichts zu entschuldigen. Alle ihre Wünsche nach Wiedergutmachung oder ihre Rachegedanken sind verschwendete Energie. Sie verschwenden ihre Kraft, indem sie sich mit der Vergangenheit beschäftigen, anstatt in der Gegenwart zu leben.

Für die Gegenwart gilt: Ob sie sich zeigen oder nicht, hat keinen Einfluss auf ihre alten Wunden und deren Heilung, nur auf ihr Leiden. Wenn sie sich nicht zeigen, wenn sie verschlossen bleiben, dann werden sie auch das Positive und Schöne der Gegenwart nicht erleben, und noch viel weniger werden sie wagen einen Blick in die Zukunft zu werfen. Sie sind ein spukhaftes Wesen, längst vergangenen Erinnerungen verhaftet, ohne eine Beziehung zum Hier und Jetzt. Wenn sie sich zeigen, können sie verletzt werden. Aber ist es nicht besser, mit einem offenen, wenn auch schmerzenden Herzen zu leben, als mit einem verschlossenen zu sterben?

Wer bin ich

Was bleibt, wenn Maske und Schutzschicht verschwinden, die sexuelle Essenz, der Kern, aber noch unentdeckt ist? Wenn alles, über was sie sich definiert haben, zurückweicht, wer sind sie dann? Wenn sie die Maske abgelegt haben, die Verkleidungen auf dem Bügel hängen und die Unterwäsche im Wäschekorb verschwunden ist, sind sie nackt. Ein höchst unangenehmer Zustand, aber sie werden sich daran gewöhnen.

Was bleibt, ist ein Biocomputer, bestehend aus Körper und rudimentären Teilen ihrer Psyche: Die Teile, die sie benötigen, um in der Welt durchzukommen. Um einzukaufen, zu essen, sich zu paaren und die alltäglichen Dinge zu tun, die zum Überleben notwendig sind.

Was sie definitiv nicht sind, sind ihre Ideen von der Welt: die psychologischen Konzepte, die Konzepte von Gott und natürlich auch das Konzept von sexueller Essenz aus diesem Buch. Was sie nicht sind, ist ihre Maske und Schutzschicht. Auch der Begriff der Seele ist viel zu diffus, um diese Lücke zu füllen. Der Begriff Spiritualität ist abgeleitet vom lateinischen Wort *spiritus* – flüchtiger Geist. Ein flüchtiger Geist aber liefert sicher keine handfesten Antworten. Bevor sie sich also mit den abgehobenen Bereichen von Philosophie und Religion beschäftigen, beginnen sie lieber, die richtigen Fragen zu stellen, nämlich: „Was habe ich zu geben?", „Warum bin ich hier?", „Was ist meine Wahrheit?"

Diese Fragen sind wichtig, weil sie einen direkten Zugang zur Essenz schaffen. Was bleibt, wenn sie alles abziehen, ist nämlich ihre genetische Bestimmung, und die schwingt in ihnen als sexuelle Essenz. Es geht dann nicht mehr darum, herauszubekommen, wer sie sind, sondern wie sie ihre genetische Bestimmung und sexuelle Essenz der Welt zur Verfügung stellen. Aus einer metaphysischen, religiösen Frage wird eine praktische.

Und genau darum geht es: Sexuelle Essenz ist nichts Spirituelles und Abgehobenes, sondern etwas ganz Weltliches. Sexuelle Essenz ist an den Körper gebunden, und daher erübrigen sich alle Fragen, die über die physische Existenz hinausgehen. Es gibt in jedem Moment genug Konkretes zu tun, und wenn sie alle Augenblicke ihres Lebens gemeistert haben, dann fangen sie ruhig wieder an, sich mit Spiritualität zu beschäftigen.

Hier fällt mir ein Erlebnis mit der spirituellen Lehrerin Byron Katie ein. Sie lud zu einem offenen Abend ein und die Teilnehmer waren aufgefordert Fragen, die sie existenziell und auf ihrem spirituellen Weg beschäftigen, zu stellen. Im Laufe des Abends meldete sich eine Teilnehmerin, die ihr Beziehungsproblem schilderte und nun auf eine erleuchtete Antwort hoffte. Byron aber sagte nur: „Bei Eheproblemen musst du eine Eheberatung aufsuchen, ich kann dir diese Frage nicht beantworten."

Für mich war das eine wahrlich große Antwort, denn Probleme in der Partnerschaft haben tatsächlich nichts mit Spiritualität zu tun. Sie sind ganz praktisch und von dieser Welt – auch wenn sie das nicht wahrhaben wollen.

Warum bin ich hier

Mit Sicherheit sind sie genau dort, wo sie sind, um ihre Qualitäten, ihr Bestes zu geben. Nicht aus der Ebene der Maske, sondern aus der Ebene reiner sexueller Essenz, und das kann nur heißen, Männer geben ihre männlichen und Frauen ihre weiblichen Qualitäten. Wenn sie jetzt sagen, sie können das nicht, weil ihr Umfeld, ihre Beziehung oder ihr Job sie einschränkt, dann lügen sie. Wo auch immer sie sind und was auch immer sie tun, natürlich können sie ihr Bestes geben. Es geht dabei auch nicht darum, ob sie etwas zurückbekommen, Anerkennung, Lob oder sogar Geld, es geht nur darum, dass sie das Beste geben, was sie zu geben haben. Und was kann das anderes sein als ihre spezielle und ganz individuelle Qualität?

Wenn sie nichts zu geben haben, dann geben sie eben nichts. Tun sie dann aber nicht so, als hätten sie etwas zu geben. Spielen sie niemandem etwas vor. Besser keine Geschenke als falsche

Geschenke. Jetzt könnten sie noch behaupten, dass niemand ihre Qualitäten will, dass niemand darauf Wert legt, was sie zu geben haben. Wenn das so ist, dann machen sie es wie Gott: Werfen sie Perlen vor Säue. Geben sie einfach, ohne nach dem Sinn oder Empfänger zu fragen. Sobald sie nämlich einen tieferen Sinn suchen, befinden sie sich in Abhängigkeit: Sie wollen etwas zurück.

In der *Bhagavadgita*, einem heiligen Buch der Inder heißt es: „Du hast ein Recht auf das Handeln, aber nur auf das Handeln an sich, nicht auf seine Früchte. Und verharre nicht in der Untätigkeit."[1]

Was ist meine Wahrheit

Können sie sich damit abfinden, dass es viele Wahrheiten gibt, nicht nur ihre? Wahrheit liegt im Auge des Betrachters, und das meint, im Auge jedes Betrachters. Wird dieser Gedanke ausgedehnt, bedeutet das, dass es so viele Wahrheiten wie Menschen gibt. Da liegt das Kernproblem einer Partnerschaft: Wenn zwei Menschen miteinander reden, nimmt jeder für sich in Anspruch die Wahrheit zu sagen, und am Ende stehen zwei Wahrheiten im Raum. Hier beginnen Toleranz und Respekt, nämlich anzuerkennen, dass Wahrnehmen, Fühlen und Realität immer subjektiv, und damit immer richtig sind. Das bedeutet weiter, dass die meisten Gespräche und Diskussionen überflüssig sind, jedenfalls dann, wenn sie der Wahrheitsfindung dienen. Trotzdem ist der Begriff der Wahrheit wichtig: nicht als universelle Wahrheit, sondern als subjektive, als ihre höchst persönliche.

Kennen sie ihre Wahrheit? Um ihre Wahrheit in vollem Umfang zu begreifen, müssen sie zu ihrem Kern vordringen, sie müssen die Schichten der Lügen hinter sich lassen. Wenn sie an ihrem Kern sind, ergibt sich Wahrheit von selbst, dann können sie nämlich gar nicht anders, als ihre Qualität zu leben.

Wahrheit ist dann nichts Losgelöstes, über das sie sich mit anderen Menschen auseinandersetzen, sondern etwas Konkretes: das Maß ihrer Essenz und wie sie diese in die Welt tragen. Wenn sie aber dieses Raubtier freilassen, ist ihre Wahrheit nicht mehr freundlich oder zuvorkommend, sie ist bestimmt vom jeweiligen Augenblick, animalisch und direkt.

Das Risiko, nicht geliebt zu werden

Es gibt zwei Arten, wie sie mit Verletzung umgehen können: Erstens, sie fallen in Selbstmitleid und werden bedürftig.

Zweitens, sie werden wütend, bleiben aber authentisch und behalten ein offenes Herz.

Wahrheit birgt also ein erhebliches Risiko, denn andere könnten mit ihrer Wahrheit nicht übereinstimmen, sie könnten sie ablehnen und sie nicht mehr lieben. Das ist tatsächlich ein Risiko, aber wollen sie ihr restliches Leben falsche Liebe bekommen? Liebe erhalten, die sie sich erschlichen haben über die Lügen ihrer Schutzschicht und Maske?

Ein Großteil der Liebe, die sie bisher bekamen, war an einen Vertrag gebunden, der bestimmte, dass sie nicht ihre Wahrheit sagen. Und jetzt wundern sie sich, warum sie so wenig Selbstliebe haben? Die Antwort ist klar, wie können sie sich selbst lieben, wenn sie den ganzen Tag lügen, wenn sie nicht zu sich stehen. Dass Menschen sie ablehnen, gehört zum Leben, schließlich kann nicht jeder sie mögen. Die einzige Möglichkeit Ablehnung zu vermeiden ist, dass sie Gedankenleser werden und sich umgehend, wenn sie einen anderen Menschen sehen, verbiegen. So sehr verbiegen, dass der andere gar nicht anders kann, als sie zu mögen, vorausgesetzt ihre Anpassung ist nicht zu auffällig. Erstens ist das auf Dauer sehr anstrengend, zweitens verschwinden sie dabei vollständig. Es gibt sie nicht mehr, was bleibt, ist eine Hülse ohne Eigenschaften, eine Marionette der

Gedanken der anderen: stets bemüht, die Wünsche des Publikums zu erfüllen und dabei nicht hölzern zu wirken. Möchten sie so leben?

Wenn nicht, wird es unweigerlich eintreten, dass einige Menschen ihnen keine Liebe schenken. Sie erhalten stattdessen Achtung und Respekt und sie bewahren ihre Würde. Und nur, wenn sie ihre Würde bewahren, wenn sie echter Liebe würdig sind, kann Selbstliebe wachsen.

WEGE ZUR ESSENZ

Sich selbst treu zu bleiben ist eine der größten Herausforderungen in einer Partnerschaft und es ist die größte Hürde auf dem Weg zur Essenz. Dort, wo sie sich treu bleiben, werden Kämpfe entstehen. Sehr oft wird einer von ihnen fragen: „Wo bleibe ich, ist dir die Beziehung nicht mehr wichtig?"

Selbst wenn diese Frage mit einem offenen Herzen gestellt wird, kann es nur eine Antwort geben: „Ich bin mir wichtiger." Immerhin trennen sie sich. Sie differenzieren sich voneinander und entwickeln jeder ihre eigenen, unabhängigen Qualitäten. Sie treten aus der Symbiose heraus und hinein in Autonomie. Was sich dabei einstellt, ist ein kühles Gefühl. Jedenfalls fühlt es sich wesentlich kühler an als Begehren oder abhängige falsche Liebe. Wenn sie wieder Mann und Frau werden wollen, d.h. die Voraussetzung schaffen, dass zwischen ihnen Polarität entsteht, dann müssen sie das Neutrum, was jeder von ihnen wurde, auflösen. Sie müssen riskieren alleine zu sein und lernen für den Rest ihres Lebens alleine zu bleiben. Das heißt nicht, dass sie alleine leben und lieben sollen, sondern nur, sich damit abzufinden, nicht miteinander zu verschmelzen.

Der Weg zur Essenz ist für Frauen und Männer ein anderer und es macht keinen Sinn, wenn sie sich auf dem Weg zu sehr miteinander abstimmen. Ihr Partner bekommt von selbst mit, was gerade bei ihnen geschieht. Sie müssen ihm nicht alles erklären, erklären bedeutet nämlich, dass ein Teil von ihnen auf Absolution wartet, eine Erlaubnis möchte sich entwickeln zu dürfen. Mit einer Erlaubnis aber brauchen sie erst gar nicht zu beginnen. Sinnvoll ist es allerdings, über ihre Entwicklungsschritte, über das, was sie sich vornehmen, mit guten Freunden des gleichen Geschlechts zu reden. Freunde erkennen schnell, ob sie auf dem Holzweg sind, ob sie sich herausreden oder ob sie sich unterfordern.

Der Weg der Männer

Für Männer ist es das Wichtigste, ein Ziel zu haben, in ihre Führungsrolle zu kommen und standhafte Stärke zu entwickeln. Die männliche Hauptqualität von Präsenz ergibt sich dann von selbst. Um diese Ziele zu erreichen, muss ein Mann jedoch erst einmal zurückschauen und für sich klären, wie er seine Entwicklung bisher verhindert hat.

Beginnen sie also mit einer umfassenden Rückblende ihres Lebens. Schauen sie, an welchen Punkten sie einfach nur faul waren und aus Bequemlichkeit in der Komfortzone blieben oder aus Angst ihren Herausforderungen auswichen.

Ihr Ausdruck von sexueller Essenz ist das Maß dafür, wie sie im Leben stehen, das Maß, wie weit sie mit ihrer Mission und mit ihrer Aufgabe verbunden sind. Vielleicht kennen sie ihren Weg noch nicht, dann wird es Zeit sich zu erinnern, eventuell bis in ihre Pubertät zurückzugehen und die damals zur Seite gelegten Träume wiederzubeleben.

Wenn sie Bestandsaufnahme machen, schauen sie bitte, an welchen Punkten in der Beziehung sie bedürftig geworden, wo sie umgefallen sind. Es gibt im Leben eines Mannes immer Situationen, in denen er gegen seine Wahrheit handelt, nur um seine Ruhe zu haben. Nachgeben ist dabei noch ein freundliches Wort, eigentlich hat der Mann aufgegeben und einen feigen Kompromiss bevorzugt, weil er Angst hatte oder zu müde zum Kämpfen war. Wenn sie ehrlich mit sich sind, kennen sie ihr Muster von Sichzurücknehmen und Einlenken sehr genau. Sie geben dabei nicht wirklich nach, sondern ziehen sich grollend zurück und hoffen, dass die Missstimmung irgendwann verschwindet. Sie verschwindet, aber mit ihr auch die sexuelle Essenz. Am Ende des Rückblicks auf ihr Leben werden sie wahrscheinlich zwei oder drei Standardreaktionen erkennen, die sie seit ihrer Kindheit wiederholen. Diese Verhaltensweisen gilt es loszulassen und zu verändern. Glauben sie nicht, dass ihre Partnerin dafür dankbar ist, denn sie profitiert von ihrer Nachlässigkeit. Je nachlässiger sie sind, umso mehr Kontrolle hat ihre Partnerin über die Beziehung. Das sollten sie ändern.

Fragen sie sich jeden Tag: „Did I do it my way?"

Die Vater- und Retterrolle loslassen

Haben sie eigentlich jemals eine Bestandsaufnahme gemacht, was sie dafür bekommen, dass sie den guten Vater spielen, und wie hoch ihr Einsatz, ihre Kosten und ihre Selbstaufgabe ist. Werden sie doch einfach einmal zu einem *Controller* und machen sie eine Kosten-Nutzen-Analyse. Nein, sie brauchen nicht wirklich anfangen zu rechnen, denn sie wissen ja genau, dass sie nichts von dem, was sie hineingeben, herausbekommen.

Die ganz Unerschütterlichen unter ihnen werden jetzt anfangen zu argumentieren, dass dann, wenn sie ihre Frau aufgebaut haben, eine ganze Menge zurückkommt.

Haben sie einen Spiegel im Haus? Natürlich. Dann gehen sie jetzt unverzüglich dort hin, schauen sie tief in ihre eigenen Augen und beobachten sie, wie das Kartenhaus ihrer Argumente zusammenstürzt. Was sie in einer Beziehung wollen, ist sexuelle Verfügbarkeit nach ihren Vorstellungen. Wenn sie jetzt sagen, dass das nicht stimmt, dann lügen sie oder sie sind kein Mann oder sie schämen sich noch immer für ihre genetische Bestimmung. Um diese sexuelle Verfügbarkeit nach ihren Vorstellungen zu bekommen, waren sie bereit viel zu tun: Sie waren bereit ihr Junggesellenleben aufzugeben, Verantwortung zu übernehmen und sie waren sogar bereit, auf viele Dinge, die ihnen etwas bedeuteten, zu verzichten.

Doch was bekommen sie? Nichts. Stattdessen haben sie eine „Tochter" am Bein, mit der sie nicht einmal mehr schlafen wollen und die jeden Tag mehr von ihnen verlangt. Noch drastischer hat es nur Al Bundy aus „Eine schrecklich nette Familie" ausgedückt: „Viele Leute müssen mit ihrer Enttäuschung leben. Aber ich muss mit meiner schlafen." Und jetzt wollen sie diese Frau noch retten und ihr den „guten Vater" machen.

Aber jetzt konkret, wie kommt man da heraus? Ganz kommen sie gar nicht heraus, denn dann müssten sie sich wirklich trennen, zumindest bräuchten sie einen Abstand von ein bis zwei Jahren. Es bleiben also nur die kleinen Schritte, und die heißen: „Nein", „Nein", „Nein". Üben sie Neinsagen, wenn ihre „Adoptivtochter" wieder etwas von ihnen möchte, was nicht mit sexueller Verfügbarkeit zu tun hat. Und stellen sie sich gleich darauf ein, dass keine Frau in der Tochterrolle dieses Nein hinnimmt. Sie wird ihnen vielmehr erklären, dass sie mit diesem Nein die Beziehung gefährden und was für ein hartherziger Kerl sie sind, vielleicht bietet sie ihnen aber auch ein Tauschgeschäft an. Lehnen sie ab, solange dieses Tauschgeschäft nichts mit sexueller Verfügbarkeit nach ihren Vorstellungen zu tun hat.

Irgendwann wird ihre Frau anfangen sie mit Liebesentzug zu bestrafen, vielleicht beginnt sie auch zu toben. Machen sie sich nichts daraus. Machen sie einen Spaziergang, treffen sie männliche Freunde, bleiben sie bei sich. All dieser Widerstand und die Kämpfe gehören dazu, wenn Kinder sich von den Eltern lösen. Das gilt besonders für erwachsene Adoptivkinder.

Aufräumen und Entsorgen

Frauen sind Sammlerinnen und Männer sind Müllsammler. Männer sammeln weniger Materielles als Frauen, dafür haben sie eine große Menge psychischen Ballast in ihrem Gepäck. Bevor sie aber einen Plan für die Renovierung ihres Hauses machen, müssen sie aufräumen und vieles entsorgen.

Stichwort „Schrott": Wie viele Dinge gibt es in ihrem Leben, die sie seit über einem halben Jahr weder benutzt, noch an sie gedacht haben? Machen sie eine vierspaltige Liste. In die erste Spalte schreiben sie, um was es sich handelt, in die zweite Spalte, wo sich dieses Ding befindet, zum Beispiel Schrank, Garage, Keller, etc., und in die dritte, warum sie dieses Ding im letzten halben Jahr nicht benutzt haben. Ist diese Liste erstellt, lassen sie sie ein paar Tage liegen; dann nehmen sie die Liste und gehen sie durch: Was kommt in den Container, den sie zwischenzeitlich bestellt haben, und was heben sie auf. Den Grund, warum sie überflüssige und unnötige Dinge aufheben, schreiben sie in die vierte Spalte. Seien sie ehrlich und erlauben sie sich, sentimental zu sein. Nach ein paar Tagen überprüfen sie die vierte Spalte, ob sie noch stimmt. Sie werden feststellen, dass sie viele Dinge jetzt loslassen können, von denen sie es nicht dachten. Füllen sie den Container und entsorgen sie ihren materiellen Müll.

Stichwort „unerledigte Aufgaben": Auch hier machen sie eine Liste. Dies können Telefonate sein, die sie schon lange führen wollten und immer wieder aufschieben, das kann ein Gang zum Arzt sein, ein Treffen mit Freunden, das Organisieren ihres Büros, weiteres Aufräumen und Entsorgen, Besuche, was auch immer. Arbeiten sie die Liste ab, und zwar zeitnah und konsequent. Überkommt sie jetzt eine große Trägheit und denken sie, dass sie keine Zeit für bestimmte Dinge haben, schieben sie damit nur ihre Freiheit auf. Behalten sie im Hinterkopf: Der Tod schert sich nicht um ihr ineffizientes Zeitmanagement. Arbeiten sie die ganze Liste ab, lassen sie keine losen Enden übrig.

Stichwort „unerledigte Beziehungen": Ein heikler Punkt auf dieser Liste! Denken sie oft an eine frühere Beziehung, Ehe oder Affäre – egal ob positiv und sehnsuchtsvoll oder voller Wut und Enttäuschung? Wenn es solche Knoten in ihrem Leben gibt, sollten sie sie unbedingt lösen. Rufen sie die Person an und treffen sie sich, schauen sie der Realität ins Auge. Lösen sie den Knoten, auch wenn sie glauben, dass es ihre aktuelle Beziehung gefährdet. Vielleicht müssen sie die Affäre sogar wiederholen, um festzustellen, dass der Beischlaf wirklich nicht hält, was die Onanie verspricht. Unerledigte Beziehungen sind das Gefährlichste im Gepäck eines Mannes, und ein Aufrechterhalten dieser Träume gehört mit zu den schlimmsten Dingen, die ein Mann seiner Frau antun kann. Eine Affäre ist eine Affäre und irgendwann zu Ende – trotz allem Schmerz, den sie verursacht. Ein aufrechterhaltener Traum von einer anderen Frau ist ein langsam wirkendes, schmerzvolles und letztendlich tödliches Gift für jede Beziehung. Können sie aus eigener Kraft den Knoten nicht lösen, reden sie mit ihren Freunden, nehmen sie an einer Familienaufstellung teil, suchen sie einen Therapeuten auf – egal was sie davon halten, tun sie es für ihre Ehe, ihre Beziehung und für die Liebe. Überlegen sie einmal, warum sie keine Kraft mehr haben, wo ihr ganzer Mut geblieben ist. Er ist gebunden in ihren Lügen und ihrem Versteckspiel. Sie haben keine Kraft mehr für wahrhafte Liebe: nicht in ihrer Beziehung aber auch nicht in einer Affäre. Das sollten sie schnellstens ändern.

Zu diesem Thema fällt mir eine schöne Zen-Geschichte ein: Zwei Mönche waren auf der Wanderschaft. Eines Tages gelangten sie ans Ufer eines Flusses, dessen Ufer durch eine Regenperiode aufgeweicht waren. Dort stand eine junge Frau in schönen, teuren Kleidern. Offenbar war sie im Begriff, den Fluss zu überqueren. Da das Wasser sehr tief war, hätte sie ihn nicht überqueren können, ohne ihre Kleider zu schädigen. Ohne zu zögern, ging der ältere Mönch auf die Frau zu, hob sie auf seine Schultern und watete mit ihr durch das Wasser. Auf dem gegenüberliegenden Flussufer setzte er sie trockenen Fußes ab. Nachdem der jüngere Mönch ebenfalls den Fluss überquert hatte, setzten die beiden ihre Wanderung fort. Eine Stunde später fing der Jüngere an, den älteren Mönch zu kritisieren: „Bist du dir im Klaren, dass du nicht korrekt gehandelt hast, denn wie du weißt, ist es untersagt, näheren Kontakt mit Frauen zu haben oder mit ihnen zu sprechen. Und du hast sie sogar berührt. Wieso hast du gegen diese Regel verstoßen?"

Der Mönch, der die Frau über den Fluss getragen hatte, hörte sich die Vorwürfe des anderen an. Dann antwortete er ruhig: „Ich habe die Frau vor einer Stunde am Fluss abgesetzt. Wie erklärst du dir, dass du sie noch immer mit dir herumträgst?"[2]

Stichwort „zurückgehaltene Wahrheiten": Stellen sie sich vor, dass sie in zwei Tagen sterben. Gibt es Dinge, die noch gesagt werden müssen: vielleicht ihrer Frau oder Freundin, ihrer Mutter oder ihrem Vater, Freunden, Kollegen, wem auch immer. Machen sie eine Liste und arbeiten sie diese Liste ab, konsequent und ohne Rücksicht. Denken sie daran: Nicht ausgesprochene Wahrheiten und vermiedene Klarheit verschwinden nicht einfach aus dem Leben, vielmehr produzieren sie schlechte Stimmungen, unter denen alle Menschen leiden.

Stichwort „nicht gegebene Liebe und Aufmerksamkeit": Bekommt ihre Frau oder Freundin, bekommen ihre Kinder, ihre Freunde und ihre Mitarbeiter und Kollegen die Aufmerksamkeit, die ihnen gebührt? Warum nicht? Können sie so abtreten, morgen oder übermorgen? Bringen sie das in Ordnung, bevor es zu spät ist – täglich. Sie dürfen dabei ruhig lächeln.

Stichwort: „nicht begonnene Projekte": Beginnen sie mit diesem Punkt, wenn sie die anderen Dinge in ihrem Leben erledigt und in Ordnung gebracht haben. Und beginnen sie wirklich erst dann, wenn kein Müll und Schrott mehr vorhanden ist, wenn sie alle zurückgehaltenen Wahrheiten gesagt haben und wenn sie das Gefühl haben, dass alle Menschen in ihrer Umgebung die größtmögliche Aufmerksamkeit von ihnen bekommen. Aufräumen und Entsorgen nimmt Zeit in Anspruch. Wenn sie innerhalb eines Monats fertig sind, dann haben sie es nicht richtig gemacht und sollten von vorne beginnen. Beim Thema „nicht gelebte Affären" kriegen sie höchstwahrscheinlich Ärger mit ihrer Partnerin. Diesen Ärger müssen sie in Kauf nehmen, und wenn ihre Partnerin sie jetzt verlässt, dann hätte sie sie früher oder später ohnehin verlassen. Daran können sie nichts ändern.

Wenn sie alles erledigt haben, nehmen sie sich ihren Zettel mit den notierten Projekten. Sortieren sie diese nach Machbarkeit, also nach ihren finanziellen und ihren zeitlichen Ressourcen und der Priorität in ihrem Leben. Eventuell müssen sie, um eine Sortierung vorzunehmen, zusätzliche Informationen einholen. Dann wählen sie daraus drei kurzfristige, zwei mittelfristige und ein langfristiges Projekt.

Das Maskuline braucht ein Ziel

Sie haben soeben die Ziele der nächsten vier bis fünf Jahre in ihrem Leben festgelegt und sollten ab sofort ihr gesamtes Leben neben der Beziehung und den Alltag auf die Umsetzung und das Erreichen dieser Ziele ausrichten.

Stichwort „falscher Zeitpunkt": Als normaler Mann werden sie jetzt feststellen, dass neben ihrer Arbeit und anderen Alltagspflichten keine Zeit zur Verwirklichung ihrer Ziele bleibt. Sie werden eine große Neigung empfinden, ihre Aufgaben und Projekte auf eine Zeit zu verschieben, in der sie sich freier und weniger eingebunden fühlen. Wahrscheinlich führen sie auch noch an, dass der aktuelle Zeitpunkt aus finanziellen Gründen oder anstehenden Umbrüchen in ihrem Leben denkbar ungeeignet ist. Alle ihre Vorwände mögen richtig sein, trotzdem betrügen sie sich damit selbst: Ein Teil in ihnen weiß sehr genau, dass es den richtigen Zeitpunkt nicht gibt. Mit „richtigem Zeitpunkt" meinen sie nämlich einen Zeitpunkt, an dem ihre Lebenspartnerin beginnt, ihre Ziele zu tolerieren. Das passiert nicht. Nie. Wenn überhaupt, werden sie Toleranz höchstens für ihre kurzfristigsten Ziele erhalten.

Ihre Partnerin möchte nämlich, dass sie und die Beziehung ihr Ziel im Leben sind, und nicht irgendwelche männlichen Albernheiten. Sie stehen also vor der Wahl: ihre Partnerin oder sie. Wenn sie ihre Partnerin und die Beziehung wählen, wird sie sich erst einmal freuen. Diese Freude währt jedoch nur kurz und wird dann einer Verachtung weichen, einer tiefen Verachtung für sie. Sie hat sie kleingekriegt und von ihrem Weg abgebracht. Einerseits führt dies innerlich bei ihr zu einem Triumph. Andererseits fragt sie sich, was das für ein Mann ist, den sie so einfach von seinem Ziel ablenken kann, der seine Mission in der Welt, das Größere, aus Angst vor einem mittleren weiblichen Sturm aufgibt. Wie kann ihre Partnerin ihnen unter diesen Umständen die Führung der Beziehung anvertrauen? Wählen sie aber ihr Ziel und stellen es über ihre Partnerin und die Beziehung, wird sie sich bitterlich beschweren und ihnen wahrscheinlich mit Trennung drohen. Das müssen sie aushalten. Vielleicht entzieht sie ihnen auch mehrere Tage ihre Liebe oder sie bekommen Sexverbot. Sie will sie auf die Probe stellen, und je konsequenter sie bei ihrem Ziel bleiben, umso sportlicher werden ihre Herausforderungen.

Wenn sie jetzt einknicken, wird ihre Partnerin enttäuscht sein, enttäuscht darüber, wie wenig sie sich auf sie verlassen kann. Alle anderen Schwierigkeiten bei der Umsetzung ihrer Ziele können sie durch konsequentes Zeit- und Finanzmanagement lösen. Und machen sie niemals ihr Ziel von einer Frau abhängig, denn sonst geht es ihnen wie Franz Kafka, der einmal sagte: „Allein könnte ich vielleicht einmal meinen Posten wirklich aufgeben. Verheiratet wird es nie möglich sein."

Stichwort „kein Ziel haben": Sie können sagen, sie haben kein Ziel, jedenfalls kein so großes Ziel, für das sie ihre Beziehung riskieren würden. Für was würden sie denn ihre Beziehung riskieren? Wenn ihnen nichts einfällt, dann sollten sie sich überlegen, ob sie sich jemals von ihrer Mutter gelöst haben und ernsthaft erwägen, wieder bei ihr einzuziehen. Wenn ihnen nicht einmal mehr Ziele einfallen, dann haben sie jeden Schneid verloren und sind vollkommen abhängig von ihrer Partnerin und dem Weiblichen. Bestimmt haben sie dann auch schon mit dem Gedanken an einen Besuch bei einer Domina gespielt, doch auch davor haben sie zu viel Angst. Was sie brauchen, um ihre verletzte Männlichkeit zum Blühen zu bringen, ist männliche Unterstützung. Ersetzen sie alle Ziele auf ihrem Zettel durch den Eintrag „Teilnahme an einer Männergruppe".

Stichwort „unerreichbare Ziele": Sie haben zwar Ziele, halten diese aber für unerreichbar. Da gibt es zwei Dinge, die sie überprüfen sollten: Erstens, ist es vielleicht ihr Muster, dass sie sich Ziele suchen, die sie mit Sicherheit nicht erreichen. Wenn das so ist, sollten sie prüfen, warum sie ein Versager sein wollen und für wen sie das tun. Dürfen sie nicht über ihren Vater hinauswachsen? Warum nicht? Sprechen sie mit männlichen Freunden darüber und reduzieren sie ihre Ziele auf ein ihnen angemessenes Maß. Zweitens, besteht die Möglichkeit, dass nicht das Ziel zu groß ist, sondern sie sich zu klein machen. In diesem Fall würde ihr Selbstbewusstsein nicht einmal zum Erreichen des kleinsten Zieles reichen. Sie müssen lernen mit der Gefahr des Versagens zu leben, müssen lernen nicht omnipotent zu sein. Gehen sie für ihr Ziel und riskieren sie zu versagen, und versagen sie.

Jetzt haben sie den Anfangsschwierigkeiten in die Augen geschaut und ihre Ziele klar definiert. Es wird Zeit in die konkrete Planung zu gehen. Legen sie ein Startdatum fest, wann sie mit der Umsetzung ihrer Ziele beginnen, und kommunizieren sie es ihrer Partnerin und ihren Freunden. Bitten sie alle ihnen nahestehenden Menschen, sie bei der Umsetzung ihrer Ziele zu unterstützen, und für den Fall, dass sie vom Weg abweichen sollten, rückhaltlos zu kritisieren. Je größer ihr Ziel, umso mehr werden sie wachsen.

Führung und standhafte Stärke entwickeln

Mit dem Beginn ihres ersten Projektes haben sie bereits Führung übernommen und standhafte Stärke gezeigt, denn der Sturm des Weiblichen hat ihnen wahrscheinlich mächtig ins Gesicht geblasen. Dieser Sturm war aber mit Sicherheit nicht der letzte auf dem Weg. Nun müssen sie dranbleiben und ihre Führung nicht nur auf ihr Ziel, sondern auch auf die Beziehung ausdehnen, sie müssen Vertrauen schaffen. Konkret bedeutet dies, dass sie, obwohl sie jetzt ihre Ziele verfolgen, die Beziehung nicht aus dem Blickfeld verlieren. Ihre Partnerin muss immer spüren, dass sie sich zwar wichtig sind, aber dass sie immer wieder in die Beziehung zurückkehren.

Führung bedeutet, dass sie weit mehr als sich selbst in ihre Planung einbeziehen. Sie müssen den Überblick behalten, und das ist, falls sie eine sehr weibliche Frau haben, nicht einfach. Im Gegensatz zu ihnen ist das Weibliche nämlich nicht fokussiert, sondern schwankt von Sekunde zu Sekunde. Diese ständigen Wechsel in ihrer Umgebung verlangen hohe Flexibilität. Sie könnten sich klar abgrenzen, dann würden sie aber keine standhafte Stärke beweisen, sondern nur die weibliche Essenz aussperren.

Wie bekommen sie aber Führung in die Beziehung? Ganz einfach, sie beginnen zu führen. Führung ist erst einmal nichts Autoritäres, sondern Führung berücksichtigt viele, sich eventuell widersprechende Interessen, und wählt dann den für das große Ganze sinnvollen Weg. Das große Ganze ist ihre Beziehung. Mit den widersprüchlichen Interessen ist es schon schwieriger. In ihnen gibt es vielleicht zwei oder drei, in ihrer Frau mindestens hundert. Die Herausforderung dabei ist, das wirklich Relevante von vorübergehenden Stimmungen zu trennen. Sie tun dabei nichts anderes als der Lenker eines großen Konzerns: Einerseits haben sie eine langfristige strategische Planung, andererseits ist das Tagesgeschäft bestimmt durch eine Menge sich schnell ändernder Umstände.

Zwischen langfristiger Planung und Tagesgeschäft müssen sie manövrieren. Das gelingt ihnen nur, wenn ihnen ihre Mitarbeiter, ihre Kunden und ihre Lieferanten vertrauen, auch wenn sie nicht jede ihrer Entscheidungen verstehen. Um nichts anderes geht es in einer Beziehung. Es ist ihre Aufgabe, den Fokus von Entwicklung auf das große langfristige Ziel zu bündeln, im Alltag flexibel zu sein und motivierend zu agieren. Dafür aber müssen sie um sich ein Feld von standhafter Stärke entwickeln. Standhafte Stärke bedeutet, dass sie an sich selbst, an ihre Wahrnehmung und an ihre Ziele glauben. Weiterhin bedeutet es, dass sie ihrem Team, also ihrem Partner und ihrer Beziehung, vertrauen. Es geht nicht darum, ihre Überzeugung durchzusetzen und hart zu argumentieren, denn bei mehreren Lösungswegen gibt es für jeden gute Argumente. Es geht darum welche Lösung sie intuitiv für die herausragendste und der Situation angemessenste halten. Das müssen die anderen fühlen.

Es ist vollkommen ausgeschlossen, dass ihnen ihre Partnerin die Führung in der Beziehung anvertraut, solange sie sich nicht selbst vertrauen. Und natürlich wird an jeder ihrer Entscheidungen gerüttelt, jede ihrer Entscheidungen wird hinterfragt. Dann geht es nicht darum, dass sie ihre Entscheidungen verteidigen, sondern standhafte Stärke zu zeigen.

Je mehr sie üben, umso vertrauenswürdiger werden sie.

Vertrauenswürdigkeit, Klarheit und Wahrheit
Wie sich ihre Partnerin ihnen hingibt, ist ein Maß für ihre Vertrauenswürdigkeit. Sie ergibt sich daraus, mit welcher Klarheit sie ihre Ziele verfolgen und mit welcher Wahrheit sie zu ihren Fehlern stehen. Je vertrauenswürdiger sie sind, umso eher werden ihnen Menschen folgen. Das heißt nicht, dass die Menschen sie lieben, aber sie werden sie respektieren, weil sie wissen, dass sie sich auf sie und ihre Entscheidungen verlassen können, dass sie ihrem Urteil vertrauen können. Fehler werden sie trotzdem machen, denn jeder, der handelt, macht Fehler. Die Frage ist nur, stehen sie zu ihren Fehlern oder nicht?

Wenn der Weg, den sie gegangen sind, ihrer Wahrheit entsprochen hat und sie trotzdem nicht das gewünschte Ergebnis erzielten, ist das kein Fehler, vorausgesetzt sie haben auf dem Weg immer ihr Bestes gegeben. Und wenn sie ab und zu nicht ihr Bestes geben, ist das noch immer kein Fehler. Zu einem Fehler wird es erst, wenn sie versuchen es zu vertuschen und zu überspielen. Alle Menschen haben ein gutes Gespür für die Integrität einer Person. Je integrer sie sind, je offener sie mit ihren Fehlern umgehen, je klarer sie ihre Wahrheit kommunizieren, umso vertrauenswürdiger sind sie.

Machen sie wieder eine Liste. Diesmal schreiben sie auf die Liste, was sie an anderen Menschen am meisten ablehnen oder gar hassen. Lassen sie die Liste einen Tag liegen. Am nächsten Tag schreiben sie bitte zu jedem dieser Punkte, wie sie es machen, sie zu verstecken. Sie sagen, ihre Einträge über Fehlverhalten auf der Liste sind nicht ihre: Das stimmt nicht, sie verstecken sie nur besser als die Personen, an denen sie sie kritisieren. Sie können diese Arbeit jetzt machen oder sich entscheiden, für den Rest ihres Lebens nicht integer zu sein. Und um die Herausforderung noch etwas zu vergrößern, verpflichten sie sich jetzt in aller Klarheit und Wahrheit, ihre auf der Liste stehenden Nachlässigkeiten nicht mehr zu verdecken, sondern zu ihnen zu stehen. Wenn sie diese Übung ehrlich durchführen, werden sie feststellen, wie wenig vertrauenswürdig sie für sich selbst sind. Fangen sie an, das zu ändern, auch wenn es nur langsam geht: Geben sie das Lügen auf und halten sie es wie Goethe: „Man kann nicht immer ein Held sein, aber man kann immer ein Mann sein."

Falls sie immer noch glauben, die Rückkehr zur sexuellen Essenz sei ein Kinderspiel, sind sie entweder ein Genie oder ein Hochstapler. Falls sie jedoch in der Realität gelandet sind, seien sie gut zu sich und lassen sie sich Zeit.

Herausforderungen, Besessenheit und Ärger

Wenn keine Herausforderung da ist, wenn es nichts zu tun gibt, dann schafft sich das Männliche eine. Was nicht passend ist, wird passend gemacht, und wenn wir gar nichts mehr zu tun haben, können wir immer noch Kampftrinken und danach das Lagerfeuer auspinkeln.

Haben sie männliche Partner, mit denen sie sich messen können, mit denen sie sich austauschen und mit denen sie Ärger riskieren? Falls nicht, sollten sie das ändern, sonst quälen sie nur ihre Partnerin. Das Letzte, was ihre Frau für sie sein will, ist ein männlicher Sparringpartner. Ihre Partnerin will ihre Geliebte sein, die Mutter ihrer Kinder und sie wird mit Sicherheit oft ihre Hölle sein, aber messen will sich eine Frau mit dem Männlichen nicht. Das Männliche ist erotisch, aber nichts, mit dem man konkurriert. Es ist extrem wichtig, dass sie Kontakt zu anderen Männern haben, denn nur diese werden ihre Besessenheit bei der Lösung von Problemen verstehen und sie auf allen Stufen unterstützen oder kritisieren. Im Gegensatz zu Frauen nämlich, gehört Besessenheit zu ihrem Leben.

Alle Schwierigkeiten, die sie haben, durchlaufen dabei drei Stufen: Die erste Stufe ist die Herausforderung. Zum Beispiel fangen sie an, einen Schrank aufzubauen. Die zweite Stufe ist Ärger, der in Besessenheit umschlägt. Auf dieser Stufe klappt irgendetwas nicht. Sie fluchen, schimpfen, verbeißen sich in die Arbeit und vergessen dabei ihre Umgebung. Die dritte Stufe ist Freiheit. Die Arbeit ist erledigt, es gibt im Moment nichts mehr zu tun und sie können beruhigt ein Bier öffnen. Sie kennen dieses Ritual, denn sie durchlaufen es mehrmals täglich. Jede Frau schüttelt über ihr Spiel den Kopf und blickt mit Unverständnis auf sie.

Trotzdem: Da dieser Ablauf Bestandteil ihres Lebens ist und jeder Erfolg einem Geburtsvorgang gleicht, wollen sie sich darüber austauschen. Bitte versuchen sie das nicht mit ihrer Partnerin oder irgendeiner anderen Frau.

Suchen sie sich einen Mann oder besser mehrere Männer, mit

denen sie sich einmal in der Woche treffen, sündhaft teuren Rotwein trinken und dicke Zigarren rauchen, selbst wenn sie sich das eigentlich nicht leisten können. Tauschen sie dabei ihre Erfahrungen aus, und achten sie darauf, sich an solchen Abenden nicht von den herumstehenden weiblichen Attraktionen ablenken zu lassen. Kultivieren sie diese Männerabende und machen sie sie zu einem festen Bestandteil in ihrem Leben.

Der Macher-Modus, Flexibilität und Grenzen

Kennen sie ihren Macher-Modus? Frauen finden diesen Zustand an Männern bis zu einem gewissen Punkt erotisch. Die Betonung liegt hier auf „bis zu einem gewissen Punkt", denn den meisten Männern mangelt es an entsprechender Flexibilität, aus diesem Modus kurzzeitig herauszutreten und das Weibliche wahrzunehmen. Zuerst einmal müssen sie ihren Macher fühlen, dann können sie ihn einordnen. Grob kann man drei Arten von Machern unterscheiden:

Der erste ist der bedürftige Macher, der sich zwar zeitweise auf eine Tätigkeit konzentrieren kann, aber durch die leichtesten Lockungen des Weiblichen, durch das Augenklimpern einer rehäugigen Stripperin sofort ablenken lässt.

Der zweite Macher ist der Kampfmacher. Er lässt sich durch gar nichts ablenken und ist voller Besessenheit auf seine Aufgabe fixiert. Die Besessenheit geht so weit, dass dabei seine gesamte männliche Präsenz verschwindet. Dieser Mann ist nicht mehr da.

Der dritte Macher hat die erotische Komponente auf seiner Seite, er lässt sich nicht ablenken, ist meditativ in seine Aufgabe versunken und hat trotzdem die Flexibilität, auf seine Umwelt zu reagieren. Dieser Macher ist auf sein Ziel fixiert, allerdings weiß er, dass es manchmal angemessen und den Zielen dienlich sein kann, Umwege zu machen. Er ist der weise Macher. Für ihn ist wichtig, das Ziel zu erreichen, er weiß aber auch, das jeder

Blick, den er auf dem Weg dorthin auf seine Umgebung wirft, sein Leben bereichert. Flexibilität zu haben setzt voraus, Grenzen setzen zu können. Dem Weiblichen gegenüber Grenzen zu setzen auf eine Art, die das Weibliche akzeptiert, ohne den Mann in Diskussionen zu ziehen. Es ist eine Bestimmtheit, die nicht erklären muss, die die Kraft aus sich selbst zieht, aber auch keinen Widerspruch duldet. Die übliche männliche Art, aus dem Machermodus heraus Grenzen zu setzen, ist die des Abwimmelns oder eines aggressiven Stopp-Signals. Das bringt das Weibliche aber nur auf, denn es fühlt sich unwillkommen.

Eine klare Grenze hingegen, die sich nicht gegen die eindringende Energie richtet, sondern aus sich selbst heraus eine Barriere schafft, die sich nicht aus der Ruhe bringen lässt, ist für das Weibliche zwar nicht einfacher zu ertragen, aber es wird sie eher akzeptieren.

Prüfen sie, wie sie ihre Grenzen setzen und wie sie
reagieren, um diese zu verteidigen. Beobachten sie,
wie sie vorgehen, wenn das Weibliche plötzlich in
ihren Macher-Modus eindringt.

Sie werden wahrscheinlich wie jeder normale Mann reagieren: genervt. Versuchen sie flexibler zu werden. Das bedeutet nicht, dass sie ihre Grenzen aufweichen, sondern nur, dass sie nicht sofort scharf schießen. Im Militärjargon nennt man das, was sie entwickeln sollen, „flexible response".

Dazu kommt, je klarer sie mit ihren Grenzen sind, umso weniger müssen sie schießen. Wenn sie aber denken, dass sie das Schießen ganz vermeiden können, dann irren sie sich. Je öfter und je tiefer sie in ihrem Macher-Modus sind, umso öfter wird das Weibliche sticheln und nörgeln, das ist ein Naturgesetz.

Es hat bei mir drei Monate gedauert, bis meine Frau akzeptierte, dass ich, wenn ich schreibe, schreibe und nicht gestört werden will.

Herausforderungen für Fortgeschrittene

Herausforderungen sind für Männer ein Ansporn zum Wachstum, es kann nicht genug davon geben. Auf der Stufe der Komfortzone verhungert ihre sexuelle Essenz, also stellen sie sich dem Leben.

Wenn sie das nicht tun, brauchen sie sich nicht zu wundern, wenn ihre Frau von einer Affäre mit dem Tennislehrer träumt oder eine hat. Sie brauchen sich nicht zu wundern, wenn ihre Tochter sie verachtet, weil sie ihren Freundinnen auf die Brüste schauen, und ihr Sohn in ihnen kein Vorbild, sondern nur einen Taschengeldgeber sieht, von dem er sich am Wochenende den Benz leiht. Und selbst wenn sie ein Sesselpupser geworden sind, der von der Rente träumt: Es ist nie zu spät, sich aufzuraffen. Etwas Energie sollte ihnen der Respekt ihrer Frau und ihrer Kinder Wert sein, ganz zu schweigen von der Selbstachtung, die sie durch neue Anforderungen gewinnen.

Hier einige Herausforderungen für Fortgeschrittene, von denen sie wahrscheinlich noch nie gehört haben. Zum Beispiel können sie auf Visionssuche gehen. Das ist eine alte indianische Technik, die dann Sinn macht, wenn sie spüren, dass es Zeit ist etwas hinter sich zu lassen, aber das Neue noch nicht da ist. Es ist ein Weg, den sie alleine beschreiten. Sie können über mehrere Tage vollkommen alleine eine Wanderung machen, sie können sich aber auch eine Woche lang der Wildnis aussetzen und Bären und ihrem Tod ins Auge schauen.

Eine andere Möglichkeit ist, dass sie an einer *Vipassana* Meditation teilnehmen. Dabei sitzen sie zehn Tage in Stille und können durch die Widerstände aller ihrer Schichten bis zur Essenz tauchen und dem Egotod ins Auge sehen.

Eventuell gehen sie aber auch nur Dinge an, die sie schon lange machen wollten und aufgeschoben haben: Wechseln sie ihre Arbeit oder reduzieren ihre Stundenzahl. Hatten sie nicht schon lange vor ein Buch zu schreiben? Vielleicht lösen sie auch ihre Rücklagen auf und erfüllen sich einen Kindheitstraum: Sie kaufen sich eine Jacht oder einen Maserati. Egal was sie wählen, ihre Partnerin dürfte toben, aber: „Wer hoch hinaus will, muss kalten Wind vertragen können", lautet ein Zitat von General von Clausewitz. Stellen sie sich darauf ein, je näher sie ihrer sexuellen Essenz kommen, je männlicher sie werden, umso kräftigerer Wind bläst ihnen ins Gesicht. Glauben sie bitte nicht, dass, je mehr sie sich entwickeln, je mehr sie Mann werden, der Umgang mit ihrer Frau einfacher wird. Er wird komplizierter, denn *sie* wird die Herausforderungen steigern.

In meinen Workshops erzähle ich gerne eine Geschichte, die ich von David Deida habe: „Ein sehr präsenter Mann hat über ein halbes Jahr eines seiner großen Ziele verfolgt. Heute ist der Tag des Abschlusses. Es ist ein großes Geschäft und es wird eine Menge Geld in die gemeinsame Kasse spülen. Am Morgen dieses Tages bittet ihn seine Frau, wenn er abends nach Hause kommt, Milch aus dem Supermarkt mitzubringen. Der Mann geht in sein Büro, er schließt das Geschäft ab, feiert noch etwas mit Kollegen und macht sich auf den Weg nach Hause. Es ist ein wirklich großes Geschäft, ein Geschäft im Millionenbereich, was er abgeschlossen hat, und seine Prämie reicht für mehr als ein Einfamilienhaus im Grünen. Natürlich vergisst er in seiner Siegerlaune, die Milch zu kaufen. Er betritt also die Wohnung und sagt: „Es ist geschafft, jetzt können wir uns endlich ein schönes Haus leisten." Er erwartet, dass sie sich mit ihm freut, aber stattdessen sagt sie ziemlich spitz: „Du hast die Milch vergessen." Er: „Was regst du dich auf, wir können mit dem Geld einen ganzen Bauernhof, eine Milchfarm kaufen." Sie: „Du hast die

Milch vergessen ... ich und unser gemeinsames Leben bedeuten dir anscheinend überhaupt nichts mehr. Es geht nur um deine Geschäfte. Seit Monaten." Und so geht das weiter. Der arme Kerl kann tun, was er will, er bekommt jetzt einen Vortrag über all seine Versäumnisse in den letzten fünf Jahren.[3]

Eine Frau versteht diese Geschichte und was dort passiert sofort – jeder Mann hat Ähnliches schon einmal erlebt und versteht bis heute nicht, was eigentlich passiert ist. Das ist der kalte Wind, von dem ich spreche. Wir können nur üben den Kragen hochzuklappen und den kalten Wind gelassen zu ertragen.

Raum, Lebenskonzepte und tiefer Groll

Eine heikle Sache für den größten Teil aller Männer ist, sich den eigenen Raum in einer gemeinsamen Wohnung, überhaupt in der Beziehung zurückzuerobern. Und wenn es nicht der Raum ist, aus dem sie und die ihnen wichtigen Schallplatten, Magazine, Bücher, alles Mögliche verbannt wurden, dann sind es Teile ihrer ursprünglichen Lebenskonzepte, die sie aufgegeben haben. Es geht dabei nicht um die vernünftigen Vereinbarungen, die eine Partnerschaft erst möglich machen, sondern um die Dinge, denen sie nur des lieben Friedens willen zugestimmt haben. Denen sie zugestimmt haben, weil eine Kiste Bücher im Keller oder ein verkauftes Motorrad ihnen wirklich weniger bedeutet als ihre Partnerin. Beziehungsweise weil es für sie vollkommen gleichgültig ist, ob die Farbe des Tisches in der Küche hell- oder dunkelbraun ist, auch wenn sie oft an ihm sitzen. Es ging aber nie wirklich um ihre Bücher, ihr Motorrad, ihre alten Schallplatten oder einen Küchentisch – es ging immer um Raum und wer die Macht über diesen Raum hat.

Genauso verhält es sich mit den Lebenskonzepten, ob sie zum Beispiel Rücklagen bilden oder keine, wie sie ihren Urlaub verbringen oder ob sie bis zur Rente arbeiten oder vorher aussteigen und sich einer ganz anderen Beschäftigung widmen. Überall hat das Weibliche seine Finger drin. Und auch hier geht es nicht um die Inhalte, selbst wenn ihre Partnerin dies vehement bestreiten wird, sondern es geht nur darum, wieweit sie zu sich stehen und ab wann sie manipulierbar sind.

> Machen sie hier nochmals eine Liste. Schreiben sie
> alles auf, was sie für ihre Frau, für die Beziehung und
> weil sie einfach vom Streiten und Nörgeln genervt
> waren, aufgegeben haben.

Und nun, da sie gewachsen sind und viele dieser Dinge ihnen wirklich nichts bedeuten, werden sie diese auch nicht plötzlich von ihrer Frau einfordern. Vielmehr notieren sie auf ihrer Liste, warum sie sich nicht vergeben können nachgegeben zu haben, und bei welchen Punkten sie immer noch einen Groll auf ihre Partnerin hegen. Gleichen sie nun diese Liste mit der Liste ihrer Projekte ab und streichen sie alle Racheprojekte, denn diese haben nichts mit ihren tiefsten Bedürfnissen zu tun. Streichen sie also eventuell auch den Maserati, für dessen Kauf sie sich beim Lesen des letzten Abschnittes entschlossen hatten.

Alle übrig gebliebenen Projekte auf ihrer Liste verfolgen sie, auch wenn dies das Ende der Beziehung bedeutet. Sollten sie für eines ihrer Projekte Raum in der gemeinsamen Wohnung benötigen, verschaffen sie ihn sich. Wenn sie das nicht tun – und das wissen sie –, wird nicht nur ihre Frau die Achtung vor ihnen, auch sie werden die Achtung vor sich selbst verlieren.

Lassen sie es nie so weit kommen – das muss nicht sein.

Der Weg der Frauen

Die herausragendsten weiblichen Qualitäten sind Offenheit und Ausstrahlung, und zwar unabhängig vom Alter. Als Frau wollen sie erkannt werden, wollen gesehen werden in ihrer ganzen Tiefe. Dennoch kokettieren sie und versuchen alle Liebe, die sie nicht für sich selbst haben, im Außen zu finden. Sie fixieren sich dabei sehr auf ihre äußere Erscheinung und vergessen, dass mit einer Zunahme an Jahren die Schwerkraft ihren Tribut fordert.

Wahrscheinlich haben sie das Kapitel über Männer mit großer Aufmerksamkeit gelesen und an vielen Punkten gedacht, das ist richtig: Einen solchen Mann wünsche ich mir. Die große Frage ist allerdings, ob sie mit einem solchen Mann überhaupt umgehen könnten? Warum sollte ein Mann, der souverän in der Welt steht, der seinen Weg geht, gerade sie lieben? Für die Pflege, die sie täglich ihrer Haut schenken, tut er das sicherlich nicht, da muss schon etwas mehr dahinter sein.

Wenn sie ihre bisherigen Partnerschaften anschauen, wenn sie zurückgehen bis zu ihrer ersten Beziehung mit einem Mann, ihrem Vater, werden sie erkennen, dass alle demselben Muster folgen: Sie wollen in ihrer Tiefe erkannt und geliebt werden. Diese Tiefe aber, ihr Innerstes, verstecken sie unter einer dicken Schicht von falschem Lächeln, falscher Verführung und hochwertiger Kosmetik. So wird das nichts mit dem Erkanntwerden, denn selbst das beste Styling und die höchsten Absätze können ihr fehlendes Strahlen nicht ersetzen.

Es ist wie bei einem wunderschönem, exklusiv eingerichteten Haus: Ohne Bewohner bleibt es ein Architekturmuseum. Überlegen sie sich, ob sie ein Ausstellungsstück in ihrem Museum sein wollen oder ob sie ihr Strahlen hinaus in die Welt tragen. In der Welt müssen sie allerdings die Eingangskontrollen, Wächter und Überwachungskameras hinter sich lassen.

Sie werden verletzlich, treffen aber Menschen, die sich nie in ein Museum verirren würden. Die Herausforderung von Frauen ist, die schützenden Mauern des Ausstellungsraums zu verlassen und sich in Offenheit, Hingabe und Verletzlichkeit zu zeigen, um endlich das zu bekommen, was sie sich so sehr wünschen: erkannt zu werden.

Eines der schönsten Zitate über das Erkennen des Weiblichen habe ich bei Maxim Gorkij gefunden: „Das Klügste, was der Mann erreicht hat, ist seine Kunst, eine Frau zu lieben und ihre Schönheit zu bewundern. Alles Wunderbare auf der Welt ist aus der Liebe zur Frau geboren."

Leider widerfährt ein Erkennen in dieser Tiefe Frauen nur selten. Zumeist taxieren Männer nur die sexuelle Verfügbarkeit: manchmal schon der Vater, dann Freunde und Ehemänner, Liebhaber, männliche Therapeuten, eventuell auch ein selbsternannter Guru. Irgendwann sieht sich Frau dann mit den Augen dieser Männer und glaubt: Das bin ich.

Die Mutterrolle los- und den Sohn gehen lassen

Die Mutterrolle, die eine Frau einem erwachsenen Mann gegenüber einnimmt, besteht immer nur zu einem kleinen Teil aus wirklicher Sorge und zu einem großen Teil aus Verachtung und Überheblichkeit. In jedem Fall wird der Mann entmannt und auf einen süßen, harmlosen Bengel vor dem ersten Samenerguss reduziert. Bitte denken sie einmal genau darüber nach, auf welches Alter sie ihren Partner reduzieren, wenn sie in der Mutterrolle sind. Wenn sie alle Situationen, in denen sie Mutter spielen, prüfen, wird ihnen auffallen, dass ihr Adoptivsohn in keinem der Fälle geschlechtsreif ist.

Was löst diese Erkenntniss in ihnen aus? Können sie verstehen, dass ein so verniedlichter Mann mit ihnen gar nicht schlafen kann, unabhängig davon, wie er sich stimuliert oder wie viele *Viagra* er schluckt? Es geht nicht. In diesem Alter kennt er keine

Leidenschaft, sondern nur kindlich spielerisches Begehren. Und auch das ist noch überlagert von einer gesunden Portion an Scham und Angst. Söhne schlafen nicht mit ihren Müttern.

Spüren sie die Dimension ihres Handelns? Sie fragen sich jetzt, warum lässt er das denn mit sich machen? Warum wehrt er sich nicht gegen die Rolle des Sohns? Ihr Mann hat sich gewehrt: Er hat sich gegen seine Mutter gewehrt, er hat sich gegen Tanten gewehrt, er hat sich gegen die Frauen vor ihnen gewehrt, und am Anfang der Beziehung hat er sich auch gegen sie gewehrt. Er hat es satt, er hat keine Lust mehr. Und vielleicht wird er sich irgendwann den Sex, den er sucht, statt bei ihnen im Bordell holen. Dort hat er nicht die Rolle eines vorpubertären Sohnes. Dort ist er Kunde und Mann, jedenfalls solange er zahlt. Es geht auch nicht darum, dass sich ihr Mann wehren soll, es geht darum, dass sie die Mutterrolle loslassen.

Die Mutterrolle ist nämlich weit mehr als ein Sichsorgen, vielmehr legen sie mit ihr dem Mann einen Nasenring an, an dem sie ihn durch die Manege führen. Der Mann soll Männchen machen, wenn sie wollen, und auch sein kleiner Mann soll dann Männchen machen, dann, wenn es ihnen gefällt. Nur dann. Die Mutterrolle ist etwas, womit sie ihren Mann kontrollieren.

Wenn es anders ist und es ihnen wirklich um Sorge oder Mütterlichkeit geht, empfehle ich ihnen, schaffen sie sich einen Hund an und die Sache ist erledigt. Kontrolle aufzugeben ist komplizierter, denn hinter Kontrolle steckt Angst. Hier hilft nur, dass sie sich ihrer Muster und Verhaltensweisen bewusst werden und sich ihren Ängsten stellen.

Nehmen sie einen Stift und listen sie ihre größten Ängste im Leben auf. Zu jeder Angst schreiben sie nun, welchen Nasenring sie dafür ihrem Partner anlegen. Erschreckt sie ihre Liste? Es geht noch weiter: Fügen sie hinzu, wie sie diesen Nasenring ihrem Partner so schmackhaft machen, dass er ihn gerne trägt. Und zuletzt schreiben sie bitte auf, wie sich ihr Leben verändern würde, falls sich ihr Partner weigert weiterhin Nasenringe zu tragen und stattdessen sein Leben lebt. Es ist klar, ihre Welt bricht zusammen.

Aber bricht sie wirklich zusammen? Ist es ihre Welt, die zusammenbricht, oder ist es nur das Bild, das sie von ihrer Mutter und ihrem Vater übernommen haben, das Bild, dass sie sich von Familie und Ehe machen, das Bild, nach welchem sie erkannt werden wollen? Ihre inneren Bilder und Konzepte können sie mit der Hydra, einer neunköpfigen Schlange aus der griechischen Mythologie, vergleichen. Als Herakles in den Kampf gegen sie zog, erhielt er von seinem Lehrer drei Ratschläge, die letztendlich zum Sieg führten: „Wir erheben uns im Knien, wir erobern durch Hingabe, wir gewinnen durch Aufgabe."

Ein Fundament bauen

Um „richtig" erkannt zu werden, muss ihnen egal sein erkannt zu werden. Das klingt paradox, aber es ist die Wahrheit. So lange ihnen noch ein klein wenig daran liegt, gesehen zu werden, möchten sie auch gerne bestimmen, wie sie gesehen werden. Das zeigt nur, welche Angst sie haben, wirklich gesehen zu werden und wie wenig sie bereit sind, die Kontrolle abzugeben, wie wenig sie vertrauen. Ihr Selbstbild ist abhängig vom Bild, das andere sich von ihnen machen. Sie wollen gefallen und sie wollen auffallen. Wenn sie aber auffallen, ist ihnen dies schon wieder peinlich, weil sie Angst haben, dass ihr Auffallen als Methode entlarvt wird.

Was ihnen fehlt, ist ein Fundament von Selbstliebe und ein angemessenes, realistisches Selbstbild. Die meisten Männer sehen ihre Maske und können mit der Falschheit wenig anfangen. Dass sie sich trotzdem auf sie einlassen, liegt daran, dass sie das subtile Locken mit sexuellen Versprechungen beherrschen. Damit bekommen sie Männer, und je besser sie auf der Flöte sexueller Manipulation spielen, umso länger halten sie sie. Was sie nicht erhalten, ist, wonach sie sich sehnen, nämlich geliebt zu werden. Solange sie die Maske der Falschheit nicht oder nur selten verlassen, ist ihre Beziehung nichts anderes als Prostitution mit einem langfristigen Vertrag. Daran ändert auch nichts, dass sie schon viele Jahre zusammen sind und Kinder haben.

Bevor sie die Maske aber absetzen, brauchen sie das Fundament, die Basis für alle weiteren Entwicklungen. Beginnen sie mit einer Liste der Gründe, warum sie ihre Partnerschaft oder Familie nicht augenblicklich verlassen können. Ihre Kinder sind kein Argument gegen diese Überlegung, auch wenn die Kinder klein sind, und hüten sie sich davor, diese zur Verhandlungsmasse zu machen. Sie werden auf ihrer Liste Punkte finden, die mit weltlichen Dingen zu tun haben, und wenn sie aufrichtig sind, sind da auch emotionale Gründe. Wenn sie genauer hinschauen, werden sie feststellen, dass viele Punkte ihrer Liste nicht stichhaltig, sondern Paragrafen aus ihrem Prostitutionsvertrag sind. Sie ziehen Bequemlichkeit und Komfort einer freiwilligen Entscheidung für Hingabe vor.

Es kann gut sein, dass das alles nicht auf sie zutrifft. Dass sie vollkommen selbstständig und unabhängig sind, dass sie jederzeit gehen könnten. Warum tun sie es dann nicht? Warum harren sie in einer für sie unbefriedigenden Beziehung aus?

Ach so: Sie lieben ihren Mann, sie bleiben in der Beziehung, sie ertragen die Beziehung, damit er wächst. Sie sind eine Art Mutter Theresa für unterentwickelte Männer. Sie sind wirtschaftlich unabhängig, vollkommen frei und haben es sich zu einem Hobby gemacht, Männer zu entwickeln – sie zur Vervollkommnung zu führen, so wie andere einen Garten pflegen.

Sie sehen das versteckte Potenzial in einem Mann, sie ahnen intuitiv, was für ein Brilliant das werden kann, wenn er nur geschliffen wird. Sie sind ja noch abhängiger als eine Frau, die in einer Wirtschaftsbeziehung – in einer gewissen gegenseitigen Abhängigkeit – mit ihrem Mann verbunden ist. Was machen sie eigentlich, wenn sie keinen Erfolg mit dem Schleifen und Zurechtbiegen haben? Was machen sie, wenn sich ihr Mann hartnäckig jeder Dressur verweigert? Sie können doch dann nicht einfach gehen, wo sie schon so viel investiert haben. Hören sie also auf von ihrer vermeintlichen Freiheit und Unabhängigkeit zu reden. Schreiben sie auf die Liste, warum sie ihre Beziehung nicht augenblicklich verlassen können.

Eine Frau in einem meiner Workshops, die mit zwei Männern zugleich liiert war, antwortete auf die Frage, wofür sie denn zwei Männer brauche: „Einen fürs Bett und einen zum Koffertragen." Anfangs dachte ich, das sei ein Scherz. Es stellte sich aber heraus, dass sie einfach nur ehrlich war – ehrlicher als die meisten anderen Frauen in diesem Workshop.

Und dann, egal ob sie wirtschaftlich oder emotional abhängig sind oder einfach nur süchtig Männer zu entwickeln, stellen sie sich den Einträgen ihrer Liste. Spätestens jetzt sollten sie erkennen, dass ihr Haus nicht einmal auf Sand, sondern mitten in einem Sumpf gebaut ist. Wahrscheinlich haben sie das Glück einen unklaren und wenig präsenten Mann an ihrer Seite zu haben, der nicht den Schneid hat sie zu verlassen, oder sie sind sehr jung und arbeiten neben sexueller Manipulation noch mit dem Lolitaprinzip.

Ihre Aufgabe ist es, jeden Punkt ihrer Liste zu entkräften, jeden Eintrag ihrer Liste entweder mit ihrer Kapazität oder mit ihrer Selbstliebe aufzulösen. Sie können davon ausgehen, dass dieser Prozess mindestens ein Jahr oder länger dauert. Sie wollen ihren Partner ja nicht verlassen, sie wollen mit ihm wachsen.

Wenn ihr Partner stirbt oder sie sich scheiden lassen, geht das natürlich schneller, denn dann muss es zügig gehen. Aber machen sie sich keine Sorgen, ihr Partner ist mit seinen Aufgaben vollkommen ausgelastet, sodass sie den Freiraum, ihre Unabhängigkeit zu entwickeln, ausschöpfen können.

Wie bauen sie ein solches Fundament? Indem sie alle Voraussetzungen schaffen, die es ihnen möglich machen, wann immer sie wollen aus der Beziehung auszusteigen. Dazu gehören auch materielle Voraussetzungen: Legen sie Fluchtgeld auf die Seite, um sich eventuell mit ihren Kindern eine Wohnung leisten zu können. Sie sollen nicht wirklich flüchten, aber sie sollen flüchten können. Denn dieses „Flüchtenkönnen" sorgt dafür, dass sie sich mehr vertrauen – zutrauen. Prüfen sie, ob sie auf dem Arbeitsmarkt einsatzfähig sind, eventuell erweitern sie ihre Kapazitäten, machen Kurse, entwickeln sich. Prüfen sie, ob sie noch einen Freundeskreis außerhalb der Beziehung haben, wenn nein, entwickeln sie ihn. Nehmen sie Kontakt zu anderen Frauen auf.

Eine ziemlich große Herausforderung für Frauen ist dabei das Loslassen ihrer Trägheit, die sich in vielen Partnerschaften automatisch entwickelt: Es bietet sich an, einem Mann im Machermodus viele der unangenehmen Dinge abzugeben. Dabei werden ihnen aber nicht nur die unerfreulichen, langweiligen und weltlichen Dinge abgenommen, sondern sie verlieren auch Gestaltungsraum. Und wenn sie begonnen haben ihr Fundament zu bauen, werden sie feststellen, wie viel Gestaltungsraum ihnen fehlte. Und dieser Raum fehlt, weil sie zu einem großen Teil aus Bequemlichkeit darauf verzichten. Für ihren Raum, der ihre Unabhängigkeit gewährleistet, müssen sie selbst sorgen. Dies kann bedeuten, dass sie sich mit Dingen auseinandersetzen müssen, die sie bisher gerne an ihren Partner delegiert haben. Ob sie das wollen oder nicht, sie müssen sich einem Teil weltlicher

Herausforderungen stellen. Wenn sie das nicht tun, und dazu neigen sie aufgrund einer gewissen Trägheit und Faulheit, werden sie niemals die Basis erreichen, die sie brauchen, um sagen zu können: „Ich bin vollkommen unabhängig und dennoch wähle ich diese Beziehung. Ich könnte jederzeit gehen, jederzeit mein eigenes Leben führen, aber ich möchte mein Leben mit diesem Partner teilen."

Sie haben alle materiellen Voraussetzungen oder waren nie in weltlichen Dingen abhängig – umso besser. Neben den materiellen Abhängigkeiten in ihrer Beziehung gibt es noch die emotionalen: Prüfen sie hier, bei welcher ihrer Verhaltensweisen sie sich ihrem Partner gegenüber schuldig fühlen. Gibt es Momente, in denen sie nicht zu ihrer Wahrheit stehen, in denen sie sich verbiegen und an den Partner anpassen? Ändern sie es. Üben sie konsequent ihren Standpunkt zu vertreten, unabhängig von dem Risiko, dass ihr Partner sie dann mehrere Tage ignoriert. Nehmen sie sich selbst wichtiger als ihren Partner. Spüren sie den Schuldgefühlen nach, die jetzt in ihnen aufsteigen, und versuchen sie sie loszulassen. Lernen sie Nein zu sagen – nicht im Bett, aber im Alltag. Je mehr sie ihre Autonomie in den Alltag verlagern, umso weniger Widerstand werden sie bei der sexuellen Hingabe an ihren Partner spüren.

Warum sie das brauchen? Ganz einfach, damit sie nicht weiter auf den Strich gehen müssen oder – noch schlimmer – damit sie ihren Partner nicht weiterhin mit Vorschlägen und Anregungen zu seiner persönlichen Entwicklung quälen. Damit die Entscheidung für ihren Partner und die Wahl, bei ihm zu bleiben, sich mit ihm zu entwickeln, eine freiwillige ist – nicht bestimmt ist von materiellen Überlegungen, emotionalen Abhängigkeiten oder ihrer Sucht. Aber auch, damit ihr Partner endlich bekommt, was er verdient: ihre Hingabe und ihr Vertrauen aus freien Stücken. Das Fundament können sie übrigens nach ihrem

Wachstum getrost wieder loslassen. Es ist nur eine Leiter, die sie brauchen, um die nächste Stufe zu erklimmen.

Glauben sie bitte nicht, dass ihr Partner jetzt jubelt, denn je unabhängiger sie werden, umso weniger kann er von ihnen fordern, umso weniger Macht hat er über sie. Sie aber gewinnen Selbstachtung und Selbstwert, ihr Selbstvertrauen und ihre Selbstliebe wachsen. Selbstliebe aber ist die Voraussetzung dafür, dass sie von innen strahlen.

Das Feminine und der Körper

Fangen sie an, konkret Liebe zu sich zu entwickeln: mit dem Körper, über Bewegung, hin zu einer offenen Ausstrahlung.

Stichwort „Körper": Bestimmt schauen sie oft in einen Spiegel, jedenfalls öfter als Männer, aber wann nehmen sie sich wirklich Zeit für ihr Spiegelbild und ihren Körper? Beschaffen sie sich einen großen Spiegel und stellen sie ihn in einen Raum, in dem sie sich wohlfühlen und einige Zeit ungestört sind. Nehmen sie sich mindestens zehn Minuten Zeit pro Tag und betrachten sie ihren nackten Körper. Nehmen sie Kontakt auf, berühren sie jedes Körperteil und beginnen sie mit ihrem Körper zu sprechen. Sagen sie ihm, wie wunderbar er ist. Loben sie ihre Brüste, ihre Beine, ihre Haare und ihre Nase, ihre Zehen, ihren Bauch und ihre Oberschenkel. Loben sie ihre „Problemzonen". Loben sie ihren ganzen Körper. Am Anfang dürfte dieses Ritual ungewohnt sein und schwerfallen, denn fast alle Frauen stehen mit Teilen ihres Körpers auf Kriegsfuß. Einzelne Stellen widersetzen sich hartnäckig auch der intensivsten Optimierung, andere Körperteile lassen sich nicht ändern, wieder andere altern. Beginnen sie mit diesen Teilen ihres Körpers Frieden zu schließen. Schenken sie den Körperteilen, die sie bisher am meisten ablehnten, viel Zärtlichkeit und Beachtung.

Vergessen sie nie: Sie sind ein Gesamtkunstwerk und jedes

noch so kleine Teil trägt dazu bei. Alle Teile zusammen ergeben ihr Körpergefühl und ihren Körperausdruck – die erotische Sinnlichkeit, die sie ausstrahlen. Auch wenn es ihnen schwerfällt, dies zu glauben, die „erotische Sinnlichkeit" hängt nicht mit Schönheitsidealen zusammen. Erotische Sinnlichkeit ist die Verbindung ihres Körpers mit dem femininen Kern, nicht mehr und nicht weniger. Die Spiegelübung ist sehr kraftvoll. Das Beste ist, wenn sie die Übung fest in ihren Tagesablauf einbauen, zum Beispiel immer direkt nach dem Duschen. Was sie nach einigen Tagen merken, ist, wie sich ihre Haltung ändert, wie sie einzelne Teile ihres Körpers nicht mehr unbewusst verstecken. Die Übung ist die Voraussetzung für die folgenden Übungen, denn nur in ihrer Kombination entfalten sie die größtmögliche und strahlendste Offenheit.

Stichwort „Bewegung": Genau wie zu ihrem Körper können sie zu ihrer Bewegung finden, das schließt auch ihre Stimme ein. Körper und Stimme sind ein Zugang zu ihrer Anmut. Anmut ist der Teil ihrer sexuellen Essenz, der das Maskuline verzaubert. Männer haben Charme – Frauen haben Anmut.

Anmut gewinnen sie über Bewegung, aber bitte verwechseln sie das nicht mit Sport. Bewegung meint hier freie Bewegung: Freies Tanzen, Ausdruckstanz, Jazztanz, BioDanza, *Fünf Rhythmen* oder Ähnliches, alles, was sie spielerisch und ohne Druck in Bewegung kommen lässt. Das Ziel ist, die Bewegungen zu fühlen, die aus ihrem Körper fließen – absichtslos und ohne Anstrengung.

Stichwort „Berührung": Wann sind sie das letzte Mal tief berührt worden? Gönnen sie sich Massagen, Wellness, alles, was ihnen guttut. Lassen sie sich von einer anderen Frau, vom Weiblichen berühren. Je mehr sie mit diesem inneren Fließen in Kontakt kommen, umso leichter werden ihre Bewegungen, aber auch ihre Mimik und Gestik. Ihr ganzer Körperausdruck wirkt dann weniger angespannt. Üben sie das freie Fließen mindestens einmal pro Woche in Gemeinschaft mit anderen Frauen und ohne dass Männer anwesend sind. Männer stören bei solchen Übungen, denn das Feminine kann in Anwesenheit von Männern nicht so selbstvergessen sein, wie es für diese Praxis erforderlich ist.

Stichwort „Stimme": Ein weiterer Zugang zu Anmut ist ihre Stimme. Fangen sie an zu singen. Nicht dieses leise Vor-sich-her-Summen, wie das viele Frauen tun, sondern singen sie laut. Erheben sie ihre Stimme und geben sie ihr Raum. Gehen sie in einen Chor. Viele Frauen haben eine Blockade im Kehlkopf-bereich, die entsteht, weil sie erzogen wurden, Wut und laute Gefühle zu unterdrücken – mehr als Männer. Öffnen sie diese Blockade. Wenn sie sich beim Singen nicht öffnen können, oder singen ihnen zu sanft ist, dann schreien sie, heulen und schluch-zen sie wie Klageweiber. Sie kennen doch die Szenen aus Nachrichten oder arabischen Filmen, wenn Frauen den Verlust ihres Sohnes oder ihres Mannes beklagen. Sollten sie alleine nicht weiterkommen, erkundigen sie sich, ob in ihrer Nähe eine offene Gruppe für Bioenergetik angeboten wird. Hier lernen sie mit Sicherheit, ihren Gefühlen einen angemessenen Ausdruck zu geben.

Das Feminine ist Ausstrahlung und Licht
Können sie mittlerweile das Licht spüren, das durch sie fließt? Spüren sie den Glanz, der sich um sie einstellt, wenn sie sich anmutig bewegen? Licht ist Leben und Energie, und die steht ihnen uneingeschränkt zur Verfügung, sie müssen sich nur anschließen an die kosmische Leitung, erlauben sie sich, dass das, was im Überfluss da ist, durch sie hindurchfließt, und sie das Werkzeug sind, es in die Welt zu bringen. Solange sie darauf bestehen, dass das ihr Glanz ist, dass es etwas ist, was sie machen

und erzeugen, solange wird ihre Ausstrahlung nicht nachhaltig sein. Sie sollten sich freimachen davon, dass sie etwas tun. Sie tun gar nichts, es ist das vibrierende Weibliche, welches durch sie wirkt. Das bedeutet, jegliche Koketterie loszulassen und spielerisch zu werden. Vor allem aber, dass sie ihren Glanz in die Welt bringen, ohne etwas zurückhaben zu wollen. In den frühen Tempeln Indiens gab es speziell für die Aufgabe des „Strahlenlassens" ausgebildete Tänzerinnen. Sie tanzten und opferten dabei die weibliche Anmut den Göttern.

Machen sie wieder eine Liste: Diesmal schreiben sie auf, was sie von anderen Menschen zurückhaben möchten dafür, dass diese sich an ihrem Strahlen erfreuen. Was sie zurückhaben wollen dafür, dass sie offen sind und lächeln.

Sie haben es geschafft von innen zu leuchten, allerdings ist dieses Leuchten noch an Konditionen gebunden, sie verschenken es nicht.

In einer Zürcher Bar traf ich einmal eine Frau, die dieses Leuchten gut beherrschte. Wir kamen ins Gespräch, flirteten miteinander und verabschiedeten uns unverbindlich. Für mich war es eine schöne Begegnung mit etwas erotischem Knistern im Unterholz. Eine Woche darauf sah ich sie in derselben Bar wieder. Da ich allerdings mit Freunden unterwegs war, schenkte ich ihr nicht die Aufmerksamkeit, die sie erwartete. Das hat sie mir bis heute nicht verziehen – sie ignoriert mich hartnäckig.

Solange sie ihr Strahlen nicht loslösen von dem, was sie zurückerhalten, prostituierten sie sich immer noch. Ihnen fehlt etwas, um souverän zu glänzen. Das bedeutet, sie sind wie ein frisch geputztes und auf Hochglanz poliertes Auto. Sie strahlen solange, bis sich der richtige Käufer findet. Wird ihr Lack dann nicht regelmäßig nachpoliert, verliert er schnell an Glanz und wird stumpf. In ihrer Partnerschaft ist es genauso, sie wollen, dass regelmäßig in ihren Glanz investiert wird. Das ist ein frommer Wunsch und sie sind alt genug zu wissen, dass sich fromme Wünsche nur selten erfüllen. Sie müssen schon selbst dafür sorgen, dass ihr Glanz und ihr Leuchten erhalten bleiben, dass sie unabhängig von äußeren Einflüssen strahlen.

Nehmen sie also ihre Liste und schauen sie sich jeden Punkt an. Dann machen sie zu jedem Eintrag eine Notiz, wie sie das, was sie von Außen erwarten, sich selbst geben können.

Sie haben schon viel Unabhängigkeit entwickelt, also sollten ihre Möglichkeiten sich selbst Gutes zu tun auch gewachsen sein. Wenn dies nicht so ist, dann müssen sie weiter an ihrem Fundament bauen, dann ist es noch nicht stabil genug. Sie können sich selbst noch nicht nähren und sind nicht mit der Fülle verbunden. Sie strengen sich an, wenn sie strahlen, es fließt noch nicht und sie Vertrauen noch nicht. Üben sie weiter.

Ein weiterer Schritt ist, dass sie lernen sich zu verschließen, genau wie sie gelernt haben sich zu öffnen und Licht fließen zu lassen. Es gibt Momente, da ist es gut zu strahlen, und andere, da ist es besser die graue Maus zu sein. Hier beginnt die Arbeit an ihren Grenzen, dem Zaun um ihr Haus. Um Grenzen aufzubauen, ist es wichtig zu wissen, an welchen Punkten sie vom Wohlwollen anderer Menschen abhängen. Nehmen sie also ihre Liste und schauen sie, wo sie sich anpassen, um etwas zu bekommen, wo sie falschen Glanz auflegen, um ihre Leere zu füllen. Solange sie das nicht wissen, brauchen sie nicht anzufangen Grenzen aufzubauen, denn sie würden sie ohnehin nicht einhalten. Sie lassen sich lieber missbrauchen und gehen in die Falle, bevor sie auf das Futter der Bestätigung verzichten.

Das ist erniedrigend und unterwürfig. Männern mag das eine Zeit lang gefallen, dauerhaft verliert aber jeder Mann die Lust an einem solchen Spielzeug.

Es gibt eine schöne Übung, die sie abends vor dem Einschlafen machen können und die ihre Kraft sich zu öffnen und zu schließen stärkt: Stellen sie sich vor, sie sind eine Blume. Eine schöne, duftende, aber auch verletzliche Blume. Jetzt öffnen sie langsam ihren Kelch und beginnen ihre Schönheit auszustrahlen. Bienen summen heran und nähren sich an ihnen. Genießen sie dies eine Weile, dann beginnen sie ihren Kelch zu schließen, so zu verschließen, dass niemand mehr ihre Schönheit und ihr Strahlen sieht. Vielleicht können sie sich vorstellen, dass sie eine Rose sind, und wenn sie verschlossen sind, bleiben nur die Dornen des Rosenstocks. Wiederholen sie diese Übung mehrere Male jeden Abend und spüren sie ihren Widerständen nach, die sie beim Öffnen, aber auch beim Schließen empfinden.

Je mehr Liebe sie für sich empfinden, umso einfacher wird es für sie werden, ein Gefühl dafür zu entwickeln, wann es gut ist, sich zu öffnen und zu verschenken, und wann es gut ist, Dornen zu zeigen.

Erkannt werden wollen und Selbstliebe entwickeln

Haben sie Lust auf eine Affäre? Seien sie ehrlich und verbieten sie sich nichts. Natürlich haben sie Lust auf eine Affäre – auf das geheimnisvolle Knistern, das sie sich öffnen lässt. Sie wollen erkannt werden, sie wollen, dass ihr tiefstes Weibliches in seinem Kern gesehen wird. Eine Affäre aber ist auch nur ein Mann, und Männer können ihnen nicht ersetzen, was ihr Vater ihnen nicht gab.

Wenn sie jetzt einwenden, dass ihr Vater ihnen „alles" gab, dann gehören sie mit ziemlicher Sicherheit zu den Missbrauchten, selbst wenn sie dies nicht hören wollen. In diesem Fall sollte sich ihr Partner hüten, ihnen das zu geben, was sie von ihm möchten, er würde nur den Missbrauch wiederholen, und damit wäre jedes Erkennen ausgeschlossen. Sie können Affären oder Beziehungen haben, so viel wie sie wollen, erkannt werden sie nicht. Jedenfalls nicht von einem Mann. Erkennen können sie ihre Eltern, austauschen können sie sich mit Freundinnen, aber bitte ziehen sie da keinen Mann rein, schon gar nicht ihren Partner.

Eine Bekannte von mir, die nicht nur emotional, sondern auch spirituell erkannt werden möchte, fällt immer wieder auf die gleichen halberleuchteten und selbsternannten Gurus rein. Eine Zeit lang reist sie ihnen hinterher und bestätigt sich ihr Missbrauchsmuster, so lange, bis sie fallen gelassen und ausgetauscht wird. Dann hat sie für einige Wochen von Spiritualität die Nase voll, bis sie wieder einen neuen Guru und Ersatzvater findet. Es ist eine dauernde Wiederholung, in diesem Fall unter dem Mäntelchen von Spiritualität.

Warum wollen sie überhaupt erkannt werden? Sie wollen sich unterscheiden, sie wollen nichts Gewöhnliches sein, nicht einmal eine gewöhnliche Frau. Das ist das Schlimmste, was ihnen widerfahren könnte, austauschbar zu sein, eventuell sogar verwechselt zu werden. Und doch ist es ihr Schicksal, etwas, das ihnen täglich widerfährt. Als zur Fortpflanzung notwendiger Partner, als Gefäß, das die Gene eines Mannes sammelt und in die nächste Generation trägt, sind sie austauschbar. Zumindest dann, wenn ihre Ausstrahlung Schönheit, Gesundheit und Mütterlichkeit verspricht.

Es ist klar, dass ihnen das zu wenig ist, und dennoch haben sie auf der genetischen Ebene keine andere Funktion. Hier beginnt ihr Bemühen, sich abzugrenzen, etwas Besonderes sein zu wollen, etwas anderes als eine genetisch programmierte Gebärmaschine. Und da die Zeiten sich geändert haben, haben sie auch ein Recht, anders gesehen zu werden. Vorausgesetzt natürlich, sie sehen sich ebenfalls anders.

Wie verkaufen sie sich? Oder besser gefragt: Verkaufen sie sich noch oder verschenken sie sich schon?

Solange sie nicht genügend Selbstliebe haben und noch erkannt oder gar geliebt werden wollen, verkaufen sie sich. Und falls nicht offensichtlich, dann subtil. Jedenfalls werden sie von ihrem Partner wünschen, dass er ihre Qualitäten sieht und liebt. Damit machen sie sich aber zur Ware, und als Ware haben sie einen Preis. Der Preis, den sie verlangen, ist, erkannt und gesehen zu werden, und wer den höchsten Preis zahlt und die angenehmsten Bedingungen bietet, bekommt sie. Das sollten sie nun endgültig loslassen.

Was sie von ihrem Partner bekommen, sind seine Geschenke, auf die aber haben sie keinen Anspruch. Sie werden ihnen freiwillig gegeben, aus Respekt, Würdigung und Liebe. Ein Recht hatten sie auf die Liebe ihrer Eltern, und wenn sie diese nicht in vollem Umfange oder gar nicht bekommen haben, dann hatten sie Pech. Je mehr und je länger sie sich prostituieren, um erkannt zu werden, umso tiefer werden sie sinken, umso weniger Selbstliebe werden sie haben und umso weniger werden sie jemals gesehen werden. Aus diesem Teufelskreis kommen sie nur mit einem harten Schnitt: dem Verzicht auf den Anspruch, geliebt zu werden. Sobald sie sich selbst lieben, werden sie automatisch erkannt. Und dann können sie noch einen Schritt weitergehen, nämlich sich verschenken, ohne irgendetwas dafür haben zu wollen: keine Sicherheit, keine Liebe, keine Heilung ihrer Wunden, nichts.

Öffnen sie sich wie eine Blume, nicht weil sie gesehen werden wollen, sondern weil es ihre Natur ist. Verwelken werden sie von selbst, und das geht schneller, als sie glauben. Öffnen sie sich augenblicklich, öffnen sie sich jetzt.

In einem Sutra erzählt Buddha folgende Parabel: „Ein Mann, der über eine Ebene reiste, stieß auf einen Tiger. Er floh, den Tiger hinter sich. Als er an einen Abgrund kam, suchte er Halt an der Wurzel eines wilden Weinstocks und schwang sich über die Kante. Der Tiger beschnupperte ihn von oben. Zitternd schaute der Mann hinab, wo weit unten ein anderer Tiger darauf wartete, ihn zu fressen. Nur der Wein hielt ihn. Zwei Mäuse, eine weiße und eine schwarze, machten sich daran, nach und nach die Weinwurzel durchzubeißen. Der Mann sah eine saftige Erdbeere neben sich. Während er sich mit der einen Hand am Wein festhielt, pflückte er mit der anderen die Erdbeere. Wie süß sie schmeckte!"

Hingabe, sexuelle Offenheit und Vertrauen
Wenn sie sich öffnen können, ohne dafür etwas zu verlangen, wenn sie sich verschenken, dann ist das Hingabe. Hingabe und sexuelle Offenheit setzen voraus, dass sie vertrauen, dass ihr Vertrauen zu sich selbst so gefestigt ist, dass sie alle Kontrolle loslassen, dass sie unendlich weit werden und fließen.

Sexuelle Offenheit ist dann kein Mittel mehr, was sie zur Kontrolle und zur Bindung ihres Partners einsetzen, sondern es ist das Geschenk, mit dem sie sich ihrem Partner hingeben, weil er genau dieses Geschenk verdient hat, weil er sie verdient hat mit Haut und Haaren. Wenn sie dort angekommen sind, dann wollen sie auch Sexualität nicht mehr kontrollieren. Kontrolle ist immer mit Anspannung verbunden, und Anspannung ist das Gegenteil von Hingabe.

Verwechseln sie jetzt nicht Hingabe mit Aufgabe, Hingabe ist ein freiwilliger Akt, und für Aufgabe bekommen sie etwas, und wenn es nur ihre Ruhe ist.

Hingabe bedeutet, der sexuellen Essenz ihres Partners zu vertrauen, selbst wenn diese ihnen in manchen Momenten nicht vertrauenswürdig erscheint. Sie haben mit ihrem Gefühl wahrscheinlich sogar recht und ihr Partner ist in diesem Moment tatsächlich nicht mit seiner Führung oder Präsenz verbunden, vielleicht ist er sogar in seiner Macho-Maske. Das tut nichts zur Sache, denn wenn sie sich ihm schenken wollen, dann schenken sie sich ihm, und zwar ohne Bedingungen. Wenn sie das nicht wollen, dann sollten sie sich einen anderen Partner suchen, obwohl es unwahrscheinlich ist, dass sie sich dann dem neuen Partner schenken werden.

Hingabe ist von ihrem Partner und der Entwicklungsstufe, auf der ihr Partner steht, unabhängig. Es ist ganz allein ihre Entscheidung, ob sie sich geben oder nicht. Natürlich können sie lamentieren, dass es ihnen einfacher fallen würde, sich einem wirklich vertrauensvollen Mann hinzugeben; das ist Unsinn. Entweder vertrauen sie sich oder sie vertrauen überhaupt nicht. Das hat mit Männern nichts zu tun. Und selbst wenn Männer ihr Vertrauen mehr als einmal enttäuscht haben, ist das kein Grund Bedingungen an ihre Geschenke zu knüpfen. Damit legen sie nämlich einen Preis fest. Wenn sie aber so weit gehen, dann sollten sie ihren Preis offen und klar kommunizieren. In dem Moment entsteht ein realistischer und solider Vertrag, in dem sie ihre sexuelle Offenheit gegen Geld oder männliche Stärke oder was auch immer tauschen. Und wieder können sie eine Liste schreiben.

Diesmal notieren sie bitte, was ihr Partner alles tun muss, um ihrer Hingabe würdig zu sein. Schreiben sie auf, wie er sich benehmen muss, speziell im Bett, damit sie ihm ihre sexuelle Offenheit schenken.

Die Liste wird lang sein, und wenn sie sie fertiggestellt haben, wundern sie sich wahrscheinlich nicht mehr, warum ihr Partner, außer wenn er „ordentlichen Druck" hat, sie sexuell links liegen lässt. Auf dieser Liste haben sie wahrscheinlich auch noch all die Dinge ausgelassen, bei denen sie davon ausgehen, dass sie mit ihrem Partner eine Übereinstimmung erzielt haben, eine Vereinbarung haben, wie Sex zu sein hat. Fügen sie diese Vereinbarungen und Erwartungen noch hinzu.

Jetzt sind sie am Kernpunkt der sexuellen Störung ihrer Beziehung angelangt. Sie werden sich heftig wehren, denn eine ähnliche Kritik haben sie unter den Aufgaben der Männer zur Entwicklung sexueller Essenz nicht gefunden. Das ist richtig. Bedingungslose Hingabe und sexuelle Offenheit ist auch kein männliches Thema, es ist ihr Thema. Sie können es anschauen und sich langsam von allen Punkten auf ihrer Liste verabschieden. Das wird ihnen schwerfallen, aber dabei bekommen sie eine Ahnung von Hingabe, Offenheit und Akzeptanz.

Was sie nicht tun sollten, ist, Forderungen an ihren Mann und ihren Partner zu stellen. Wenn sie das Gefühl haben, dass ihr Partner der Falsche ist, dass sie ihm so, wie er ist, nicht vertrauen können, dann trennen sie sich. Und wenn sie sich nicht trennen wollen, dann schließen sie wenigstens einen klaren und offenen Vertrag: Das ist das Wenigste, was sie und ihr Partner verdient haben, nämlich Klarheit darüber, unter welchen Bedingungen und nach welchen Regeln ihr Tauschsystem funktioniert. Der Begriff „Tauschen" ist eng mit dem Wort „täuschen" verwandt und darüber sagte schon Machiavelli im 15.Jahrhundert: „Die Menschen sind so einfältig und hängen so sehr vom Eindruck des Augenblickes ab, dass einer, der sie täuschen will, stets jemanden findet, der sich täuschen lässt."

Warum täuschen sie und ihr Partner sich noch über ihre wahren Absichten? Es gab einen Moment ganz am Anfang ihrer

Beziehung, da haben sie ihren Partner gewählt, um sich seiner Führung hinzugeben. Das war ihnen in dieser Dimension vielleicht nicht bewusst, aber es hat dazu geführt, dass sie sich eingelassen haben, und es hat dazu geführt, dass ihr Partner zu ihnen Ja sagte. Alle diese Entscheidungen mögen auf der Ebene der Maske gefallen sein, dennoch war etwas Tieferes in ihnen an dieser Wahl beteiligt. Erinnern sie sich an ihre weichen Knie, an ihre Vorstellungen und Fantasien? Erinnern sie sich an ihre Träume von Hingabe und ihren Wunsch nach grenzenloser sexueller Offenheit. Beginnen sie nun ihre Liste abzuarbeiten und sich von den Bedingungen, mit denen sie ihre Hingabe begrenzen, zu verabschieden.

Und schieben sie nichts auf: „Ein Mann öffnet eine Schublade der Kommode seiner Frau und holt eine kleine hübsche Schachtel hervor, in der feinseidene Wäsche liegt. Er berührt die Seide und die Spitze ... Er hat sie ihr vor acht oder neun Jahren in New York gekauft, ohne dass sie es je getragen hat. Sie wollte es aufbewahren für eine besondere Gelegenheit. „Ich denke, jetzt ist der Augenblick gekommen", geht es ihm durch den Kopf. Er geht zum Bett und legt die Schachtel zu den anderen Sachen, die der Bestatter mitnehmen wird."

Beziehungen, Liebe und Leben schenken

Im Gegensatz zu ihrem Partner dürfte für sie die Beziehung ein großer Teil ihres Lebensmittelpunktes sein. Das unterscheidet Frauen von Männern. Für ihren Mann ist sein Ziel das Wichtigste, für sie die Beziehung. Das bedeutet nicht, dass sie ihm sein Ziel nicht gönnen, ihn nicht dabei unterstützen; es bedeutet nur, dass sie andere Prioritäten haben: nämlich die Partnerschaft.

Ihre Welt ist bestimmt durch Netzwerke und Schwingungen, die Welt ihres Partners ist bestimmt durch seine Mission. Wie sollen sie damit umgehen, wenn sie das Gefühl haben, ihr

Partner vernachlässigt die Beziehung? Ganz einfach: Gehen sie weiblich damit um. Sie müssen keine Rücksicht auf ihren Partner nehmen und das Schlimmste, was sie ihrem femininen Kern antun können, ist, sich an eine männliche, von Zielen bestimmte Welt anzupassen. Sie sind anders als ihr Partner, also pflegen sie das Anderssein, und wenn er damit nicht zurechtkommt, muss er es lernen. Es gibt keinen Grund ihre weiblichen Stürme und Gefühlsschwankungen zu unterdrücken und männlich vernünftig zu werden. Alle Ausbrüche ihres Weiblichen sind Geschenke, genau wie ihre Hingabe. Und so wenig, wie sie von ihrem Partner verlangen können, so wenig müssen sie Rücksicht auf ihn nehmen. Muten sie sich zu, in ihrer ganzen Tiefe.

Alles was sie haben, alles was sie geben ist Liebe. Für Männer ist Liebe meistens Sex, und daher statisch. Für sie ist Liebe fließend, etwas, was sich jeden Tag ändert, was sich in jeder Sekunde verändern kann, in jedem Moment, in dem sich die Stimmungen in ihrer Umgebung, der Fluss in ihrer Partnerschaft verändert. Das ist unglaublich weiblich und sexy: Mal sind sie wie ein stiller See, dann wieder wie ein wilder Ozean. Genießen sie es, auch wenn ihr Partner damit nicht zurechtkommt. Weibliche Liebe ist so, und wer an den Honigtopf will, muss durch den Bienenschwarm, das aber kann verdammt unangenehm sein. Warum sollten sie sich kontrollieren, warum sollten sie ihr Fließen beschränken, wenn es ihr natürliches Wesen ist? Ein Mann, der sie nicht erträgt, hat sie nicht verdient. Das heißt nicht, dass der Mann sich nicht beschweren darf, das ist sein gutes Recht und es ist auch sein gutes Recht sich abzugrenzen, dennoch muss er sie aushalten. In dem Moment, in dem sie sich anpassen, ihre Weiblichkeit unterdrücken, weil ihm das zu viel wird, in diesem Moment ziehen sie ihre sexuelle Essenz aus der Beziehung. Das haben sie häufig getan, aber es gibt keinen Grund es zu wiederholen. Wer sie mit Haut und Haaren will, der muss sie auch ertragen. Hören sie auf mit der falschen Rücksichtnahme, geben sie ihre ganze Liebe.

Der Begriff „Leben schenken" ist ein heikler Punkt, denn vielleicht wollen sie keine Kinder, vielleicht hat es sich bis jetzt auch einfach nicht ergeben. Das ist ihre Entscheidung, und lassen sie sich bloß nicht auf die Diskussion ein, dass Frausein Muttersein voraussetzt. Sie können geben und gebären, auch ohne sich mit der Stillliga auseinanderzusetzen. Wichtig ist, dass sie eine Möglichkeit finden, wie sie ihr Licht und ihre Liebe nicht nur Männern, sondern der Welt schenken. Vielleicht werden sie Künstlerin oder entwickeln andere Fähigkeiten, die die Welt bereichern. Es geht einzig darum, dass sie das, was sie zu geben haben, über den kleinlichen Bereich ihrer Beziehung hinaustragen. Das sollten sie auch dann tun, wenn ihr Partner es nicht möchte, wenn ihr Partner eifersüchtig ist und sie für sich allein besitzen will. Ihr Partner sollte dankbar sein, wenn sie einen Bereich gefunden haben, in dem sie sich ausdrücken und ihn nicht mehr bemuttern.

Herausforderungen für Fortgeschrittene
Jetzt erwarten sie, wie im Abschnitt der Männer, weitere Herausforderungen. Es gibt keine.

Manche werden jetzt protestieren und sagen: „Die Männer hatten aber mehr Herausforderungen, das ist unfair." Wenn das so ist, können sie sich nicht damit abfinden, dass es einen Unterschied zwischen Frauen und Männern gibt. Dann verwechseln sie immer noch Gleichberechtigung mit Gleichheit. Wenn sie das nicht loslassen können, sollten sie ihren Mann loslassen und ihm die Chance geben, sein Glück bei einer anderen zu suchen. Sie können sich dann ganz auf die Entwicklung ihrer Kapazität konzentrieren und in einer männlichen Welt mit Männern in Wettbewerb treten. Es ist die große Freiheit unserer Zeit, dass sie sich entscheiden können: Frau zu sein oder wie ein Mann zu leben. Es ist einzig und allein ihre Wahl.

Sie sind enttäuscht? Na gut, mir fällt noch eine echte Herausforderung für sie ein: Werden sie arrogant und unfreundlich – ein „böses Mädchen" – und erlauben sie sich ihr wahres Gesicht zu zeigen. Sie werden sich wundern, wie viele Männer auf einmal furchtbar fasziniert von ihnen sind.

Der gemeinsame Weg

Unabhängig davon, wie ihre Entwicklung verläuft, wie sie sich alleine entwickeln, sollten sie anfangen ihren Blick für die Unterschiede zu schärfen. Für die Unterschiede von Mann und Frau, für die Unterschiede in ihrem Fühlen, in ihrem Wahrnehmen und auch dafür, wie unterschiedlich sie im Alltag mit den kleinen Dingen umgehen.

Beobachten sie diese Verschiedenheit, aber unterlassen sie es, die Unterschiede zu überbrücken oder ihren Partner zurechtzubiegen, sodass er sie versteht. Sie sollten begriffen haben: Ihr Partner wird sie nie verstehen. Es wird Verständnis zwischen ihnen geben, Mitgefühl, aber nie wirkliches, tiefes Verstehen. Einer der Gründe dafür ist ihr unterschiedlicher Umgang mit Worten und Gefühlen – der unterschiedliche Wert, den sie beidem zumessen.

Für Männer ist ein gesprochenes Wort verbindlich, sie tauschen sich über Wörter aus, sie verhandeln ihre Verträge in Wörtern und sie lügen mit Wörtern. Und unabhängig davon, dass die meisten Männer zwar weniger reden als Frauen, hat für sie das Wort eine ähnliche Bedeutung wie ein Handschlag. Es ist etwas Gegenständliches – es ist Materie.

Für die meisten Frauen sind Wörter innerhalb der Partnerschaft wie Schall und Rauch. Wörter sind viel zu sperrig, viel zu unflexibel, um den sich immer ändernden Schwingungen und ihrem Ausdruck zu genügen. Wörter und Sätze verlieren ja oftmals schon ihre Verbindlichkeit, bevor sie ausgesprochen werden, so schnell ändert sich die Energie zwischen Menschen in der Beziehung und auch das Gefühl.

Lügen, die auf Worten basieren, haben da keine Chance, auch wenn Männer es immer wieder versuchen. Das Weibliche spürt genau, wann ein Mann lügt oder wann er nicht alles erzählt. Es ist eine subtile Wahrnehmung, das Gefühl einer energetischen Diskrepanz und lässt sich nicht mit Worten ausdrücken – zumindest nicht direkt und zeitnah. Männer glauben dann, dass das Weibliche ihre Lügen geschluckt hat. Dem ist nicht so, es hat nur eine hohe Leidensfähigkeit und zweifelt oft an der eigenen Wahrnehmung. Darauf aber sollten sich Männer nicht verlassen, denn auch das hat eine Grenze.

Männer gehen zu schnell, Frauen leiden zu lange
Im Alltag ist es oft so, dass das Männliche zu schnell geht und das Weibliche zu lange bleibt. Das bedeutet, Männer geben übereilt auf, während Frauen zu lange aushalten und ausharren. Zwar sind Männer und Frauen gleichermaßen ungeduldig, Frauen jedoch haben eine höhere Leidensbereitschaft.

Männer, die sich entwickeln, müssen sich in Geduld üben und lernen, dass das Weibliche in anderen Zyklen wächst. Herausforderungen spornen das Männliche an, Lob das Weibliche. Je mehr Liebe sie als Mann einer Frau schenken, umso mehr wird sie sich entwickeln und umso mehr wird sie sich öffnen. Für Frauen geht es weiterhin nicht darum, was sie sagen, es geht darum, was sie fühlen bei dem, was sie sagen. Es gibt auch keine logischen Lösungen für Schwierigkeiten: Mit Frauen können sie nicht diskutieren, und schon gar nicht können sie sie überzeugen. Frauen reagieren nur auf Liebe. Und Liebe ist es, was sie zu schnell entziehen, wenn sich etwas nicht in ihrem Tempo bewegt. Hier müssen sie lernen einer Frau für die Entwicklung ihres Vertrauens Zeit zu geben. Bleiben sie, auch wenn es ein langer, nervtötender Prozess ist.

Frauen sollten lernen trotz ihrer Leidensbereitschaft, Schlusspunkte zu setzen. Geduld und Ertragen ist die eine, Selbstliebe die andere Seite der Medaille. Natürlich stecken sie die ganze Energie und Zeit in einen Mann, damit er fühlt, damit er endlich spürt, was er ihnen bedeutet.

Geben sie es auf, Männer verstehen das nicht und werden ihren Aufwand nie zu würdigen wissen. Männer werden nie in der Tiefe fühlen, in der sie wahrnehmen. Männer sind radikal logisch und das weibliche intuitive Netzwerk interessiert sie nicht. Männer interessiert, wie sie sie ins Bett bekommen und dort Sex haben, der ihren Vorstellungen entspricht. Das ist nicht verwerflich, es ist einfach so. Bemühen sie sich also nicht, denn alle ihre Anstrengungen sind überflüssig. Glauben sie mir, jedem Mann ist ein kaltes Bier lieber, als mit ihnen über Gefühle zu reden, geschweige denn selbst zu fühlen.

Wenn beide Partner realisieren, dass die Methoden, die sie einsetzen, um den andern zu erreichen, zu nichts führen, dann können sie eine Menge Energie sparen. Eine gute Lösung bei festgefahrenen Auseinandersetzungen ist, einfach für eine Zeit lang auseinanderzugehen, sodass jeder die Möglichkeit hat, auf seine Art eine Position zu finden oder zu erfühlen. Schenken sie sich diesen Raum, geben sie sich die Zeit und alles ist gut.

Hier möchte ich noch einmal auf die Beziehung von Andrea und Karl zurückkommen. Aktuell ist die Situation so, dass er bereits eine Wohnung sucht und sie noch gemeinsame Urlaube bucht. Beide haben das Gefühl verloren, wo ihre Partnerschaft steht, und leben in ihrer eigenen Welt. Manchmal ist es also schon hilfreich, nur ein wenig miteinander zu reden und die

Karten auf den Tisch zu legen – auch wenn man keine Ahnung hat, wie es weitergeht.

Frauen müssen den Unterschied zwischen Intuition und Projektion lernen

Unbestritten, Frauen haben eine große Intuition. In Bezug auf den Partner werden daraus allerdings oft Projektionen. Frauen glauben dann zu wissen, was ihr Mann fühlen sollte, sie glauben zu wissen, was ihn in seiner Tiefe berührt und bewegt. Die Intuition einer Frau mag noch so groß sein, was den Partner betrifft, ist sie in den meisten Fällen schräg.

Erinnern wir uns an das Mobile. Mit keinem Menschen auf der Welt, unsere Eltern einmal ausgenommen, sind wir so stark verbunden wie mit dem Partner. Alles, was der Partner tut, fühlt und denkt, löst etwas in uns aus. Diese Wechselwirkung aber verfälscht, solange wir nicht vollkommene innere Klarheit erlangt haben, die Intuition. Intuition und das Bauchgefühl werden umso unzuverlässiger, je näher uns ein Mensch steht. Dazu kommt noch der genetische Unterschied zwischen Mann und Frau. Jeder Mann auf der Welt kann einen anderen Mann besser verstehen als seine Frau – das gilt natürlich auch umgekehrt.

Frauen sollten lernen ihrer Intuition zu vertrauen, aber auch, aus dieser keine guten Ratschläge für ihre Männer abzuleiten. Denn Ratschläge, die aus Intuition gegeben werden, wirken, vor allem wenn sie vom anderen Geschlecht kommen, überheblich. Wenn sie anfangen sich selbst mehr zu vertrauen als den in ihnen aufsteigenden Urteilen über ihren Partner, wird alles gut. Zweifeln sie nie an ihrem Gefühlen, aber zweifeln sie an ihren Urteilen.

Mit der Intuition verhält es sich nämlich wie mit der Wahrheit: „Glaube denen, die die Wahrheit suchen, und zweifle an denen, die sie gefunden haben."[4]

Männer müssen lernen weibliche Beschwerden
als Geschenk zu nehmen

Frauen werden nie aufhören zu nörgeln und zu sticheln. Wenn sie ein Mann sind, der das nicht will, dann dürfen sie keine Beziehung führen, selbst keine homosexuelle, denn auch in solchen Beziehungen spielt einer der Männer meistens die Frau.

Es ist die Natur der Frauen sie anzutreiben, denn sie möchten ihr Bestes sehen. Nehmen sie daher jeden Stich als Geschenk, als Herausforderung. Keiner durchschaut sie so gut wie ihre Partnerin, selbst ihre Mutter nicht. Nutzen sie das für sich, es gibt doch nichts Besseres für ihre Entwicklung als einen gnadenlosen Kritiker. Oder? Natürlich werden ihnen viele *ihrer* Beschwerden absurd erscheinen, denn sie haben überhaupt keinen Anlass für eine Kritik geboten, sie waren makellos. Hier sollten sie verstehen, dass es zwei Arten von weiblichen Beschwerden gibt.

Die erste ist eine konkrete Kritik. Aber auch eine solche Kritik wird das Weibliche meistens nicht direkt aussprechen. Das Weibliche bringt seine Kritik subtil an, es sticht nicht in das Offensichtliche, sondern in das, von dem es annimmt, dass es dahinterliegt. Zum Beispiel wird eine Frau nie sagen: „Du vernachlässigst mich." Stattdessen wird es heißen: „Du sitzt ja schon wieder vor dem Computer." Natürlich geht jeder zweite Stich daneben, dennoch ist er nicht unberechtigt. Bei Kritik müssen sie lernen zwischen den Zeilen zu lesen. Eine klare Rückfrage wie unter Männern können sie bei Frauen vergessen. Sie werden zwar eine Antwort bekommen, diese wird aber nur die Qualität eines weiteren Orakels haben.

Eine andere Frau versteht sofort, was ihre Frau meint, aber sie sind eben keine andere Frau. Und hüten sie sich davor, eine andere Frau darum zu bitten, ihnen die Antworten ihrer Frau zu übersetzen. Sie wären am Ende nur verwirrter. Versuchen sie einfach mehr auf die Stimmung als auf die Worte zu achten.

Wenn sie viel Übung darin haben, wird sich ihnen zwar nicht der weibliche Kosmos offenbaren, aber sie bekommen wenigstens eine klitzekleine Idee, was ihre Frau meinen könnte.

Die zweite Art von Beschwerden ist keine wirkliche Beschwerde, sondern ein Test. Ihre Frau testet ihre Standhaftigkeit. Sie testet, wie viel Wind sie im Gesicht vertragen, denn sie will sehen, dass sie sich mehr bedeuten, als sie ihnen bedeutet. Nur dann kann sie ihnen Vertrauen, nur dann gibt sie sich ihnen hin. Frauen brauchen ihre Standhaftigkeit, denn allein die monatlichen hormonellen Schwankungen werfen sie in ein Meer von verwirrenden Gemütsbewegungen. Dazu kommen die ständigen Veränderungen im emotionalen Netzwerk, die sich zu gefährlichen Gefühlsstürmen aufschaukeln können. Je weiblicher eine Frau ist, umso mehr ist sie ihren Emotionen ausgeliefert. Und umso mehr wird sie sie testen, denn sie braucht einen wirklichen Fels in der Brandung, einen Mann, auf den sie sich verlassen kann. Wenn sie eine Partnerin haben, die sie häufig testet, nehmen sie es als Segen. Sie haben das große Los gezogen und sind mit einer sehr weiblichen Frau zusammen. Es gibt eine Menge Männer, die sie beneiden. Hören sie also auf, die Männer zu beneiden, die wenige oder keine weiblichen Stürme erleben.

Männer müssen lernen Ja zu sagen

Zwanzig Mönche und eine Nonne, die Eshin hieß, übten Meditation bei einem Zen-Meister. Eshin war hübsch, obwohl ihr Kopf geschoren und ihr Gewand sehr einfach war. Einige der Mönche verliebten sich heimlich in sie. Einer von ihnen schrieb ihr sogar einen Liebesbrief und bat um ein Stelldichein. Sie antwortete nicht. An einem der folgenden Tage gab der Meister der Gruppe eine Unterweisung. Nachdem diese vorüber war, erhob sich Eshin. Sie wandte sich an den Absender des Briefes und sagte: „Wenn du mich wirklich so sehr liebst, so komm und umarme mich. Jetzt." Keiner der Mönche stand auf.

The Associated Press, 2007: Wenn Männer in ihrer Beziehung herumeiern und sich in großen Fragen wie Heirat oder Baby nicht festlegen wollen, steckt bei mehr als einem Drittel Angst dahinter. Das geht aus einer Umfrage des *Gewis-Instituts* im Auftrag der Frauenzeitschrift *Petra* unter 1.017 Männern und Frauen zwischen 25 und 39 Jahren hervor.

Demnach beantworteten 37 Prozent die Frage „Wenn Sie sich in einer wichtigen Partnerschaftsfrage nicht entscheiden konnten, was war die Ursache?" damit, Angst vor der Festlegung gehabt zu haben. 31 Prozent sagten, sie seien nicht verliebt genug gewesen, 26 Prozent fühlten sich unter Druck gesetzt, und 22 Prozent hatten zu viele schlechte Erfahrungen gemacht. Die zittrigen Männer können sich allerdings in vielen Fällen auf geduldige Partnerinnen verlassen: Laut Umfrage zeigt fast die Hälfte der Frauen Geduld mit den Vielleicht-Sagern: 45 Prozent warten und hoffen, dass aus dem Jein eine klare Entscheidung wird, wie das Blatt mitteilte. Auf die Frage „Was sind Ihre Strategien im Umgang mit Männern, die sich nicht entscheiden können?", sagten 45 Prozent der Frauen: „Ihm Zeit geben und hoffen, dass er sich richtig entscheidet." 34 Prozent versuchen es mit „Ab und zu mal nachhaken", 23 Prozent mit „Unter Druck setzen", und nur 8 Prozent verlassen den Unentschlossenen.

Männer haben eine Riesenangst Ja zu sagen. Es ist die Angst vor der Mama, die Angst wieder in den Laufstall zu müssen. Es ist auch die Angst vor dem Nasenring. Frauen stattdessen brauchen dieses Ja, denn für sie ist es der Beweis wirklich erkannt, gemeint und geliebt zu sein. Sie können als Frau keinen Mann zu diesem Ja zwingen. Sie können nur gehen, wenn ein Mann dieses Ja nicht hat. Das ist schmerzhaft, aber sie können sicher sein, dass ein Mann, der dieses Ja nicht für sie hat, es auch für keine andere Frau hat. Er ist bis jetzt nicht erwachsen geworden und hat sich nicht von seiner Mutter gelöst. Quälen sie sich also nicht länger.

Männer aber müssen lernen Ja zu sagen. Sie müssen lernen, dass es zwischen einer Mutter und einer Partnerin einen Unterschied gibt: Eine Mutter wartet auf ihren Sohn, selbst wenn sie Jahrzehnte wartet. Eine Frau muss nicht warten, denn sie ist es, die wählt, und es gibt genügend Männer da draußen.

Männer, die nicht Ja sagen, sollten sich einen Satz des französischem Philosphen Michel de Montaigne ins Gedächtnis rufen: „Feigheit ist die Mutter aller Grausamkeit."

Frauen müssen lernen männliche Führung anzuerkennen

Als emanzipierte Frau, die mit beiden Beinen im Leben steht, dürfte es ihnen ziemlich schwerfallen, seine Führung anzuerkennen. Vor allem, da sie mit Sicherheit oft besser wissen, was wie und zu welchem Zeitpunkt getan werden muss. Zumindest sind sie davon überzeugt. Finden sie das nicht ein wenig anstrengend? Wie geht es ihrem weiblichen Kern dabei?

Seine Führung anzuerkennen heißt nicht, sich aufzugeben. Es heißt nur, ab und zu in die zweite Reihe zu treten und ihn machen zu lassen. Schimpfen können sie immer noch, wenn etwas schiefgeht, das müssen sie aber nicht im Vorfeld. Sie wollen einen präsenten, klaren Mann, der die Führung übernimmt, dann geben sie ihm eine Chance.

Ihr Partner hat keine Lust jeden Tag mit ihnen zu kämpfen, welche Entscheidung richtig ist und wer die Führung hat. Er ist mit seiner Mission in der Welt genug beschäftigt. Lassen sie also einfach einmal die Kontrolle los und überlassen sie einen Teil ihres gemeinsamen Lebens ihm. Er wird das schon machen, auch wenn er es vollkommen anders macht als sie. Wenn sie schon im Alltag nicht loslassen können, wie wollen sie dann im Bett loslassen, wie wollen sie den Sex haben, von dem sie träumen? Müsste der Mann sie anbinden? Das mag als Spiel einmal ganz interessant sein, aber auf Dauer ist es langweilig.

Was sind eigentlich ihre Widerstände gegen seine Führung? Haben sie Angst davor, dass ihr Mann die Welt nicht meistert, dass er seinen Mann nicht steht? Wenn es so ist, sollten sie eventuell eine richtige Trennung erwägen. Vielleicht fangen sie auch eine Beziehung mit einer Frau an, eine Beziehung, in der sie der Mann sind.

Es ist klar, in einer Beziehung mit einem Mann sind sie die Frau. Noch einmal, das bedeutet nicht, dass sie unter ihrer Kapazität leben sollen, sondern nur, dass sie die Verantwortung für den größten Teil der Beziehung und für die Sexualität ihrem Mann überlassen. Sie sollen nicht darauf verzichten, sich einzubringen und ihre Impulse zu setzen. Sie sollen nur aufhören ihren Mann immer wieder zu entmannen und sich danach darüber zu beschweren, was für ein Schlappschwanz er ist.

Vielleicht ist er wirklich ein Schlappschwanz, vielleicht haben sie ihn schon so kennengelernt, es wird nur nicht besser, wenn sie Tag für Tag ihren inneren Mann kultivieren, ihre Kontrolle stärken, anstatt sich in Hingabe zu üben.

Machen sie ihre Übungen und lassen sie ihren Mann seine Übungen machen, und wenn sie dann immer noch Probleme haben, das männliche Prinzip von Führung anzuerkennen, ist ihrem Mann nur zu wünschen, dass er schnell über sich und über die Beziehung hinauswächst.

Viele Frauen sehnen sich nach Hingabe und männlicher Führung, wenn diese dann aber kommt, erschrecken sie. Sie sitzen wie Rapunzel in einem Turm und lassen ihr Haar herunter, mit dem sie Männer locken. Kaum nähert sich aber das Maskuline ihrer Bastion, schicken sie ihren inneren Mann los, der wie ein wild gewordener Reiter um den Turm galoppiert und jedem anderen den Kopf abschlägt. Fangen sie ihren Ritter ein und beschäftigen sie ihn mit einer herausfordernden Aufgabe. Vielleicht gehen sie in die Politik oder suchen sich eine konfrontative männliche Domäne, in der sie diese Anteile austoben. In der Beziehung wird dann vieles einfacher. Aber selbst wenn sie die Führung ihres Mannes im Bett anerkennen und genießen, heißt das noch lange nicht, dass sie wirklich loslassen können.

In dem Buch *Wild Live* der amerikanischen Paartherapeutin Esther Perel habe ich die Geschichte über eine sehr erfolgreiche New Yorker Unternehmerin gelesen, die es in ihrer Beziehung genießt, sich ihrem Mann devot hinzugeben. Mit ihrem Sexualleben war sie dennoch nicht zufrieden, denn sie hielt es für pervers und gestört. Die Frage, die sie vor ihrer Therapie quälte, war: Wie kann es sein, dass eine erfolgreiche und starke Frau wie sie es genießt, im Bett devot und hilflos zu sein – Lust dabei zu empfinden sich fesseln zu lassen. Der Sex, den sie hatte, empfand sie zwar als hervorragend, für wirklichen Genuss standen ihr aber ihre Konzepte und ihre Scham im Weg.[5]

DAS BEZIEHUNGSPAPIER LÖSCHEN

„Alles kann geschehen, alles ist möglich und wahrscheinlich. Zeit und Raum existieren nicht. Von geringfügigen Wirklichkeitsanlässen schweift die Fantasie aus und webt neue Muster: ein Gemisch aus Erinnerungen, Erlebnissen, freien Erfindungen, Verstiegenheiten und Improvisationen. Die Personen spalten sich, verdoppeln sich, vertreten einander, gehen in Luft auf, verdichten sich, zerfließen, fügen sich wieder zusammen. Aber ein Bewusstsein steht über allem, das des Träumenden."[6]

Dieser Text aus dem Vorwort von August Strindbergs „Traumspiel" beschreibt sehr genau, was passiert, wenn sie beginnen ihr Beziehungspapier zu löschen. Sie schaffen damit nicht nur neue Möglichkeiten innerhalb ihrer Partnerschaft, sondern sie beginnen auch die Projektionen, die Erinnerungen, die sie eingebracht haben, aufzulösen. Ihr Leben, was vorrangig aus Schutzschicht und Maske bestand, weicht sexueller Essenz. Wenn sie bisher damit beschäftigt waren ein Bild von sich und ihrem Leben aufrechtzuerhalten, dann können sie jetzt damit beginnen in das, was ist, was sie sind, hineinzuentspannen. Sie können sogar noch einen Schritt weitergehen, dann wird aus Nehmen Geben und Handeln verschiebt sich zu Sein. Dafür braucht es allerdings mehr als die beschriebenen Übungen und Listen – es braucht Klarheit und Wahrheit. Klarheit ist in diesem Fall das Maß, wie sie ihr Leben, vor allem im Rückblick aufgeräumt haben. Wie sie Altes abgeschlossen haben und freier geworden sind von den Prägungen ihrer Kindheit. Wahrheit ist das Maß, wie offen und ehrlich sie mit ihrem Partner kommunizieren.

Wenn sie bis hierhin gegangen sind, sollten sie verstanden haben, dass sie es sind, der die Beziehung gestaltet. Dass sie einwirken auf den Partner, mit ihm in Abhängigkeit verbunden sind und dennoch der aktive Gestalter ihres Lebens bleiben. Sie alleine tragen die Verantwortung, ob ihre Partnerschaft ein angenehmer Traum, ein erotischer Traum oder ein Albtraum ist.

Wahrheit und Aufrichtigkeit

Spätestens jetzt sollte Wahrheit in ihre Beziehung eingekehrt sein. Je mehr sie nämlich für sich selbst gehen und wieder eine eigene, für den Partner interessante Identität entwickeln, umso mehr gegenseitiges und echtes Vertrauen braucht die Partnerschaft. Dieses Vertrauen baut nicht mehr auf unausgesprochene Verträge, sondern auf Wahrhaftigkeit. Das bedeutet, Heimlichkeiten zu beenden und die noch offenen Angelegenheiten auf den Tisch zu legen – schonungslos. Die Zeit des Lügens ist endgültig vorbei.

Und dann gibt es noch die Halbaffären, die sie wahrgenommen hätten, wenn es sich ergeben hätte. Unabhängig davon, dass nichts Konkretes passiert ist, tragen sie dieses Gift in sich und damit in die Partnerschaft. Außerdem sind da noch andere Altlasten, das Unentsorgte aus früheren Beziehungen. Solange es Heimlichkeiten und Altlasten gibt, werden diese auf ihrer Partnerschaft lasten. Sie werden das Mobile belasten, sie werden immer wieder durch ihr Beziehungspapier hindurchschimmern und subtil in ihre Träume wirken. Ob sie es wollen oder nicht und unabhängig davon, ob sie sich austauschen. Irgendwann holt sie die Wahrheit oder der Tod ein, dann ist es allerdings zu spät für ein Gespräch. Dennoch gilt es einen Mittelweg zu finden, denn nicht alles, was in ihrem Keller liegt, ist für die Beziehung wichtig. Beide brauchen hier großes Einfühlungsvermögen und die Weisheit, Verletzendes ohne Wert von Schmerzlichem mit Entwicklungspotenzial zu trennen.

WENN DAS LÖSCHEN DES BEZIEHUNGSPAPIERS NICHT GELINGT

Es kann passieren, dass es ihnen nicht gelingt, das Beziehungspapier zu löschen. In diesem Fall haben sie beide tiefe und sehr alte Verletzungen mit in die Partnerschaft gebracht. Und sie haben viel Liebe in die Heilung ihrer Wunden gesteckt. Sie sind tatsächlich miteinander gewachsen. Sie werden sogar Schritte gemacht haben, die sie in ihrer persönlichen Entwicklung weit über das hinaustrugen, was sie sich je vorstellen konnten. Sie sind einander nicht nur in Liebe, sondern auch in großem Dank verbunden. Die Kehrseite der Medaille ist, dass sie so mit ihren Beziehungsrollen verwoben sind, dass sie sich nicht mehr vorstellen können daraus auszusteigen. Das heißt nicht, dass sie das nicht wollen. Sie wünschen sich nichts mehr als das. Die Schwierigkeit ist, dass sie sich nicht mehr vorstellen können, was dann Neues kommt. Sie sind vollkommen mit ihrer gegenseitigen Heilung identifiziert. Ihre Liebe ist in ihrer wechselseitigen Unterstützung gefangen.

Die gute Nachricht ist, ihre Liebe ist da, sie ist groß und sie ist stark. Meiner Frau und mir ging es so – trotz aller Bewusstheit und allem Verständnis war es uns unmöglich, das Beziehungspapier zu löschen. Erinneren sie sich an den ersten Satz dieses Kapitels: „Trennung ist für die Liebe, was der Wind für das Feuer: Das schwache löscht er aus, das starke facht er an."

Wenn sie die Chance haben und den Mut dieses Risiko einzugehen, dann tun sie es: Gehen sie für etwa drei Monate eigene Wege. Wenn sie zusammenwohnen, bedeutet dies, dass einer für diese Zeit verreist oder zu einem Freund oder einer Freundin zieht. Telefonieren sie in dieser Zeit nicht, schreiben sie sich keine Briefe, keine SMS, keine E-Mails und auch keine Postkarten. Gehen sie sich so weit wie möglich aus dem Weg und beginnen sie, jeder für sich, ihr eigenes Leben. Schließen sie auch vor ihrer befristeten Trennung keine Vereinbarungen über Treue oder Ähnliches, schließen sie keine Vereinbarungen, wie es weitergehen könnte, wenn sie sich wiedersehen.

Vertrauen sie auf ihre Liebe. Wenn sie jetzt einwenden, dass sie eine solche Trennung nicht aushalten, dann weiß zugleich ein Teil in ihnen, dass es ihre einzige Chance ist. Und dennoch fragen sie sich, warum drei Monate oder mehr.

Nun, es braucht diese Zeit, damit das Bild, das sie von ihrem Partner haben, langsam verblassen kann. Der Psychoanalytiker Igor Caruso beschreibt in seinem Buch *Die Trennung der*

Liebenden diesen Prozess des Loslassens und Zu-sich-Zurück-findens als Tod. Als ein Sterben des Partners in ihnen. In dieser Zeit werden die Einträge, die sie in ihrem Beziehungspapier über ihren Partner gemacht haben, verschwommen. Sie verschwinden nicht, aber sie verschmelzen mit der Vergangenheit, mit all ihren anderen Erlebnissen. Sie verlieren ihre Aktualität und werden zu dem, was sie sind: Projektionen, die sich zufällig an ihren Partner hefteten.

Mit dem Loslassen entsteht Platz auf dem Beziehungspapier – Platz für die Gegenwart und Zukunft. Alles kann geschehen, alles ist möglich und wahrscheinlich.

PRAKTIZIERTE LIEBE
HEILUNG FÜR PAARE

Liebe mich, du,
lächle mich an, hilf mir gut zu sein.
Verletze dich nicht an mir, es wäre unnütz,
verletze nicht mich, du verletzt sonst dich.

Pablo Neruda, Der Brunnen

DER SEXUELLE KNOTEN UND DAS FEUER DER LIEBE

MIT SICHERHEIT HABEN SIE darauf gewartet: ein Kapitel über Sexualität. Und richtig, dauerhaft können sie Sex nicht aus der Partnerschaft aussperren; außerdem wollen sie es nicht, denn trotz aller Ängste und Bedenken verzehrt sich ihr Herz nach intimer Nähe. Um zu verstehen, warum sie sich dennoch von ihrer Lebensenergie trennten, brauchten sie ein tiefes Verständnis der Dynamik ihrer Beziehung und der Polarität zwischen Mann und Frau. Vor allem aber brauchten sie einen Zugang zu ihren Verletzungen, einen Zugang, der es ihnen möglich machte, alte Wunden zu fühlen und erwachsen zu reflektieren. Nur auf der Basis dieses Verständnisses konnten sie die selbstbestimmte Wahl treffen zusammenzubleiben, sie sich heilen und miteinander zu wachsen. Andererseits konnten sie mit dem hinzugewonnenen Vertrauen und Verstehen die ersten Schritte aus der Komfortzone hinein in eine schüchterne, aber auch neue Sexualität wagen.

Sie haben verstanden, dass sie genau diesen, ihren aktuellen Partner gewählt haben, um mit ihm alles Positive und Negative, alles Erlebte der letzten Jahre zu teilen. Sie haben verstanden, dass dabei keiner von ihnen der Reifere war, weniger Altlasten mitbrachte oder auf dem besseren Weg ist. Sie haben verstanden, dass sie das, was sie sich antaten, nicht taten, um sich zu verletzen, sondern es eine Folge alter Verletzungen war. Eine Folge von Kindheitsverletzungen, mit denen ihr Partner nichts zu tun hat.

Wenn sie all das wirklich integriert haben und dennoch nicht verzeihen können, dann sollten sie sich für einige Zeit aus der Partnerschaft zurückziehen oder professionelle Hilfe in Anspruch nehmen. Eine Hilfe, die sie dabei unterstützt das versteinerte Herz zu erweichen. Es ist Zeit, den Groll loszulassen. Dabei hilft ihnen, dass sie den Partner nicht mehr stützen oder retten wollen. Das ist aber einfacher gesagt als getan, denn jetzt scheint etwas zu fehlen, und das Neue ist noch nicht da. Aus Sich-gegenseitig-Lieben soll wieder Liebemachen werden.

Ich kenne den Punkt, an dem es aussichtslos erscheint, wieder zu einer normalen oder gar spannenden Sexualität zurückzufinden. Meine Frau und ich waren viel zu sehr und viel zu lange in einer sich schonenden Eltern-Kind-Liebe eingegraben. Wir konnten uns die Distanz, die es braucht, um miteinander zu schlafen, nicht einmal mehr vorstellen. Das führte dann dazu, dass meine Frau jegliche Distanz auflösen und nur noch fließen wollte; während ich mir Sexualität nur noch ohne jede Nähe vorstellen konnte. Das Gemeinsame war verloren. Wir warfen uns unsere Forderungen gegenseitig vor. Damit vermieden wir aber nur, wirklich hinzuschauen.

Die Illusion, dass sich schnell etwas ändert

Veränderung geschieht zyklisch. Einer der Partner macht einen Schritt, der andere reflektiert dies und macht dann entweder auch einen Schritt vorwärts oder beide machen einen Rückschritt – vielleicht bewegen sie sich auch einen Moment auf der Stelle. Erliegen sie nicht der Illusion, dass sich schnell etwas ändert und dann alles gut ist.

Wir haben drei Jahre gebraucht, um uns den Problemen zu stellen. Dennoch verläuft unsere Entwicklung wie mit Sieben-Meilen-Stiefeln, denn was wir hinter uns lassen, hat ja nichts mit der Beziehung, sondern mit unseren vielen älteren Biografien zu tun.

Die Beziehung, die gerade zwischen ihnen und ihrem Partner erblüht, wird bestimmt sein durch endloses Wachstum. Und auch wenn die Trennung in Mann und Frau manchmal heftig schmerzt, im Gegensatz zur andauernden Qual der Langeweile ist dies ein vorübergehender Schmerz. Wenn sie jeden Tag ihr Bestes geben, sich ihre Geschenke reichen und dabei offen bleiben, werden sie die Entwicklung genießen. Was wächst, ist dann weit mehr, als sie hinter sich lassen. Manche Momente, und das sind später die erotischsten, werden sich kühl anfühlen – wie zwischen Fremden. Auf dieser Stufe von Differenzierung spüren sie dann deutlich, wie das Begehren zunimmt. Sie spüren, wie sie ihre Lust, aber auch ihre Scham nicht mehr hinter falscher Liebe und faulen Verträgen verstecken.

Sie werden immer noch Angst haben, aber nicht mehr das Gefühl einer Panik, die ihnen die Kehle zuschnürt. Es kann auch sein, dass sie feststecken. Dann sollten sie Hilfe hinzuziehen. Ihre Beziehung ist zu wertvoll, um sie einfach wegzuwerfen. Und auch ihr Stolz sollte sie nicht am Besuch eines Paar- oder Sexualtherapeuten hindern. Vielleicht finden sie in ihrem Leben nie wieder einen Menschen, den sie so sehr lieben und mit dem sie wachsen können. Gerade wenn sie selbst therapeutisch arbeiten, geht es ihnen wahrscheinlich ähnlich wie meiner Frau und mir: Das geballte Wissen versperrt den Blick auf den eigenen blinden Fleck.

Auch wird ihr Partner Facetten entwickeln, die sie nicht mögen, und trotz ihrer Widerstände weckt dies neues Interesse an ihm. Lernen sie mit dieser Entwicklung zu leben, alles andere erstickt ihre Polarität. Beginnen sie, die Teile ihres Partners, die sie bemängeln, zu würdigen und zu respektieren – beginnen sie ihren Partner so zu lieben, wie er ist. Halten sie auch in der heftigsten Auseinandersetzung ihre Geschenke nicht zurück. Wachsen sie über sich hinaus und geben sie, ohne zu wollen – ohne zu wollen, dass sich ihr Partner ändert. In ihrem Partner spiegelt sich ein Ausschnitt der Welt – ein Ausschnitt der

Schöpfung – und die wird sich mit Sicherheit nicht nach ihrem Willen richten.

Die Hoffnung stirbt zuletzt

Der Philosoph Ernst Bloch schrieb in seinem Werk *Das Prinzip Hoffnung*: „Hoffnung ist eben nicht Optimismus. Es ist nicht die Überzeugung, dass etwas gut ausgeht, sondern die Gewissheit, dass etwas Sinn macht – ohne Rücksicht darauf, wie es ausgeht."[1]

Wenn sie diesen Satz in all seiner Konsequenz auf ihre Partnerschaft anwenden, dann geht es darum, dass sie sich individuell entwickeln, dass sie wachsen und dass sie anfangen für sich alleine glücklich zu sein. Für sich alleine glücklich sein bedeutet: ohne Beziehung und ohne Partner freudig zu leben. Wenn sie das nicht können, dann hoffen sie immer noch, dass sich ihr Partner ändert, sie ihn nach ihrem Bild modellieren können oder dass es irgendwo da draußen einen anderen gibt, mit dem alles besser wird. Sie wollen die Idee einer ungerechten Welt nicht loslassen.

Wie aber wollen sie sich hingeben, wenn sie nicht loslassen können – wenn sie keinen Frieden finden? Wie soll ihre Kraft wachsen, wenn sie diese an andere abtreten? Wie wollen sie sich verschenken, solange sie verzweifelt ihre Geschenke suchen?

Solange sie hoffen, gibt es kein Verschenken. Hoffnung ist daran gekoppelt etwas zurückzubekommen: auf etwas zu hoffen, sich etwas zu erhoffen. Wenn Hoffnung wirklich stirbt, wenn sie Verzweiflung weicht, dann entsteht Hingabe: Hingabe an das, was ist, unabhängig davon, ob es zu ihren Erfahrungen, Konzepten, Ideen oder den Vorstellungen, wie Dinge zu sein haben, passt. Es entsteht Hingabe an den Moment, an das Jetzt.

Die exquisiteste Hingabe ist die an Auflösung und Tod. Es ist eine Hingabe, in der Frauen weit, zeitlos und unendlich werden und Männer in glasklarer Präsenz dem Tod, ihrer Maske und ihrem Ego ins Auge schauen. Alle Vorbehalte und Vorwürfe, aller Groll, alle Konzepte und Ideen verbrennen dann im Feuer der Liebe – einer kühlen, mitfühlenden Liebe. Diese Liebe werden sie brauchen, wenn sie den sexuellen Knoten zerschlagen.

DER SEXUELLE KNOTEN

Der sexuelle Knoten entsteht in der tiefsten Schicht, durch das unterschiedliche Erleben von Sexualität des Männlichen und des Weiblichen. Das ist schon immer so und die Natur hat zu vielen genetischen Hilfs- und hormonellen Reizmitteln gegriffen, damit es dennoch klappt im Bett und danach auch die Aufzucht gelingt. Wäre dies nicht so, wäre die Menschheit ausgestorben. Und solange der Knoten nur im Sex, in den Lenden oder im Unterleib sitzt, stört er auch nicht. Was ist schon dabei, etwas unterschiedlich zu erleben, unterschiedlich zu fühlen? Wir sind verschieden, die Welt ist bunt und selbst auf der subatomaren Ebene können sich niemals zwei Teilchen am gleichen Ort befinden.

Eigentlich könnten wir uns beruhigt zurücklehnen und ganz entspannt die unterschiedliche Art unserer sexuellen Wahrnehmungen genießen. Aber was machen wir? Statt zu leben und zu erleben, statt zu lieben, fangen wir an zu denken und zu interpretieren. Wir naschen an der Frucht vom Baum der Erkenntnis und augenblicklich beginnt eine Reflexion über Sexualität. Das biblische Feigenblatt der Scham wirkt gegenüber den Konzepten, die wir dann entwickeln und mit denen wir uns quälen, geradezu lächerlich. Legen wir also für einen Moment unsere Kopfgeburten zur Seite und schauen wertfrei auf die

Unterschiede, das unterschiedliche sexuelle Erleben von Mann und Frau.

Männer öffnen sich sexuell über den Körper – sie reagieren auf äußere Reize. Durch attraktive Auslöser werden sie von einem Hormoncocktail durchflutet und der Verstand sackt in die Hose. Denken sie an Bill Clinton. Es ist, wie wenn sie auf einen Knopf drücken und eine Sexmaschine in Gang setzen. Natürlich sind die Auslöser von Mann zu Mann unterschiedlich, prinzipiell aber funktionieren sie ähnlich. Das ist der Grund für Pornos, Bordelle und warum sie die meisten Männer mit etwas Augenklimpern um den Finger wickeln können.

Als Frau finden sie dies wahrscheinlich bedauerlich oder einfach nur schade und wünschen sich einen Mann, der mehr Tiefe hat. Damit sind sie nicht allein, das ist eine Hoffnung aller Frauen. Es ist die Hoffnung, eine emotionale Verbindung herzustellen, Liebe zu fühlen und nicht nur eine Reizung in einem beschränkten Körperbereich.

Im Gegensatz zu ihnen aber brauchen Männer keine Liebe beim Sex. Liebe oder das Gefühl tiefer Verbundenheit hemmen sexuelle männliche Aktivitäten sogar eher, als dass sie sie fördern. Männliche Sexualität hat etwas draufgängerisch Ungestümes, und tiefe, fließende Gefühle sind oft einfach zu viel. Der Mann ist *mono-modal* und entweder in seinen Lenden, seinem Kopf oder seinem Herz. Das heißt nicht, dass Männer nicht in der Lage sind dies zu verbinden, beim Sex zu fließen oder sich hinzugeben. Ab und zu gefällt dies jedem Mann, denn immer aktiv zu sein strengt an – der Mann brennt aus. Die Betonung liegt aber auf „ab und zu", denn Fließen und Hingabe entspricht den weiblichen Anteilen, die ein Mann kultiviert hat. Und je mehr ein Mann mit seiner weiblichen Seite schwingt, umso weniger steht er seinen Mann und umso weniger steht sein kleiner Mann. Allerdings: Ausnahmen bestätigen die Regel.

Frauen öffnen sich sexuell über Liebe, über ein Gefühl von Fließen und Loslassen. Sie wollen ihr Herz und das Herz des Partners spüren. Dann öffnen sie sich und können sich hingeben, fließen. Wenn eine Frau diese Verbindung zu ihrem Partner nicht spürt, fällt es ihr sehr schwer, sich beim Sex zu entspannen. Frauen wollen ein Gefühl von Vereinigung, von Verschmelzen in tiefster Liebe: Sie wollen fliegen. Männer schütteln darüber den Kopf und fragen sich: Was soll ich denn noch anders machen im Bett; ich bin doch präsent und vertrauenswürdig. Sie können nicht verstehen, dass trotz oder gerade wegen all ihrer Klarheit etwas fehlt. Und sie haben zu dem Fehlenden oftmals keinen natürlichen Zugang. Eine Herzverbindung gehört beim Sex nicht zu ihrem Programm. Natürlich kennen auch Frauen animalisch körperliches Begehren, nur sobald sie in Beziehung treten, legen sie mehr Wert auf Verbundenheit als auf hitziges Sich-Aneinanderreiben. Jede Frau, die schon einmal beim Sex in ihre männliche Seite gewechselt ist und die Führung übernommen hat, weiß, wie gut es ist, sich einen Kick zu holen. Aber es ist ein Kick, es ist nicht ihre Natur. Männer sind also triebgesteuert und öffnen sich über den Körper, während Frauen gefühlsgesteuert sind und sich über die Verbindung zum Partner öffnen. Männer suchen körperliche sexuelle Hingabe, Frauen wollen das Herz ihres Partners spüren. Männer beschweren sich bitterlich, dass ihre Frau nicht die Kontrolle loslässt, immer etwas von ihnen will, wo sie doch schon ihr Bestes geben. Der Knoten scheint unlösbar. Tatsächlich stehen einer Vereinigung, einer Verschmelzung der Gegensätze dabei vier Dinge im Weg.

1. Die genetische Komponente. Wenn Männer nicht abhängig von Sex wären, könnten Frauen sie nicht mit sexueller Offenheit ködern. Dass der Mann aber anbeißt, und zwar langfristig, ist Bedingung für die Aufzuchtehe. Biologisch ist es ein simples Geben und Nehmen. Damit, dass Männer zuerst die sexuelle

Verfügbarkeit und nicht das Wesen von Frauen sehen, müssen Frauen also leben.

2. Wir reden aneinander vorbei, sprechen eine andere Sprache. Die Sprache der Frauen ist für Männer unverständlich, denn sie fühlen sich makellos, sie sind voller Begehren und funktionieren körperlich, zumindest in ihrer Vorstellung, hervorragend. Außerdem können nur wenige Männer mit den Begriffen „Verschmelzen" und „Fließen" etwas anfangen. Frauen verstehen Männer ebenso wenig. Sie würden gerne alle Kontrolle loslassen und in Hingabe zerfließen, wenn sie die Nähe des Mannes beim Sex spüren könnten, und er nur sein Herz ein klein wenig mehr öffnete. Diese Schwierigkeit lässt sich mit Einfühlungsvermögen und gutem Willen lösen. Dabei muss sich keiner anpassen, denn es geht ja nur um das Vorspiel, um das Sichöffnen und das Schaffen von Bereitschaft zum Sex. Den Rest erledigt die Natur.

3. Ihre Konzepte über Sex. Die wenigsten von uns haben mehrere sexuelle Spielarten probiert, und doch haben sie klare Vorstellungen von Sex – von gutem und schlechtem, von falschem und heiligem, von sauberem und versautem. Sie werten, ohne konkrete Erfahrungen. Solche Bewertungen sind fragwürdig, vor allem, wenn die Kriterien dieser Urteile aus einer nebulösen Mischung von Moral, Zeitgeist und schwer erklärbaren individuellen Vorstellungen stammen. Manche Wertungen mögen sogar aus früheren Beziehungen, aus einer echten Erfahrung, einem Sicheinlassen außerhalb des eigenen sexuellen Kosmos stammen. Übertragbar sind sie auf die aktuelle Beziehung dennoch nicht, denn damit würden sie aus dem Kontext des Erlebten gerissen: Der damalige Partner, die damalige Situation war eine andere. Wenn sie sich also vorbehaltlos ihrer Sexualität stellen wollen, müssen sie alle Konzepte, alle Erinnerungen und alles bisher Erlebte loslassen. Das dürfte eine ziemliche Herausforderung, aber immer noch machbar sein.

4. Die größte Schwierigkeit haben sie aus Liebe geschaffen, und das macht es wirklich kompliziert. Sie haben ihre gesamte sexuelle Polarität neutralisiert. Das war ein großes Geschenk an den Partner und bestimmt nützlich beim Versuch, einige seiner Wunden zu heilen. Auf der anderen Seite war es der größte Verrat, den sie sich antun konnten. Es war der Verrat ihrer vitalen Energie, ihrer Lebensenergie. *Er* hat seinen Willen zur Penetration zurückgenommen und sich selbst kastriert. *Sie* hat ihre sexuelle Offenheit und Hingabe verschlossen und sich von ihrer tiefsten Sehnsucht abgeschnitten.

Jetzt leiden beide, und obwohl sie es aus bester Absicht taten, wächst ein innerer Groll auf den anderen. Ihr Partner aber hat ihnen nie etwas getan.

Konzepte und ihre unheilvolle Spirale

Zu Konzepten gehört alles, was Sexualität versucht in eine Form zu pressen, zu bewerten, zu beurteilen und zu verurteilen. Dazu gehören kleine Dinge wie: Sex muss fließen, Sex braucht Zeit oder Sex muss penetrieren, Sex ist Macht, oder: die Missionarsstellung ist nur etwas für Missionare. Und die extremen Konzepte, einschließlich der Schuldzuweisungen wie zum Beispiel: Die männliche Art von Sex, mit ihrer aggressiven Penetration, ist schlecht und in ihr schwingt immer eine Energie von Missbrauch und Vergewaltigung – in ihr schwingen Tausende von Jahren unterdrückendes Patriarchat.[2]

Oder Handlungsanweisungen wie: Eine Frau, die sich nicht hingibt, muss nur solange ordentlich gefickt werden, bis sie Gott sieht, denn das ist, wonach sie sich sehnt.[3]

Sie wundern sich über diese Äußerungen? Beide stammen aus Wachstumsgruppen für Paare zum Thema Sex, aus unterschiedlichen natürlich, und natürlich soll in allem Liebe schwingen.

Überhaupt muss Sexualität für vieles herhalten: Sie wird spiritualisiert und für heilig erklärt oder sie wird politisiert und als Kind der Freiheit verklärt. Die Erklärungen führen zu Praktiken, aus denen sich dann wiederum neue Konzepte und neue Erklärungen entwickeln. Es hört nie auf, und am Ende ist es unerheblich, welches Konzept sie bevorzugen: Pornografie, Swinger-Klubs, BDSM, Tantra, freie Liebe und freier Sex oder heimischer Blümchensex. Alles sind nur Konzepte, die ihnen beim Sprung in ihre sexuelle Essenz im Weg stehen.

Die Spirale von Erfahrung

Je nachdem mit wem sie gerade in Beziehung sind, wo diese Beziehung steht und auf der Basis ihrer Vergangenheit, suchen sie sich das passende Konzept. Dabei sucht ein Teil in ihnen immer wieder nach einer Bestätigung genau dieses Konzepts. Dieses versuchen sie dann in ihre Beziehung einzubringen und zu wiederholen. Es bleibt also nicht bei einer einmaligen Erfahrung, aus der sie etwas ableiten, sondern ein kleiner Teufel in ihnen provoziert die Wiederholung dieser Erfahrung – immer und immer wieder.

Nehmen wir den Kastraten. Dieser Mann wird sich, weil er es gelernt hat bei der Begegnung mit einer Frau, und sei sie noch so offen und einladend, vorsichtig zurückhalten. Er kastriert sich selbst, ohne es zu merken, denn die Kastration ist zu seiner zweiten Haut geworden. Die Begegnung bleibt dann leer, ihr fehlt etwas Nährendes, ihr fehlt die zurückgehaltene männliche Penetration. Eine zurückgehaltene Penetration sagt übrigens nichts über die Stärke der Erektion aus. Ein Mann kann eine Dauererektion haben und dennoch unfähig sein, seine Kraft und Penetration zu verschenken. Das ist Ficken ohne Herz.

Bei Frauen stellt sich in jedem Fall das Gefühl ein, nicht wirklich gemeint und gewollt zu sein. Dieses Gefühl entsteht auch, wenn die Frau selbst keinen großen Wert auf eine starke

Erektion oder Penetration legt – es ist ein energetisches Gefühl. Es ist das Gefühl, am ausgestreckten Arm zu verhungern.

Diesen Hunger aber bekommt der Kastrat zu spüren – nicht augenblicklich und wahrscheinlich auch nicht auf sexueller Ebene –, sondern als eine subtile Verachtung in der gesamten Beziehung. Der Mann, der alles gut und richtig machen wollte, hat sich nicht nur selbst verstümmelt, sondern wird dafür, dass er seine Eier auf einem goldenen Tablett abliefert, auch noch verhöhnt. Aber was hätte er anders machen können? Hätte er sich nicht zurückgenommen, wäre er über ihren anfänglichen Widerstand hinweggegangen, hätte sie „Stopp" gerufen oder ihn zumindest für die aggressive Penetration getadelt.

Sie, die Missbrauchte, hat nämlich gelernt, dass hingebungsvolles Fließen allenfalls dazu führt, ausgenutzt zu werden. Sie hat gelernt die Kontrolle zu behalten, weil jede Form von sexueller männlicher Energie erst einmal nicht vertrauenswürdig ist. Sie hat gelernt die Führung zu behalten, und wenn sie nicht direkt führt, dann steuert sie über Manipulation. Es ist dabei unerheblich, wie präsent und klar der Mann ist, sie muss ihre Grenzen schützen, denn sonst schützt sie keiner. Grenzen wahren und die Kontrolle behalten kostet aber nicht nur Kraft, sondern es benötigt eine gewisse aggressive Energie.

Kein Wunder also, dass sich beim Mann, unabhängig davon wie er sich verhält, das Gefühl einstellt, einem Feind gegenüberzustehen. Wie er sich auch bemüht, ob er fließt oder ob er penetriert, das Geschenk ihrer Hingabe wird er nicht erhalten. Seine Rache wird sich dann auch nicht auf die aktuelle Situation beschränken, sondern er wird in anderen Bereichen der Beziehung beweisen, dass er ein Mann ist. Das muss er nicht mit Härte, es können auch Lüge und Betrug sein. Die Missbrauchte aber, die nur für sich sorgen, ihre eigenen Grenzen waren wollte, hat sich bestätigt, dass Männer eben doch nicht vertrauenswürdig sind. Und selbst falls sie nicht „Stopp" ruft, falls sie krampfhaft versucht sich hinzugeben, mit sich selber ringt und kämpft, wird eine verbindende Intimität, die Basis für liebende Ekstase, fehlen. Ihre tiefste Sehnsucht nach Auflösung und Hingabe bleibt unberührt.

Beim Versuch, die Wiederholung von alten Erfahrungen zu vermeiden, haben beide die Erfahrung wiederholt. Vermeiden trägt nicht zu einer nachhaltigen Lösung bei, obwohl wir alle diese Hoffnung in uns tragen. Und sollten sie sich wirklich trennen, auseinandergehen und es mit einem anderen oder einer anderen versuchen, werden sie wieder einen Partner wählen, der auf derselben Entwicklungsstufe steht wie sie. Und warum das alles? Ganz einfach, weil sie als Kastrat ein Konzept von Kastration haben und wie sie diese vermeiden; und weil sie als Missbrauchte ein Konzept über Missbrauch haben, und wie sie sich schützen müssen.

DEN KNOTEN ZERSCHLAGEN

Sie stecken fest und schauen auf den Knoten aus den Seilen ihrer Kindheit, Prägung, Konzepten, Erfahrung, Kompromissen und Ängsten. Alleine bei dem Gedanken an ein Entwirren dreht sich alles in ihrem Kopf. Genau hier liegt das Problem: Sie denken darüber nach, wie sie den Knoten entwirren könnten, und ziehen dabei ihre Energie aus dem Sex und dem Herz ab.

Sie können den Knoten nicht entwirren, ohne sich erneut zu verheddern, sie können ihn nur zerschlagen. Der Mut und die Kraft, die sie dafür brauchen, sitzt in ihrem Sex, die Liebe und Hingabe an ihr Schicksal sitzt in ihrem Herzen. Machen sie es wie Alexander der Große mit dem Gordischen Knoten: Der bestand einer Legende nach aus kunstvoll verknoteten Seilen, die am Streitwagen des Königs Gordios von Phrygien durch die Götter befestigt wurden. Sie sollten die Deichsel des dem Zeus geweihten Wagens untrennbar mit dem Joch verbinden. Ein Orakel prophezeite, dass nur derjenige, der diesen Knoten löst, die Herrschaft über Asien erringt. Viele kluge und starke Männer versuchten sich an dieser Aufgabe, aber keinem gelang es. Als Alexander der Große den Knoten sah, durchschlug er ihn einfach mit seinem Schwert und läutete damit seinen Siegeszug durch Asien ein.

Wenn sie alles, was sie gelernt haben, hinter sich lassen; wenn sie ihren Partner vergessen, wenn sie nur noch an sich selbst denken; wenn sie dabei aufgeben korrekt und fair zu sein, dann haben sie einfach Sex. Nicht irgendeinen Sex, der sich im Rahmen ihrer Vereinbarungen bewegt, sondern sie haben einfach Sex – jeder für sich. Konkret bedeutet das, Männer penetrieren ohne Angst, zielgerichtet, klar, kraftvoll. Frauen fließen, sie öffnen sich gemäß ihrer Natur, werden weit und verletzlich.

Jetzt fragen sie: „Und das war schon alles?"

Ja, das war alles. Sie haben Sex miteinander, aber sie bleiben getrennt. Sie kümmern sich nur um sich und nicht um den anderen. Sie kündigen alle Sexualität betreffenden Vereinbarungen ihres Beziehungsvertrages auf. Sie verschmelzen nicht, sie versuchen nicht einmal miteinander zu verschmelzen, sondern halten aus, dass sie eigenständige Wesen sind, dass sie Menschen sind mit einer unterschiedlichen Biografie, mit unterschiedlichen Vorstellungen, mit unterschiedlichen Werten und auch unterschiedlichem Erleben. Die Ahnung, die sich jetzt in ihnen verdichtet, ist richtig: Sie haben keinen Sex miteinander, sie haben Sex für sich. Und weil sie nur an sich denken und nur für sich gehen, wird ihr Partner vielleicht zum ersten Mal in dieser Beziehung ihre wahren Geschenke sehen. Er wird ihre

Vitalität spüren und ihre tiefe egoistische Lust. Falls sie jetzt Angst bekommen, ist das gut, denn Faszination, Angst und Sexualität gehören zusammen. Hinderlicher als Angst sind die Widerstände, die in ihnen entstehen. Sie können sich wahrscheinlich überhaupt nicht vorstellen, wie das funktionieren soll. Sehen sie, sie haben Vorstellungen, wie Sexualität zu sein hat, sie versuchen sich etwas vorzustellen.

Männer denken, das kann ich mir mit vielen Frauen vorstellen – richtig ficken –, nur nicht mit meiner Partnerin. Sie steht nicht wirklich drauf, jedenfalls hat sie mir das manchmal signalisiert. Sie denken schon wieder an ihre Partnerin und nicht an sich selbst. Vergessen sie mal für einen Moment ihre Partnerin, denken sie nur an sich selbst: Haben sie Lust einfach so drauflos zu rammeln, ohne sich Gedanken zu machen, ob sie mit ihrem Herz oder ihren Gefühlen in Verbindung sind und wie es ihrer Partnerin dabei geht? Klar haben sie Lust, aber eben nicht mit ihrer Frau. Oder doch?

Haben sie Angst, dass sie ihnen zu schnell Grenzen setzt? Das kann passieren, aber bleiben sie klar, bleiben sie bei sich, bleiben sie bei ihrem Sex und fangen sie um Himmels willen nicht an sich zurückzunehmen. Zeigen sie Mitgefühl, zeigen sie ihre Präsenz und Liebe. Fließen sie über vor Liebe, denn Liebe heilt die tiefsten und ältesten Wunden. Vielleicht können sie sogar alte und verkrustete Verletzungen und einen tiefen Schmerz in ihrer Frau spüren, bleiben sie trotzdem bei sich. Bleiben sie bei ihrem Sex, bleiben sie bei Ihrer Lust. Nehmen sie alles wahr und bleiben sie bei sich.

Sie haben Angst vor den Widerständen ihrer Partnerin? Das brauchen sie nicht, denn sie können über viele Grenzen hinweggehen und in den meisten Fällen wird ihnen ihre Partnerin folgen. Was sie dabei aber nie, niemals vergessen dürfen, mit was sie immer verbunden sein müssen, ist ihre präsente Liebe. In dem Moment nämlich, in dem sie verschwindet, wenn alter Groll auftaucht, wenn machtvolle Führung in Diktatur umschlägt, dann wird aus wilder Ekstase eine Vergewaltigung.

Vor diesem Kippen, vor dieser Kante haben sie beide Angst – davor laufen sie weg. Und tatsächlich, es ist ein Tanz auf Messers Schneide. Es kann kippen, und wenn sie beginnen sich neu aufeinander einzulassen, wird es manchmal kippen. Sie sind lange genug zusammen und reif genug, um sich – ohne darüber zu reden, ohne zu diskutieren – zu verzeihen.

Frauen werden jetzt sagen, klingt spannend, aber mit meinem Mann? Mit einem Unbekannten, mit einer Affäre, die man nie wiedersieht, ja... Denken sie mal darüber nach, spüren sie hinein, warum ihr Partner sie so nicht sehen soll – offen, weit, fließend und grenzenlos lustvoll? Denken sie nur an sich und bleiben sie im Moment. In vielen von ihnen entstehen jetzt Scham- und Schuldgefühle. Fühlen sie sich schuldig, dass sie sich eher einem großen Unbekannten schenken würden als ihrem Partner? Fühlen sie in sich hinein, spüren sie ihre Fantasien aufsteigen – die Ambivalenz zwischen Scham und Erregung –, eine Welle schauriger Lust.

Ihr Partner ist kein Hellseher, er kann nicht in ihren Kopf schauen, er ist mit seiner Erektion beschäftigt und damit, zu penetrieren. Spüren sie das, oder spüren sie gar nichts? Versuchen sie jetzt bloß nicht, sich auf ihren Sex zu konzentrieren und setzen sie sich bitte nicht unter Orgasmuszwang. Ihr Partner kommt von alleine, er braucht sie dafür nicht und er braucht ihren Orgasmus nicht. Kein Mann braucht für Sex eine Frau, dafür hat er seine Hände.

Wofür ihr Partner sie braucht, ist Liebe. Aber nicht ihre Liebe, nicht die Liebe, die sie ihm unbedingt schenken wollen, sondern seine Liebe. Er braucht ein Gefäß, was sich ihm hingebungsvoll öffnet, damit er endlich überfließen kann und kein Tropfen verloren geht. Schenken sie es ihm, auch wenn ihnen im Moment nicht danach ist – verschenken sie sich. Werden sie zu dem Gefäß, in das die Liebe ihres Partners fließt, denn sonst erhalten sie nur sein Sperma. Sie können nicht? Dann weinen sie, Tränen machen weich. Schreien sie, denn ihre Stimme öffnet die Kehle. Stöhnen sie, kratzen sie, schlagen sie, folgen sie allen Impulsen, die über sie kommen. Nur eine Sache sollten sie unterlassen: Rufen sie nicht „Stopp" oder „Schluss".

Ihr Partner ist der Mann, für den sie sich entschieden haben – aus freien Stücken entschieden haben. Ihr Partner ist zu nichts Geringerem angetreten, als ihnen seine emotionalen und sexuellen Geschenke zu geben. Es gibt keinen Grund weiterhin verschlossen zu bleiben, selbst wenn ihr Partner Grenzen überschreitet, selbst wenn die Situation kippt. Es mag Momente geben, in denen sie eine grenzenlose Angst überkommt. Das ist die Angst vor dem Kontrollverlust, die Angst, dass sie den Boden unter den Füßen verlieren und sich endgültig auflösen. Das ist die Angst vor und zugleich ihre Sehnsucht nach Hingabe.

Vertrauen sie ihrem Partner, er ist bei ihnen, er ist in ihnen – auch wenn er genauso viel Angst hat wie sie. Er schaut seinem Tod ins Auge. In dem Moment nämlich, in dem das Herz ihres Partners mit seinem Sex synchron schwingt, stirbt seine Maske und ein Teil seines Egos. Und es geht dabei tatsächlich nur um ihn, um seinen Sex und um sein Herz, nicht um ihres. Genau wie es bei ihnen nur um ihr Loslassen und um ihre Hingabe geht. Wenn sie jetzt immer noch fragen, ob das schon alles war, dann haben sie etwas nicht verstanden, vielleicht haben sie auch das falsche Buch gekauft, haben sich vom Titel irritieren lassen. Hier geht es nicht um den 1001. Sextrick, sondern um nichts Geringeres als die Verschmelzung von Ekstase und Liebe. Ohne diese Verschmelzung wird ihr Sex immer leer bleiben und auch ihre Liebe, egal wie groß sie ist, wird verhungern.

Von fremdbestimmter zu selbstbestimmter Sexualität und Liebe

Dieser Schritt, weg vom Partner zu sich selbst, ist der erste Schritt von einer fremdbestimmten zu einer selbstbestimmten Sexualität. Fremdbestimmt heißt dabei nicht, von außen erzwungen, dann wäre es ein einfacher Schritt. Es geht um den Zensor in uns selbst: Wir sind Wiederholungstäter und zensieren unsere Sexualität.

Wenn sie die beschriebene selbstbestimmte Sexualität als gefährlich empfinden, haben sie recht. Aber was wollen sie machen? Sie können vermeiden oder riskieren. Und tief in sich spüren sie, dass es keine kastrierende oder missbrauchende Sexualität in Verbindung mit Liebe gibt. Verbinden sie sich mit diesem Gefühl, auch wenn es all ihrer Erfahrung, ihrer Erziehung und ihren Konzepten widerspricht. Selbstbestimmte Sexualität ist frei von jeder Moral, frei von Richtig und Falsch und hat nicht den Anspruch Kindheitswunden zu heilen oder auf sie Rücksicht zu nehmen. Sie ist voller Mitgefühl, aber ohne Mitleid. Eine von Liebe getragene selbstbestimmte Sexualität wird immer das Herz des Partners fühlen, sie wird das fühlen, was ist. Denn auch die Liebe wandelt sich, aus falscher, mitleidender, aus fremdbestimmter Liebe wird selbstbestimmte Liebe. Und wenn wir ehrlich sind, dann wissen wir, nur eine selbstbestimmte Liebe kann geben.

Die Fantasien bleiben

Erotische Fantasien, das was uns erregt, ist oftmals das, für was wir uns am meisten schämen. Hier kommt der große Unbekannte oder die große Unbekannte ins Spiel, die Person, mit der wir uns alles vorstellen können, solange keine Liebe – keine Herzverbindung – wächst. Die Fantasien stammen aus der Zeit, in der sexuelle Reflexe zum ersten Mal von außen angestoßen wurden. Dieser Anstoß muss kein angenehmer gewesen sein, es kann durchaus eine erniedrigende Situation gewesen sein, es kann eine durch Zwang ausgelöste Situation oder eine schmerzhafte gewesen sein. Es reicht aber schon, wenn der sexuelle Reflex nur mit Scham verbunden war. Egal welche Situationen ihre sexuellen Reflexe auslösten, sie hatten sich, ihren Körper, nicht mehr unter Kontrolle. Ihre Erregung, auch wenn sie sie nicht bewusst wahrgenommen haben, wurde zu einem Selbstläufer. Vielleicht bringen sie auch rückblickend mit keiner Situationen Erregung in Verbindung, dennoch gab es diese Momente. Ihr Körper reagierte und sie haben eine Erfahrung gespeichert. Unabhängig davon, ob ihnen die Situation gefällt, wie sie die Situation bewerten und ob sie es richtig oder falsch finden. Dort wo der größte Schmerz, die tiefste Verletzung sitzt, sitzt die größte Lust. Sie haben jetzt vier Möglichkeiten:

Erstens, sie können hoffen, dass es heilt und vorbeigeht. Das wird nicht geschehen, denn die Erfahrung ist in ihrem Körper, in einem Reflex eingebrannt. Es ist eine automatische Reaktion, die sie nicht mehr loswerden.

Zweitens, sie können die Erfahrung verdrängen und zur Seite schieben. Das wird auch nicht funktionieren, denn alles, was wir versuchen aus unserem Leben zu verbannen, drängt mit Gewalt und Härte zurück.

Drittens, sie können versuchen die Erfahrung und den Reflex zu transzendieren, das heißt, darüber hinauszuwachsen. Dafür aber müssen sie sich der Erfahrung stellen, sie leben und durchdringen, bis sie sich auflöst.

Viertens, und das ist die notwendige Vorstufe zum Transzendieren, sie können ihre Fantasien langsam aus dem Keller holen. Das bedeutet nicht, dass sie ihren Partner damit überfallen, sondern dass sie sie benutzen, um mit ihrer Lust und ihrer Ekstase in Berührung zu kommen.

Wichtig ist zu verstehen, dass es keine falschen oder schmutzigen Fantasien gibt, keine Fantasien gibt, für die sie sich schämen müssen, denn dann müssten sie sich für ihr Leben und ihre Biografie schämen. Es gibt nur faule Moral und einschränkende Vorurteile. Lust entsteht im Kopf, und wenn ihre Fantasien dabei hilfreich sind, ist das gut. Wenn sie irgendwann ihren Partner einbeziehen, umso besser.

Der Dritte ist immer dabei

Der Dritte, der magische Unbekannte, ist ohnehin immer dabei, und zwar unabhängig davon, ob sie eine Affäre beginnen, ob sie also ihre Fantasien leben, oder ob sie nur in ihnen schwelgen. Der Dritte taucht immer dann auf, wenn es etwas in ihnen gibt, das sie aus der Partnerschaft aussperren, oder wenn sie etwas Vorangegangenes nicht sauber beendet haben. Und wenn wir ehrlich sind, dann können wir nicht alles beenden und überall reinen Tisch machen, sondern müssen damit leben, dass es Dinge gibt, die an uns ziehen und zerren und die wir nicht loswerden. Wie immer stammt das meiste davon aus der Kindheit, und der Pubertät; die ersten sexuellen Erlebnisse haben bei den meisten von uns eine prägende Wirkung hinterlassen. Dazu kommen dann noch alle gelebten, aber nicht abgeschlossenen Beziehungen, und vor allem alle ungelebten Affären.

Eine Möglichkeit damit umzugehen ist, herauszufinden, was da eigentlich zieht, denn eines ist sicher, es geht nie um die eigentliche Person: Der oder die magische Unbekannte ist immer eine Projektion. Würden wir nämlich eine Partnerschaft mit dem Unbekannten eingehen, wären wir schockiert über die Geschwindigkeit der Ernüchterung. Es bleibt also nur, sich genau zu beobachten, sich zu erinnern und eine Bewusstheit zu entwickeln, die erkennt, dass es sich um eine *Fata Morgana* handelt. Das ist leichter gesagt als getan, vor allem da sie in einem solchen Moment vollkommen zugedröhnt von ihren eigenen Drogen und Glückshormonen sind und dieser Zustand, selbst wenn in ihrer Beziehung alles gut läuft, alles, aber auch wirklich alles übertrumpft.

Wenn das so ist und sie die Täuschung nicht erkennen können, dann sollten sie die Affäre zulassen, denn es gibt keine bessere Heilung als die Konfrontation mit der Realität. Sollten sie es nicht tun, wird es sie ohnehin einholen, die Dinge, die ihnen nachlaufen, bekommen dann inflationäre Dimensionen: Der oder die Unbekannte steht an jeder Ecke. Spätestens dann sickert Gift in ihre Beziehung. Das Gift ist dabei nicht der oder die Unbekannte, nicht ihre Fantasien oder Projektionen – das Gift ist die Energie, mit der sie sich verschließen. Sie verschließen sich nämlich nicht nur gegenüber ihrem Partner, sondern gegenüber dem ganzen Leben, gegenüber allen Herausforderungen des Lebens. Und ihr Partner? Ihr Partner muss damit leben, dass sie nicht perfekt sind. Ihr Partner kann lernen, dass er sie lieben und beschenken kann, aber er muss auch lernen, dass er sie nie besitzen wird. Leichtfertig und verantwortungslos sollten sie trotzdem nicht werden.

Die Verwechslung von freiem Sex und freier Liebe

Die Franzosen sagen: „Die Liebe ist ein Kind der Freiheit." Ich füge hinzu: ein Kind der Freiheit, nicht der Unersättlichkeit. Sex und Liebe werden oft verwechselt, freie Liebe und freier Sex noch öfter. Was bedeutet aber Freiheit in diesem Zusammenhang?

Die Basis von Sex, das Triebhafte, ist genetisch verankert. Sex ist hier vollkommen wertfrei, er kennt keine Liebe, es gibt keine Moral, sondern nur ein Programm. Mit unserem Begriff von Freiheit, einer Freiheit, die einen freien Willen voraussetzt, hat dies nichts zu tun. Die andere Seite der Medaille ist Liebe.

Eine selbstlose, göttliche Liebe, die uns die Freiheit gibt selbst unsere größten Feinde zu lieben. Hier wählen wir vollkommen bewusst, dass wir nach dem Schlag auf die linke unsere rechte Wange hinhalten. Wir wachsen über uns und unsere kleinliche Selbstbezogenheit hinaus. Wir transzendieren egoistisches Wollen in selbstloses Geben.

Wenn wir also über freien Sex oder freie Liebe reden, reden wir über einen dieser beiden Pole. Nur, da befinden wir uns nicht, keiner von uns: Wir sind keine Tiere, wir sind über vieles Animalische hinausgewachsen; sind aber auch noch keine Heiligen. Wir hängen dazwischen. Wir hängen zwischen der Knechtschaft des Genetischen und der Möglichkeit transzendenter Liebe.

Wer Sex will, soll Sex haben, wann immer er will und mit wem immer er will – dafür braucht es keine Liebe. Und wenn wir ihre Größe und die Gnade, die durch sie wirkt, wirklich in uns spüren, müssten wir augenblicklich aufhören Hunger auf Sex mit ihr zu rechtfertigen. Die Liebe ist ein Kind der Freiheit, nicht der Unersättlichkeit.

DIE LEERE

Sobald wir beginnen uns von den vielen lieb gewonnenen Konzepten und Ideen zu verabschieden und beginnen selbstbestimmten Sex zu haben, entsteht eine Leere. Es ist eine Leere, die wir nicht nur im Alltag spüren, sondern auch in den intimen Momenten mit unserem Partner.

Etwas scheinbar Verbindendes verschwindet und es stellt sich eine Kühle ein. Was verschwindet, ist die falsche Liebe, die abhängige Liebe. Reife Liebe und Mitgefühl sind kühl, denn sie wollen nichts verändern, sie können die Dinge sein lassen, wie sie sind. Die Leere ist der Preis des Erwachsenwerdens, es gilt sie auszuhalten, speziell beim Sex, und besonders dann, wenn ein Teil in ihnen unbedingt mit dem Objekt ihrer Liebe verschmelzen möchte. Sie haben sich getrennt, sind zwei separate Individuen geworden, Mann und Frau – nur so, als getrennte Wesen, können sie sich ihre Geschenke geben.

Aber nicht nur die Trennung von ihrem Partner verursacht die Leere, sie haben mit dieser Trennung eine viel größere, eine lange überfällige Trennung vollzogen. Sie haben sich von ihrem Vater und ihrer Mutter getrennt, sie haben ihre Kindheit mit allen negativen, aber auch positiven Erlebnissen hinter sich gelassen. Sie geben das erste Mal ihren alten Verletzungen eine wirkliche Chance zur Heilung. Und wie immer ihr Heilungsprozess ausgeht, wie es weitergeht, ob sie irgendwann auseinandergehen oder ob sie bis zum Lebensende zusammenbleiben, spielt keine Rolle. Sie haben das getan, was getan werden musste.

Sie sind erwachsen geworden. Mit dem Erwachsenwerden aber tritt eine andere Dimension in ihre Beziehung, nämlich die des Alterns und des Todes. Die Tage, an denen sie noch ihr Bestes geben können, an denen sie sich dem Partner schenken können, sind nicht unendlich.

Einer von ihnen wird als Erster gehen, und das ist unabhängig von ihrem aktuellen Alter.

Die Rückkehr des wilden Lebens

„Ja" heißt Leben. „Nein" heißt Tod. „Stopp" oder „Ich kann nicht" verzögert nur das Unvermeidliche. Dass sie keine Zeit haben, das sollten sie begriffen haben, außerdem haben sie jede Menge nachzuholen. Das bedeutet aber nicht, dass sie sich keine Zeit lassen sollen, es bedeutet nur, dass sie ihre Zeit nicht mehr verschwenden sollen mit Onanie oder Theorien über Sexualität, also geistiger Onanie.

Draußen, und das heißt nicht außerhalb ihrer Beziehung, sondern außerhalb des Universums in ihrem Kopf, wartet ein wildes und aufregendes Leben. Es wartet auf sie.

Als Frau geben sie sich dann nicht nur ihrem Partner hin, sondern werfen sich dem Leben an die Brust, fangen an ihr Strahlen und ihr Licht bedingungslos zu verteilen. Sie schenken ihre Qualitäten der Welt, und zwar nicht, weil sie glauben, dass die Welt ihre Qualitäten braucht, sondern weil sie nicht anders können.

Als Mann beginnen sie das Leben zu penetrieren, sie stellen sich dem Leben und schauen jeden Tag der Möglichkeit ihres Todes ins Auge. Sie verschenken ihre Präsenz und ihre Klarheit und unterstützen damit andere, ihre Präsenz und ihre Klarheit zu finden. Das wird ein verdammt wildes Leben, auch wenn sie mit dem Begriff „wildes Leben" bisher etwas anderes verbunden haben. Und: Sie geben nicht, weil sie geben wollen oder weil sie etwas zurückhalten, sie geben einzig und allein, weil sie geben müssen. Weil die einzige Aufgabe, die sie in diesem Universum haben, ist, ihre Qualitäten unters Volk zu bringen, selbst wenn sie bis jetzt nicht wissen, was ihre Qualitäten sind.

Sie sind erwachsen. Sie sind keine Kinder mehr, die an Mamas

Rockzipfel hängen oder auf Papas Schoß sitzen. Sie sind keine kleine Prinzessin, selbst wenn sie adlig sind, und kein omnipotenter Retter, selbst wenn sie gerne den Helden spielen – sie sind ein Paar, das durch viele Höhen und Tiefen gegangen ist und mittlerweile ahnt, was es bedeutet, Liebe und sexuelle Ekstase miteinander zu verbinden.

Jammern sie also nicht, gehen sie raus und machen sie ihren Job, fangen sie an zu leben. Nicht für sich, sondern als Vorbild für andere.

Freiheit

Sind sie schon so weit, dass sie Freude aus dem Geben schöpfen, oder nörgeln sie noch über ihre Kindheit? Oder wollen sie immer noch zuerst die Welt und dann sich selbst verändern? Egal was sie tun, sie haben ohnehin nur ein Recht auf das Handeln und nicht auf seine Früchte.[4]

Sie können jetzt umgehend damit anfangen Demut zu entwickeln und offen zu bleiben, im Zweifelsfall ein Leben lang offen zu bleiben, auch wenn nichts zurückkommt. Sie können augenblicklich damit anfangen zu geben, ohne etwas zu erwarten. Sie können sich in diesem Moment entscheiden, ob sie glücklich sein wollen. Das heißt nicht, dass das Leben so läuft, die Dinge sich so entwickeln, wie sie sich das vorstellen, es heißt nur, dass sie genau in diesem Moment die absolute Freiheit haben, alles zu nehmen, wie es ist. Und das betrifft nicht nur ihre Partnerschaft und ihre Sexualität, sondern ihr gesamtes Leben.

Umarmen sie ihre Widerstände, umarmen sie ihre Ängste. Jetzt – in diesem einzigartigen, nie wiederkehrenden Augenblick. Teilen sie diesen Augenblick, teilen sie ihn mit ihrem Partner, teilen sie ihn mit der Welt.

DIE NIE ENDENDE REISE

Ihr wurdet zusammen geboren,
und ihr werdet auf immer zusammen sein.
Ihr werdet zusammen sein,
wenn die weißen Flügel des Todes eure Tage scheiden.
Ja, ihr werdet selbst im stummen Gedenken Gottes zusammen
sein.
Aber lasst Raum zwischen euch.
Und lasst die Winde des Himmels zwischen euch tanzen.
Liebt einander, aber macht die Liebe nicht zur Fessel:
Lasst sie eher ein wogendes Meer zwischen
den Ufern eurer Seelen sein.
Füllt einander den Becher, aber trinkt nicht aus einem Becher.
Gebt einander von eurem Brot, aber esst nicht vom selben Laib.
Singt und tanzt zusammen und seid fröhlich,
aber lasst jeden von euch allein sein,
so, wie die Saiten einer Laute alleine sind,
und doch von derselben Musik erzittern.
Gebt einander eure Herzen, aber nicht in des anderen Obhut,
denn nur die Hand des Lebens kann eure Herzen umfassen.
Und steht zusammen, doch nicht zu nah:
Denn die Säulen des Tempels stehen für sich,
und die Eiche und die Zypresse wachsen nicht
im Schatten der anderen.

Khalil Gibran; Der Prophet, Von der Ehe

WENN SIE BIS HIERHIN MITGEGANGEN sind und nicht nur das Buch gelesen haben, hat ihre Beziehung zu blühen begonnen. Zu blühen jenseits von Abhängigkeit und falscher Liebe. Mit jedem Tag konnten sie beobachten, wie Polarität wächst, und sie konnten spüren, wie sich ihre Herzen weiter öffnen.

Sie sind auf Schwierigkeiten gestoßen, die sie mehr oder weniger gut gelöst haben, jedenfalls haben sie sich beide bemüht, in der Beziehung Meisterschaft zu erlangen. Das Wichtigste ist aber, für sie ist Geben wichtiger geworden als Nehmen, nicht nur im Alltag, auch in der Sexualität. Sie können sich trotz Ängsten mit einem offenen Herzen verschenken.

Nun treten sie die finale Suche an, die Suche nach etwas Größerem als sie selbst, nach etwas Größerem als ihre Beziehung. Sie können über sich hinauswachsen, und je größer ihre Polarität wird, mit umso größerer Leidenschaft können sie sich vereinigen.

Sie können wieder EINS werden. EINS werden aus Polarität und nicht in Neutralität. Die Energie, die sie dabei freisetzen, ist ihr Geschenk an ihre Natur und an die Welt. Sie haben einen Punkt erreicht, an dem sie geben, ohne zu erwarten. An dem sie sich hingeben an den Fluss des Lebens, an ihre Endlichkeit. Sie transformieren *Eros* in *Agape*. Aus begehrender falscher Liebe ist eine überfließende gebende Liebe geworden.

Und sie haben sexuelle Leidenschaft hinzugewonnen.

Was begonnen hat, hört nie wieder auf. Je mehr sie sich dem Fluss anvertrauen, umso mehr wird ihre Beziehung fließen und ihre Liebe sich verändern, immer wieder neu erschaffen. Sie ist nichts Statisches mehr, und vielleicht haben sie Lust, ihre Beziehung mehr als dieses eine Mal zu renovieren. Vollkommen Neues und Verrücktes auszuprobieren. Wie auch immer ihre Entwicklung weitergeht, geben sie nicht auf, in guten wie in schlechten Tagen, und vergessen sie nicht: LACHEN.

HINTERGRUND

In diesem Anhang stelle ich ihnen die unter dem Modell liegenden Theorien vor. Nicht im Detail, sondern als Verweis, falls sie tiefer eintauchen möchten. Denn vieles erschien ihnen vielleicht schlüssig, weil sie es ähnlich erlebt haben, an anderen Stellen zweifelten sie. Ihre Zweifel sind gut und ich kann ihnen nur empfehlen, diese zu überprüfen.

Stichwort „Der Unterschied zwischen Mann und Frau": Die biologischen und genetischen Grundlagen stellen die aktuelle Forschung auf diesem Gebiet dar. Die psychologischen Ableitungen bauen darauf auf und beziehen sich vorwiegend auf drei Standardmodelle: Erstens, das Modell Freuds über die Psyche mit seiner Unterteilung in Über-Ich, Ich und Es. Zweitens, das Modell C.G. Jungs und seiner Archetypenlehre, speziell der Archetypen *Anima* und *Animus*. Drittes, das entwicklungspsychologische Standardmodell über das Entstehen einer Geschlechtsidentität. Aus diesen Lehren sowie aus aktuellen Publikationen zu diesem Themenkomplex sind die Eigenschaften des Männlichen und Weiblichen abgeleitet. Sie werden diese Beschreibungen in nahezu jeder Literatur zum Thema Partnerschaft bzw. Mann und Frau wiederfinden.

Stichwort „Die Begegnung zwischen Männlichem und Weiblichem": Die Beschreibungen der Reaktionsmuster zwischen Frauen und Männern stammen aus einem erweiterten Modell der Transaktionsanalyse. Die Abhängigkeiten in Systemen sind angelehnt an die Grundlagen der systemischen Familientherapie. Von ihrer Begründerin, Virgina Satir, stammt auch das Bild des Mobile. Die Theorie, die beschreibt, wie Kindheitsmuster durch uns in Beziehungen wirken, wurde dem psychoanalytischen Modell über Objektbeziehungen entnommen.

Stichwort „Stufen innerhalb einer Beziehung, Stufe der Heilung": Dieses Modell überträgt die von Jean Piaget entwickelte Beschreibung der Entwicklung des Kindes auf die Entwicklung einer Paarbeziehung. Die Stufen wurden allerdings reduziert. Die Ebene der ersten Begegnung eines Paares entspricht dabei in etwa der magischen Stufe in Piagets Modell. Die neutrale Ebene mit der Sehnsucht nach Heilung der mythischen Stufe.

Stichwort „Neutralisation, Kastration, Missbrauch": Hier liefert ebenfalls das psychoanalytische Modell über Objektbeziehungen die Basis. Hinzu kommen neuere Arbeiten aus der Traumaarbeit, speziell über die Trennung von Verletzung und Leiden sowie der Identifikation mit Verletzungen.

Stichwort „Trennung": Die Trennung oder Separation baut auf der von Margret Mahler entwickelten Theorie der Individuation, der ersten Trennung des Kindes von der Mutter, auf und wurde später ebenfalls im Rahmen der Objektbeziehungen weiterentwickelt. Sie gilt als eines der Standardmodelle zur Beschreibung von Dynamiken in Paarbeziehungen. Der amerikanische Psychiater Dr. Richard Schnarch hat daraus ein psychologisches Konzept der Leidenschaft entwickelt und bildet Psychologen in einer ähnlichen, wie in diesem Buch beschriebenen, Trennungsarbeit aus.

Stichwort „Sexuelle Spielarten, Freiheit und der unbekannte Dritte": Die systemische Psychotherapeutin Esther Perel hat diese Dynamiken an vielen Fällen dokumentiert und in ihrem Buch *Wild Life* veröffentlicht. Die beschriebenen Fälle zeigen eine gute Sicht auf Paardynamiken in den entwickelten Ländern.

Stichwort „Der sexuelle Knoten": Der Weg von einer fremdbestimmten zu einer selbstbestimmten Sexualität gilt in allen Richtungen moderner Psycho- und Sexualtherapie als Königsweg. Er ist abgeleitet aus der Gestalttherapie Fritz Perls und den ersten Sätzen des Gestalt-Prayers: „Ich mache meine Sache und du machst deine Sache. Ich bin nicht in dieser Welt, um deine Erwartungen zu erfüllen, und du bist nicht hier, um meine zu erfüllen."

Stichwort „Spiritualität": Die beschriebenen spirituellen Konzepte sind keiner speziellen Religion entnommen, auch wenn sie Zitate aus der Bibel, dem Koran, von den Sufis und aus den heiligen Büchern Indiens finden. Sie lehnen sich eher an das philosophische Konzept einer „Ewigen Philosophie" einer *philosophia perennis,* wie sie in den Werken Wilbers beschrieben ist, an.

Stichwort „Biografisches und Fallbeispiele": Die biografischen Beschreibungen sind persönlich Erlebtes. Sobald jedoch eine andere Person, auch meine Frau, beschrieben wird, wurden die Texte angepasst, um einen Persönlichkeitsschutz zu gewährleisten. Texte über Dritte entsprechen auch den Tatsachen, hier wurden allerdings Ereignisse vertauscht und vermischt, Namen und Orte verändert.

Stichwort „Geschichten und Witze": Ich habe versucht, so weit es mir möglich war, alle Quellen nachzuweisen. Bei einigen Zen-Geschichten, Witzen und auch Aphorismen war es mir allerdings unmöglich, eine eindeutige Quelle ausfindig zu machen. Viele Geschichten kursieren zudem in unterschiedlichen Variationen. Sollten sie für einen dieser Texte Urheberrechte besitzen, teilen sie dies dem Verlag mit. Sie werden dann in der nächsten Auflage in das Literaturverzeichnis und den Quellennachweis aufgenommen.

Literaturnachweis

1. Kapitel

1. Nature Neurosciene, 01 Jul 2007; Gloria K. Mak, Emeka K. Enwere, Christopher Gregg, Tomi Pakarainen, Matti Poutanen, Ilpo Huhtaniemi, Samuel Weiss; Male pheromone – stimulated neurogenesis in the adult female brain, possible role in mating behavior.
2. Gerianne Alexander & Melissa Hines. (2002). Sex differences in response to children's toys in nonhuman primates; Evolution & Human Behavior, 23, 467-479.
3. Spektrum der Wissenschaft, 7/2002, Martin H. Teicher, Hirnschäden durch Kindesmisshandlung – Wunden, die nicht verheilen.
4. Spektrum der Wissenschaft, 01.01.1998, Prof. Elizabeth F. Loftus, Falsche Erinnerungen.
5. Schellenbaum, Peter, Die Wunde der Ungeliebten. München 1991
6. Wilson, Edward O., Vorsicht Urmensch von Günther Holz, in Geo Wissen, Mann und Frau. Hamburg, Heft 26.
7. NZZ Folio 08/03 – Thema, Wir Affen; Viviane Manz; Lindenstrasse im Urwald, Julia Ostner und Oliver Schülke beobachteten Halbaffen im Urwald von Madagaskar.

2. Kapitel

1. Deida, David, The Nuts & Bolts of Spiritual Intimacy; MP3 CD; David Deida recorded live in Telluride, CO in August 1999 speaking on the differences between masculine and feminine spirituality and the moment-to-moment practice of using intimacy as a means of spiritual growth.
2. Spektrum der Wissenschaft; 01.06.1998; Lee Alan Dugatkin und Jean-Guy J. Godin; Wie Weibchen Partner wählen.
3. Darwin, Charles, Die Abstammung des Menschen und die geschlechtliche Zuchtwahl. Darmstadt 1992.
4. Estés, Clarissa Pinkola, Die Wolfsfrau – Die Kraft der weiblichen Urinstinkte. München 1993.
5. Kazantzakis, Nikos, Alexis Sorbas. Hamburg 1955.

3. Kapitel

1. Platon,Das Gastmahl. Stuttgart 1974.
2. www.wikipedia.org/wiki/Parvati.
3. www.wikipedia.org/wiki/Yin_und_Yang.
4. www.wikipedia.org/wiki/Jenseits_von_Afrika
5. Möller, Michael Lukas, Die Liebe ist ein Kind der Freiheit. Hamburg 1995.
6. www.all4quotes.com/tagged-quotes/226.

5. Kapitel
1. Viorst, Judith, Mut zur Trennung. München 1994.
2. Frei nach Jorge Bucay – entnommen aus, Bucay, Jorge, Komm, ich erzähl dir eine Geschichte. Zürich 1999.
3. Conrad, Joseph, ukrainisch-britischer Schriftsteller.
4. www.wikipedia.org/wiki/Vampirismus.
5. Schellenbaum, Peter, Die Wunde der Ungeliebten. München 1991.
6. Böll, Heinrich, deutscher Schriftsteller.

5. Kapitel
1. Bhagavadgita / Aschtavakragita (nach der Übersetzung von Leopold von Schroeder). München 1978.
2. Frei nach: Weisheit der Zenmeister.
3. Deida, David, Der Weg des Mannes. München 1995.
4. Gide, André, frz. Schriftsteller und Nobelpreisträger.
5. Perel, Esther, Wild Life. München 2006.
6. Strindberg, August, Ein Traumspiel. Stuttgart 2002.

6. Kapitel
1. Bloch, Ernst, Das Prinzip Hoffnung. 3 Bd. (Werkausgabe, 5); Frankfurt 2001.
2. Long, Barry, Making Love Sexual Love – The Divine Way. MC.
3. Deida, David, At the edge; Private Bandaufnahme eines Workshops in Boulder, Colorado 2000.
4. Bhagavadgita / Aschtavakragita (nach der Übersetzung von Leopold von Schroeder). München 1978.

Literaturliste

Adler-Gral, Jessie, Unser innerer Geliebter. Wettswil 1996.

Almaas, A. H., Pearl Beyond Price. Berkeley 1988.

Bader Ellyn; Pearson Peter, In Quest of the Mythical Mate. Bristol 1988.

Bhagavadgita/Aschtavakragita (nach der Übersetzung von Leopold von Schroeder). München 1978.

Blaffer Hrdy, Sarah, Mutter Natur. Berlin 2000.

Brecht, Berthold, Baal. Frankfurt 1966.

Chafetz, Janet, Sex and Advantage. New Jersey 1984.

Darwin, Charles, Die Abstammung des Menschen und die geschlechtliche Zuchtwahl. Darmstadt 1992.

Dechmann, Birgit, Ryffel, Christiane, Vom Ende zum Anfang der Liebe. Weinheim 2001.

Deida, David, Der Weg des Mannes. München 1995.

Deida, David, Intimate Communion. Deerfield Beach 1995.

Estés, Clarissa Pinkola:, Die Wolfsfrau – Die Kraft der weiblichen Urinstinkte. München 1993.

Freud, Sigmund, Gesammelte Werke. Frankfurt 1978.

Fromm, Erich, Die Kunst des Liebens. Berlin 1980.

Galahad, Sir, Mütter und Amazonen. München 1975.

Gebser, Jean, Einbruch in die Zeit. Schaffhausen 1995.

Gibran, Khalil, Der Prophet. Zürich 1973.

Gilligan, Carol, Die andere Stimme. München 1984.

Gowaty, Patricia Adair, Feminism and Evolutionary Biology. New York 1997.

Jung, Carl Gustav, Archetypen und das kollektive Unbewußte. Olten 1976.

Jung, Carl Gustav, Über die Psychologie des Unbewußten. Frankfurt 1975.

Kästner, Erich, Gedichte. Ditzingen 1987.

Kazantzakis, Nikos, Alexis Sorbas. Hamburg 1955.

Krishnananda, Face to Face with Fear. Herrsching 1996.

Long, Barry, Making Love Sexual Love – The Divine Way. MC.

Mahler, Margaret S., Pine, Fred, Bergman, Anni, Die psychische Geburt des Menschen. Frankfurt 1980.

Möller, Michael Lukas, Die Liebe ist ein Kind der Freiheit. Hamburg 1995.

Morris Jan, Die Verwandlung. In Geo Wissen, Mann und Frau. Hamburg, Heft 26.

Naslednikov, Margo, Tantra – Weg der Ekstase. Berlin 1985.

Neruda, Pablo, Liebesgedichte. München 1991.

Nietzsche, Friedrich, Also sprach Zarathustra. Frankfurt 1978.

Osho, Beziehungsdrama oder Liebesabenteuer. Köln 1999.

Pease, Allan und Barbara, Warum Männer nicht zuhören und Frauen schlecht einparken. München 2001.

Perel, Esther, Wild Life. München 2006.

Perls, Frederick, Gestalt, Wachstum, Integration. Paderborn 1980.

Piaget, Jean, Das Weltbild des Kindes. München 1978.

Platon, Das Gastmahl. Stuttgart 1974.

Ranke-Graves, Griechische Mythologie. Reinbek 1984.

Sanford, John, Unsere unsichtbaren Partner. Interlaken 1996.

Satir, V., Moskau, G., Müller, F.G.(Hrsg.), Wege zum Wachstum, Ein Handbuch für therapeutische Arbeit mit Einzelnen, Paaren, Familien und Gruppen, Paderborn 1992.

Satir, Virginia, Selbstwert und Kommunikation. München 1996.

Satir, Virginia, Sei direkt. Paderborn 1994.

Schellenbaum, Peter, Die Wunde der Ungeliebten. München 1991.

Schnarch, David, Die Psychologie sexueller Leidenschaft. Stuttgart 1997.

Upanishaden (nach der Übersetzung von Alfred Hillebrandt). München 1988.

Viorst, Judith, Mut zur Trennung. München 1994.

Voland Eckhart, Grundriss der Sozibiologie. Heidelberg 2000.

Whitman, Walt, Grashalme. Zürich 1985.

Wilber, Ken, Eros, Kosmos, Logos. Frankfurt 1996.

Wilson, Edward O., Vorsicht Urmensch von Günther Holz. In Geo Wissen, Mann und Frau, Hamburg, Heft 26.

Wolinsky, Stephen, Die alltägliche Trance. Freiburg 1993.

Über den Autor

 RAINER GRUNERT, Jahrgang 1958, lernte Schriftsetzer und studierte Betriebswirtschaft und Psychologie. Er arbeitete bis 2000 als Manager für international tätige Firmen. Seither ist er als freier Berater und als Manager auf Zeit selbstständig. Seit 1998 leitet er Trainings im Bereich Selbstwert, Coaching und Arbeit mit Männern. Angestoßen durch eigene Erlebnisse kam 2001 die Arbeit mit Paaren hinzu.

Dieses Buch basiert auf der Erfahrung vieler Workshops, auf eigenem Erleben und der Aufbereitung aktueller Forschung aus den Bereichen Sexualität, Partnerschaft und Evolutionsbiologie. Rainer Grunert ist verheiratet und lebt in Zürich.

www.beziehungs-coaching.org

Weitere Titel zum Thema Mann / Frau

NICK DUFFELL & HELENA LØVENDAL

Das Buch für Paare,

die es bleiben wollen

Über den Mut, zu lernen wie man liebt

256 S., ISBN 978-3-936360-23-3

Kennen sie das: Sie stellen fest, dass viele Eigenschaften, die sie an ihrem Partner beim Kennenlernen äußerst attraktiv fanden, jetzt, wo sie länger zusammen sind, genau die Eigenschaften sind, die sie am meisten an ihm oder ihr ärgern ...

WILFRIED NELLES

Wo die Liebe hinfällt

Gespräche über Paarbeziehungen und

Familienbande

176 S., ISBN 978-3-936360-00-4

Suchen wir unsere Partner aus? Oder werden wir ausgesucht? Wie hängen unsere Beziehungen mit unserer Herkunftsfamilie zusammen und was können wir tun, um Verstrickungen zu lösen? Wie kann die Verschiedenheit von Mann und Frau als Reichtum gesehen werden, statt zum Geschlechterkrieg zu führen?

www. innenwelt-verlag.de

DIANA RICHARDSON
Zeit für Liebe
Sex, Intimität und Ekstase in Beziehungen
288 S., ISBN 978-3-936360-11-0

Egal ob One-Night-Stand oder langjährige Beziehung: Beide leiden an einem Mangel an Intimität im sexuellen Beisammensein. In einfachen, nachvollziehbaren Schritten zeigt uns die Autorin, wie man mit dem Partner eine erfüllte Sexualität leben und dabei die Sensibilität steigern kann. Sich Zeit nehmen zum „Liebemachen", sich mit sexueller Energie aufladen und die Ekstase des tantrischen Aktes immer wieder genießen – das sind die Schlüssel zu einem erfüllten Sexleben.

ANETTE PAFFRATH
Ehe und Mutterschaft in der Krise
Warum Liebe Mut erfordert
224 S., ISBN 978-3-936360-14-1

Frauen schämen sich häufig für ihre Wut, ihre Lebendigkeit und ihre Sinnlichkeit oder den Mangel an diesen Energien. Besonders deutlich kommt dies nach dem ersten Kind zum Tragen: Frau und Mann verlieren sich schnell in dieser Phase und schaffen es nicht, neben dem Vater- und Muttersein, sich wieder als Mann und Frau zu begegnen.

www. innenwelt-verlag.de